Die Reise in die Vergangenheit

Ein geschichtliches Arbeitsbuch

von Hans Ebeling
und Prof. Dr. Wolfgang Birkenfeld

Band 6
Weltgeschichte seit 1945

westermann

Pädagogische Mitarbeit: Rita Birkenfeld

Die Abbildung auf der Vorderseite des Umschlags zeigt das Brandenburger Tor in Berlin (Foto: Ullstein Bilderdienst, Berlin/Messerschmidt).

1. Auflage Druck 8 7 6 5 4
Herstellungsjahr 2001 2000 1999 1998 1997
Alle Drucke dieser Auflage können im Unterricht parallel verwendet werden.

Verlagslektorat: Dieter J. Bode, Frank Sauer
Herstellung: westermann druck GmbH, Braunschweig

ISBN 3-14-**14 0706**-1

Inhalt

Worüber bisher berichtet wurde 7

1 Geschichte des Kalten Krieges 1945–1990 18

Ausgangsjahr 1945 20

Die Vereinten Nationen 21

Neues Bemühen um Völkerfrieden 21
Die Gründung der Vereinten Nationen (UNO) – Die Organisation der UNO – Aus der Geschichte der UNO – Die UNO und der Golfkrieg 1990/91

Der Zerfall in zwei Machtblöcke 25

Die Entstehung des Ost-West-Konflikts 25
Die sowjetische Expansion – Die Politik der Eindämmung durch die USA
Die USA und die NATO 27
Die Gründung der NATO – Die USA nach dem Zweiten Weltkrieg – Rassenprobleme nach 1945 – Der „Sputnik-Schock" – Watergate 1972 – Die 80er Jahre – „Krieg der Sterne"?
Die Sowjetunion und der Warschauer Pakt 32
Die Sowjetunion unter Stalin (1945–1953) Die Sowjetunion unter Chruschtschow (1953 bis 1964) – Der Warschauer Pakt – Der Aufstand in Ungarn 1956 – Der Prager Frühling 1968 – Die Sowjetunion in der Breschnew-Ära (1964–1985)
Konflikte zwischen den Machtblöcken 39
Spannungszonen in der Welt – Krieg in Korea 1950–1953 – Kuba 1962 – Vietnam – Der Nahost-Konflikt seit 1945 – Krisenherd Mittlerer Osten
Der neue Kurs der Sowjetunion nach 1985 45
Michail Gorbatschow – Glasnost und Perestroika – Innenpolitik nach 1985 – Außenpolitik nach 1985 – Der Zerfall der Sowjetunion 1991
Die neue Freiheit im östlichen Europa nach 1985 48
Ungarn – Polen – Die Tschechoslowakei – Rumänien – Weitere Freiheitsbewegungen
Das Bemühen um einen dauerhaften Frieden 52
Entspannungsbemühungen in den 60er Jahren – Abrüstungsgespräche in den 70er Jahren – Der Vertrag von Washington 1987 – Die Konferenz über Sicherheit und Zusammenarbeit in Europa (KSZE) – Die Schlussakte von Helsinki 1975 – Paris 1990: Abrüstung bei den konventionellen Waffen

2 Geschichte der deutschen Teilung 1945–1990 56

Deutschland in Europa nach 1945 58

Die Deutschen zwischen Ost und West 1945–1949 59

Deutschland nach dem Zusammenbruch 60
Entscheidungen über Deutschland 1945 – Gespaltene Besatzungspolitik – Entnazifizierung – Entmilitarisierung – Demontage und Reparationen – Die Wende in der amerikanischen Deutschlandpolitik – Die Vertreibung
Alltagsgeschichte nach 1945 66
Die „Stunde der Frauen“ – Vier Bilder aus dem Alltag Nachkriegsdeutschlands – Der Kampf um das Überleben – „Einheimische“ und „Flüchtlinge“ – Das Schul- und Bildungswesen – Der kulturelle Aufbruch
Beginn des politischen Lebens in den Westzonen 72
Die Parteien – Die Gewerkschaften – Die Währungsreform – Der Marshall-Plan
Politische und gesellschaftliche Entwicklungen in der sowjetischen Besatzungszone 77
Die Gruppe Ulbricht – Von der KPD zur SED – Die Blockparteien – Die Sozialisierung auf dem Lande (Bodenreform) – Die Sozialisierung der Industrie – Aus dem Leben der „Werktätigen“ – Die Lager der Besatzungsmacht
Der Eiserne Vorhang und die Teilung Berlins 84
Die deutsch-deutsche Grenze – Die Berliner Blockade 1948/49 – Die Spaltung Berlins

Die Bundesrepublik Deutschland 1949–1990 87

Das geteilte Deutschland 1945–1990 88

Staatlicher Neubeginn 89
Der Weg zum Grundgesetz – Das Grundgesetz
Die Ära Adenauer (1949–1966) 94
Bundestagswahlen 1949 – Westintegration – Wiederbewaffnung – Wiederaufbau – Das Verhältnis zur Sowjetunion
Das Zwischenspiel der Großen Koalition (1966–1969) 99
Rezession 1966 – Die Große Koalition – Das Jahr 1968
Die Zeit der Sozialliberalen Koalition (1969–1982) 100
Neue Schwerpunkte – Neue Ostpolitik – Das Berlin-Abkommen 1971 – Der Grundvertrag 1972 – Die Ölkrise 1973 – Kanzlerwechsel und Wirtschaftsflaute 1974 – Der Terrorismus – Wirtschaftsmacht und Sozialstaat – Das Ende der Sozialliberalen Koalition
Die Bundesrepublik Deutschland 1982–1990 108
Themen der Politik
Von der „alten“ zur „neuen“ Bundesrepublik 1990 110
Die Ausgangslage – Die Reaktion der Bundesregierung – Die Verhandlungen mit der Sowjetunion – Der Vertrag über die deutsche Souveränität – Der 3. Oktober 1990 – Die fünf neuen Länder – Bundestagswahlen 1990

Um Verständigung und Versöhnung 114

Deutsche und Franzosen 114
Ein Blick in die Geschichte – Aussöhnung mit Frankreich

Deutsche und Polen 117
Der Warschauer Vertrag von 1970 und seine Vorgeschichte – Deutsche und Polen nach 1990
Deutsche und Juden 118
Versuch einer Wiedergutmachung – Versuch der Normalisierung

Datenliste zur Geschichte der Bundesrepublik Deutschland 1945–1990 120

Die Deutsche Demokratische Republik (1949–1989/90) 123

Die Aufbauphase 124
Im Zeichen Stalins – Die DDR bis 1953 – 17. Juni 1953: der Volksaufstand – Die fünfziger Jahre – Die Kollektivierung der Landwirtschaft – 13. August 1961: die Mauer – Die Berliner Mauer: Bilder, die um die Welt gingen
Die Zeit der Stabilisierung (1961–1987) 132
Die Entwicklung nach dem Mauerbau – Goldmedaillen und Weltniveau – Der Sturz Ulbrichts – Honeckers Politik – Das Streben nach internationaler Anerkennung – Die Staatsstruktur
Alltag in der DDR 139
Die Gesellschaft der DDR: eine „Nischengesellschaft"? – Jugendalltag – Die Kirchen – Die wirtschaftliche Lage – Alltag in Wandlitz
Die Auflösungsphase 1987–1989/90 144
Die DDR und Gorbatschows Reformpolitik – „Wir sind das Volk!" – Der Zusammenbruch der SED-Herrschaft – 9. November 1989: die Öffnung der Mauer – Umbruch zur Demokratie – Volkskammerwahlen 1990

Die deutsche Frage 1945–1990 151

Das Entstehen der deutschen Frage 151
Die Teilung nach 1945 – Die beiden deutschen Staaten – Die deutsche Frage ... – ... in der Bundesrepublik Deutschland – ... in der DDR – Zwei Staaten: zwei Nationen? – Die deutsch-deutsche Grenze
Die Lösung der deutschen Frage 155
„Wir sind ein Volk!" – Ein Staat verabschiedet sich aus der Geschichte

Briefmarken zur Geschichte der deutschen Teilung und Vereinigung 156

3 Die europäische Integration 158

Die Europäische Gemeinschaft 160

Auf dem Weg zum vereinten Europa 160
Stimmen für Europa – Die Anfänge nach 1945
Die wirtschaftliche Einigung 161
Das „Europa der Sechs" – Die Europäische Gemeinschaft (EG) – Probleme der EG
Die politische Einigung 165
Ein „Europa der Vaterländer"? – Die politische Struktur der EG – Das Europäische Parlament
Der Vertrag von Maastricht 168
Zusammenschluss im östlichen Europa: RGW (1949–1991) 169

4 China und die Dritte Welt 170

Chinas Weg zur Weltmacht 172

Vom alten zum neuen China 172
Revolution und Bürgerkrieg
Das China Mao Tse-tungs 173
Die Machteroberung durch Mao Tse-tung – Sozialismus in China – Zwei Revolutionsmodelle – Die Außenpolitik Chinas
China nach Maos Tod 180
Das Ende eines Kults – Eine neue Politik?

Die Dritte Welt 182

Die drei Welten 182

Indiens Weg in die Unabhängigkeit 183
Gandhi befreit Indien – Das heutige Indien
Die Entkolonialisierung Afrikas und Asiens 185
Die Entkolonialisierung in Afrika – Die Entkolonialisierung in Asien
Weltbevölkerung und Nord-Süd-Gegensatz 187

Zahlen zum Überblick 189
Register 190

Verzeichnis der Karten

1. Das sowjetische Vordringen nach Westen 26
2. Rassenprobleme in den USA 28
3. Die Welt in der Zeit des Kalten Krieges 37
4. Der Koreakrieg (Kartenfolge) 39
5. Vietnam und seine Nachbarstaaten 41
6. Vom Mandatsgebiet Palästina zum neuen Staat Israel 42
7. Der Mittlere Osten um 1990 44
8. Konferenz über Sicherheit und Zusammenarbeit in Europa (KSZE) 54
9. Deutschland in Europa 1945 58
10. Deutschland nach 1945 60
11. Berlin nach 1945 85
12. Das geteilte Deutschland 1949–1990 88
13. Das Gebiet des kleinen Grenzverkehrs 102
14. Die fünf neuen Länder 113
15. Polen 1772–1990 (Kartenfolge) 117
16. Stresow: Vom Gutshof zur LPG (Kartenfolge) 128
17. Die Fluchtbewegung aus der DDR 1949–1961 132
18. Europäische Zusammenschlüsse 162
19. Arme und reiche Regionen in der EG 163
20. Kommunistische Machteroberung in China 173
21. Die Volkskommune Huaschan 177
22. Die Volksrepublik China 1949–1990 179
23. Südasien seit 1947 184
24. Afrika 1914 und heute (Kartenfolge) 186
25. Ost- und Südostasien heute 186

Worüber bisher berichtet wurde

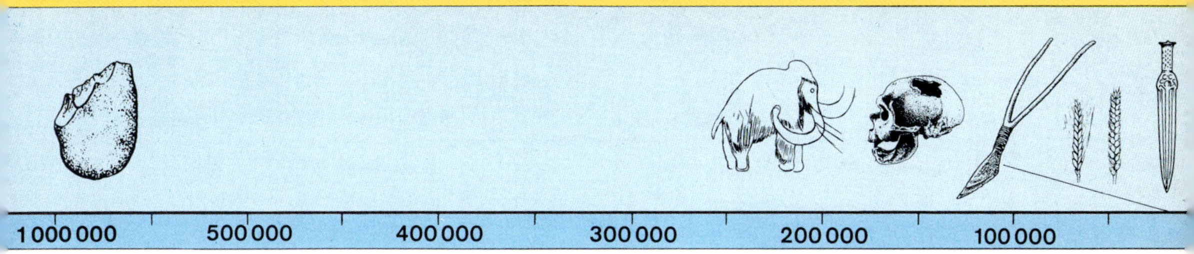

Aus den ältesten Zeiten der Geschichte

Seit über einer Million Jahren gibt es mit Sicherheit menschliche Wesen auf unserem Erdball. Sie lebten zunächst als Jäger und Sammler. Sie schufen sich erste Waffen und Geräte aus Stein. Sie lernten, das Feuer zu nutzen. Sie lebten – vorwiegend in Höhlen – in der Gemeinschaft ihrer Horde. Wir nennen diese älteste Zeit der Geschichte die *Altsteinzeit.* Sie dauerte bis etwa 10 000 v. Chr.

In der *Jungsteinzeit* (etwa 10 000 – 2000 v. Chr.) wurden die Menschen Viehzüchter und Ackerbauern. Sie bauten feste Häuser und lernten es, Tiere zu zähmen und Felder anzulegen. Sie wurden sesshaft.

Schließlich gelang es ihnen, ihre Waffen und Geräte aus Metall herzustellen, zuerst aus Bronze, später aus Eisen (*Bronzezeit* ca. 2000 – 800 v. Chr.). Die neue Metallkunst förderte Arbeitsteilung, Handwerk und Handel. – Wir nennen die ältesten Zeiten zusammenfassend die *Vorgeschichte.*

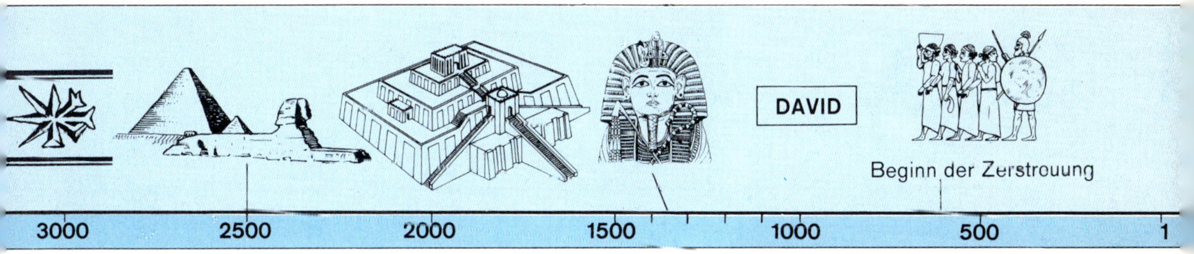

Alte Reiche in Stromtälern

In Stromtälern am Mittelmeer entwickelten sich erste Reiche und Stadtstaaten. *Ägypten* wurde um 3000 v. Chr. ein Staat mit einem König an der Spitze. Die Aufgaben, die der Nil hier stellte, führten zu diesem Zusammenschluss. Hier entstand eine erste große Kultur, als deren Zeugnisse zum Beispiel die Pyramiden bei Gizeh und der Tempel von Abu Simbel bis in unsere Gegenwart erhalten geblieben sind.

Im *Zweistromland* bildeten sich die ältesten Stadtstaaten etwa zur gleichen Zeit wie in Ägypten. In beiden Stromtälern erfanden die Menschen die Schrift.

Um das Jordantal entstand etwa 1200 v. Chr. *das alte Israel,* das Reich des Volkes der Bibel. Jerusalem war seine Hauptstadt. In der Zeit um Christi Geburt wurde das Gebiet von den Römern erobert und verwüstet.

Die Zeit der Griechen

In Griechenland ließ die zerklüftete Landschaft eine Vielzahl von Stadtstaaten entstehen. Alle Griechen verband aber der Glaube an die gleichen Götter, zu deren Ehren sie herrliche Tempel errichteten und seit 776 v. Chr. die *Olympischen Spiele* feierten.
Der bedeutendste Stadtstaat Griechenlands war Athen. Hier bestimmten die Bürger ihre Angelegenheiten selbst. Diese „Herrschaft des Volkes“ nennen wir *Demokratie.*

Während die griechischen Staaten sich in Bruderkriegen erschöpften, wuchs im Norden von Griechenland Makedonien zu einem mächtigen Staat heran. Unter *Alexander dem Großen* wurde das gesamte Perserreich erobert. Hier und in Ägypten wurde die griechische Kultur bestimmend („Hellenismus“). *Alexandria* entwickelte sich zur Weltstadt und zum Mittelpunkt der Wissenschaften und des Handels.

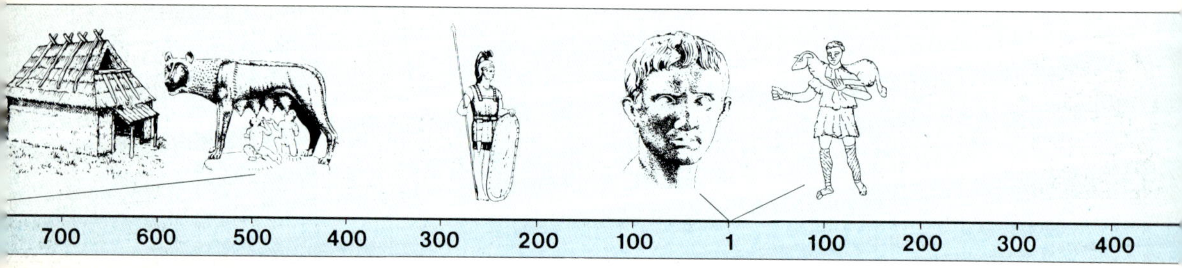

Das römische Weltreich

In der Zeit des Hellenismus weitete sich der kleine Stadtstaat Rom zu einem neuen *Weltreich* aus. Von etwa 250 v. Chr. an eroberten die Römer ein Gebiet, das die Küstenländer des Mittelmeeres umschloss und bis an Rhein und Donau reichte. Ihre bedeutendsten Herrscher waren Caesar und Augustus.

In den ersten Jahrhunderten nach Christi Geburt erlebte das römische Weltreich eine Zeit des Friedens. Die griechisch-römische Kultur formte das Leben in den Städten. Sie erfasste so auch das westliche Europa.

Die *Anfänge des Christentums* gehen in die Zeit des römischen Weltreichs – unter Kaiser Augustus – zurück. Nach langen, oft harten Verfolgungen wurde das Christentum die Staatsreligion des Römerreichs (um 400 n. Chr.).

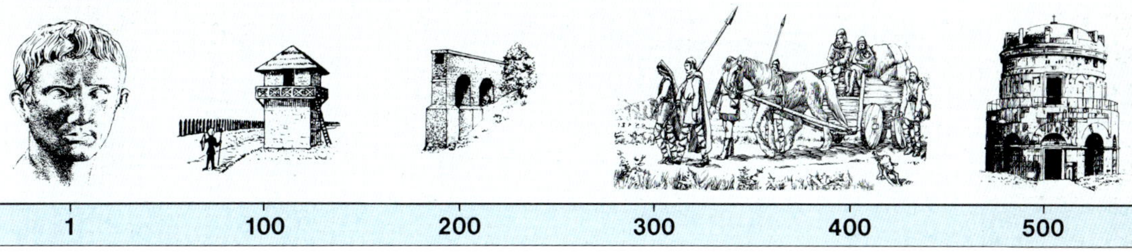

Das römische Germanien

Der Vorstoß der Römer nach Norden brachte auch Teile des germanischen Landes unter ihre Herrschaft: das römische Germanien. Dieses sicherten die Römer entlang den Flüssen Rhein und Donau. Ein Grenzwall, der Limes, verband die beiden Flüsse. Im römischen Germanien entwickelten sich blühende Provinzen. Mittelpunkte waren die großen Städte, vor allem Köln und Trier.

Ein Vorstoß der Hunnen leitete um 375 n. Chr. die germanische Völkerwanderung ein. Das Römerreich zerfiel. Auf dem Boden der weströmischen Reichshälfte errichteten die Germanen eigene Herrschaftsgebiete von zumeist nur kurzer Dauer.

In die weithin menschenleeren Räume östlich von Elbe und Saale wanderten zwischen 500 und 600 n. Chr. slawische Stämme ein.

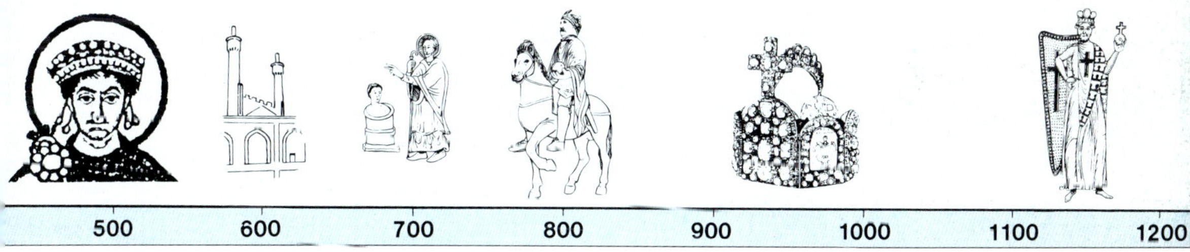

Europa und die Mittelmeerwelt

Die östliche Hälfte des römischen Weltreichs mit ihrer Hauptstadt Konstantinopel (Byzanz) bestand bis 1453 weiter. Die Araber überrannten um 700 weite Gebiete am Mittelmeer.
Um 800 vereinigte *Karl der Große* viele der germanischen Stämme in einem neuen großen Reich. Aus diesem *Reich der Franken* entstanden Deutschland, Frankreich und später Italien. Mit der Wahl Heinrichs I. begann 919 die deutsche Geschichte. Unter seinen Königen und Kaisern nahm das *Deutsche Reich* bis ins 13. Jahrhundert eine führende Stellung gegenüber den übrigen Staaten Europas ein. Zunehmend verdrängten jedoch die Landesfürsten die Königsmacht.
Nachdem die mohammedanischen Seldschuken (Türken) das „Heilige Land" erobert hatten, wurden im 11.–13. Jahrhundert immer wieder *Kreuzzüge* unternommen. Sie waren ohne bleibenden Erfolg.

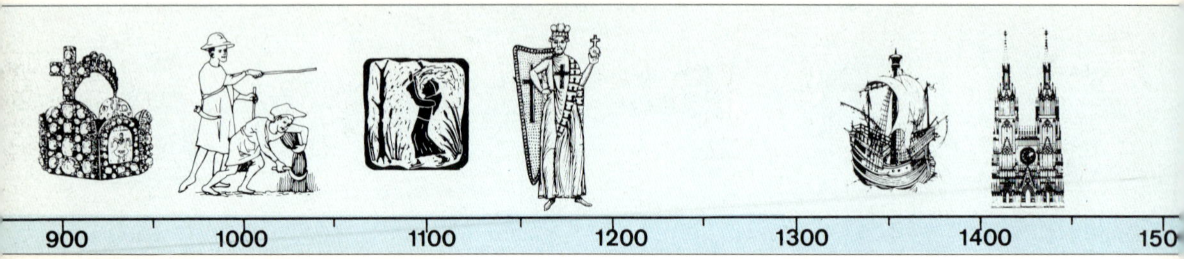

Die Gesellschaft im Mittelalter

Im Mittelalter gehörten die Menschen verschiedenen *Ständen* an, die streng voneinander getrennt waren. *Kaiser, Fürsten* und *Ritter* verwalteten das Land und leisteten Kriegsdienst. Sie herrschten über die *Bauern*, die für sie den Boden bestellten und von ihnen abhängig waren (Grundherrschaft).
In jahrhundertelanger Arbeit schufen die Bauern in Deutschland und Europa die heutige Kulturlandschaft. Abgaben und Frondienste bestimmten zumeist ihr hartes Leben.

Die mittelalterlichen *Klöster* waren eine Stätte des Gebetes und des Dienstes, der Wissenschaft und der Kunst.
Im Verlauf des Mittelalters entstanden viele Städte Europas. Die *Bürger* erkämpften ihre Selbstverwaltung durch den Rat. Grundlage ihres Reichtums war der Handel.
Zum Schutz des Handels der freien Städte bildeten sich verschiedene Städtebündnisse. Eines von ihnen war die *Hanse*.

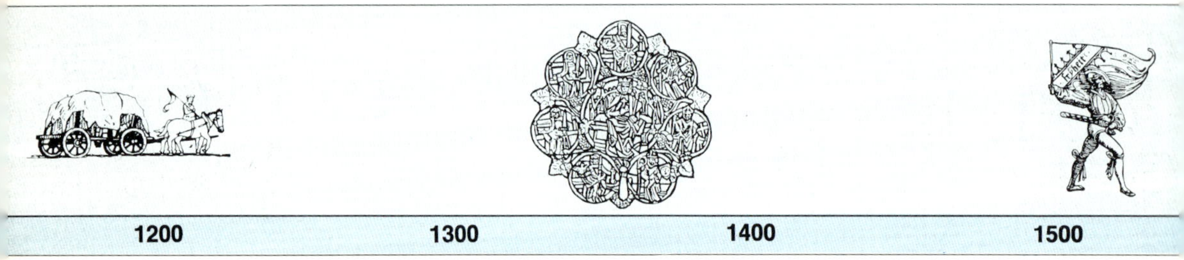

Zwischen Mittelalter und Neuzeit

Durch die Arbeit der Bauern wurden im Mittelalter nicht nur im Westen, sondern auch im Osten weite Landgebiete urbar gemacht. An der Ostsiedlung war der Deutsche Ritterorden maßgeblich beteiligt.

Die deutsche Geschichte des späten Mittelalters führte zur Herausbildung der Landesherrschaften. Am Ende des Mittelalters war das Deutsche Reich in eine Fülle selbstständiger Territorien der geistlichen und weltlichen Fürsten und auch der Reichsstädte zersplittert.

An vielen Orten Europas kämpften die Bauern im Spätmittelalter gegen Unterdrückung und Ausbeutung. Den Höhepunkt bildete 1525 der deutsche Bauernkrieg. Dieser Aufstand wurde von den Fürsten blutig niedergeschlagen. Das Bauerntum versank für Jahrhunderte in neuer Abhängigkeit.

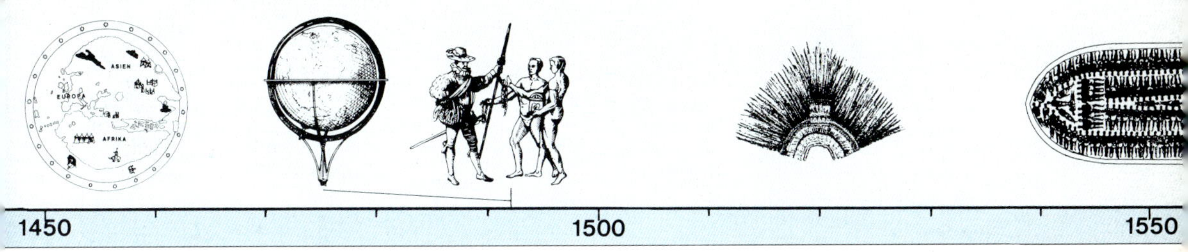

Europäer entdecken die Erde

Am Ausgang des Mittelalters wurde das alte Weltbild von der Erde als Scheibe durch das neue Weltbild von der Erde als Kugel verdrängt.
Auf der Suche nach einem Westweg nach Indien entdeckte Kolumbus 1492 Amerika. Vasco da Gama bewältigte 1498 den Seeweg nach Indien um Afrika herum, und Fernando Magellan erbrachte mit der ersten Weltumsegelung (1519–1522) den Beweis für die Kugelgestalt der Erde.
Den Entdeckern folgten überall die Eroberer. Zu ihnen gehörte Cortez in Mexiko (1521).
Die unterworfenen Gebiete wurden zu Kolonien der Eroberer und von diesen ausgebeutet. Die Kolonialreiche Spaniens und Portugals standen am Anfang der europäischen Ausbreitung über die Erde.
Bald nach der Eroberung Südamerikas begann die europäische Negersklaverei an der Westküste Afrikas.

Die frühe Neuzeit in Europa

Die Zeit um 1500 war eine Zeit zahlreicher Erfindungen, darunter die Erfindung des Buchdrucks durch *Johann Gutenberg.* Mit *Humanismus* und *Renaissance* entwickelten sich neue Anschauungen über die Stellung des Menschen in der Welt. Um 1500 erreichte *der frühe Kapitalismus* in Deutschland seinen Höhepunkt (Fugger in Augsburg).
Nach 1500 wurde das Reich der Habsburger zu einer Großmacht. *Karl V. (1519–1556)* vereinigte unter seiner Herrschaft weite Gebiete Europas und Amerikas. – *Die Reformation* wurde von dem Wittenberger Professor *Martin Luther* 1517 durch seine Thesen gegen den Ablasshandel eingeleitet.
Sie beeinflusste auch den deutschen Bauernkrieg 1525 und veranlasste eine innere Reform der katholischen Kirche (Konzil von Trient 1545–1563). Höhepunkt der Glaubens- und Machtkämpfe wurde der *Dreißigjährige Krieg* (1618–1648), der mit der Verwüstung Deutschlands endete.

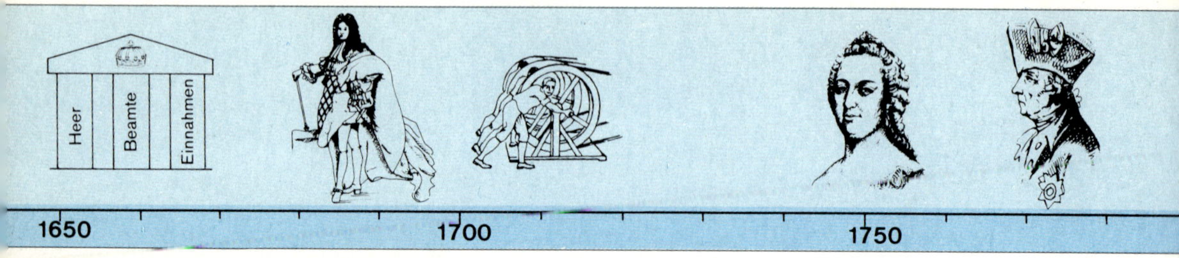

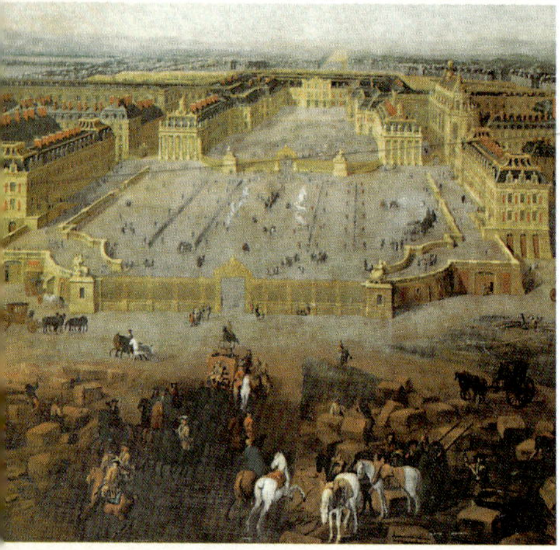

Die Zeit des Absolutismus

Ludwig XIV. regierte von 1661–1715 in Frankreich. Seine Regierungsweise des Absolutismus und das Wirtschaftssystem des Merkantilismus fanden Nachahmer in ganz Europa. Eine Vormachtstellung Frankreichs erreichte Ludwig XIV. nicht, statt dessen bildete sich in Europa ein „Gleichgewicht" von fünf Mächten heraus.

Einige Herrscher des 18. Jahrhunderts sahen sich als „erste Diener" ihres Staates, vor allem Friedrich der Große (1740–1786) und Maria Theresia (1740–1780). Ihre Regierungsweise bezeichnen wir als „aufgeklärten Absolutismus". Nachdem Preußen im Siebenjährigen Krieg (1756–1763) neben Österreich zur zweiten großen Macht im Reich aufgestiegen war, bestimmte dieser Gegensatz hinfort die deutsche Geschichte.

Zu den wichtigsten Ereignissen im Europa dieser Zeit zählen die Teilungen Polens (1772, 1793, 1795).

Neue Großmächte entstehen

Unter Zar Peter dem Großen (1689–1725) wurde Russland eine europäische Großmacht. Mit seiner Ausdehnung über ganz Sibirien (16.–18. Jahrhundert) entstand die Grundlage für das *russische Großreich*.

Im 17. Jahrhundert begann England mit dem Aufbau eines Kolonialreiches, vor allem entstanden ausgedehnte Siedlungskolonien in Nordamerika: Neuengland. Mit der Besitznahme der französischen Kolonialgebiete nach dem Siebenjährigen Krieg (1756–1763) war England erste Weltmacht. Das *englische Weltreich* umspannte Gebiete in Nordamerika, Indien und Afrika.

Am 4. Juli 1776 erklärten die Kolonisten in Nordamerika ihre Unabhängigkeit vom Mutterland und erkämpften 1776 bis 1783 die staatliche Selbstständigkeit der *Vereinigten Staaten von Amerika (USA)*. In ihrer Verfassung wurde die Teilung der Gewalten verwirklicht.

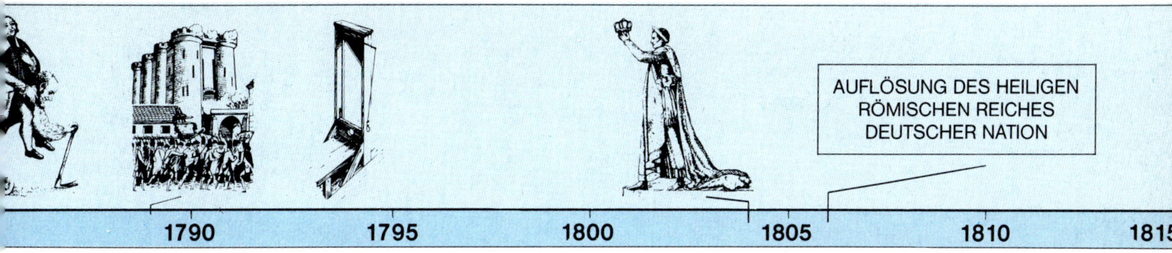

Frankreich und Europa 1789–1806

Aufgerüttelt durch die Ereignisse und durch die Erklärung der *allgemeinen Menschenrechte* in den USA, erhob sich 1789 der dritte Stand des französischen Volkes gegen Bevormundung und Ungleichheit zur *Französischen Revolution* (Sturz des königlichen Absolutismus – Errichtung der Republik – Terror einer radikalen Gruppe). Der Sturm auf die Bastille am 14. Juli 1789 wurde zu ihrem Sinnbild.

Aus den Wirren der Revolution stieg der General *Napoleon Bonaparte* zum Kaiser der Franzosen auf (1804). Er führte Frankreich zur Vorherrschaft in Europa. Preußen und Österreich erlitten schwere Niederlagen. Das Heilige Römische Reich Deutscher Nation wurde 1806 aufgelöst.

Deutschland und Europa 1806–1815

Grundlegende *Reformen des Freiherrn vom Stein* sollten den zusammengebrochenen Staat Preußen wieder aufrichten (1807 bis 1808). Aus den Untertanen sollten mitverantwortliche Staatsbürger werden.

Seinen Hauptgegner England wollte Napoleon durch die *Kontinentalsperre* in die Knie zwingen. Um auch das widerstrebende Russland gegen England abzusperren, zog er 1812 nach Moskau. Der Untergang seiner Armee führte zur Erhebung der Völker Europas. Napoleon wurde 1813–1815 geschlagen.

Auf dem *Wiener Kongress* 1815 suchten die Fürsten die alte Ordnung Europas wiederherzustellen und zu sichern. Der *Deutsche Bund* wurde Nachfolger des Heiligen Römischen Reiches deutscher Nation.

In dieser Zeit erlebte Deutschland eine kulturelle Blüte.

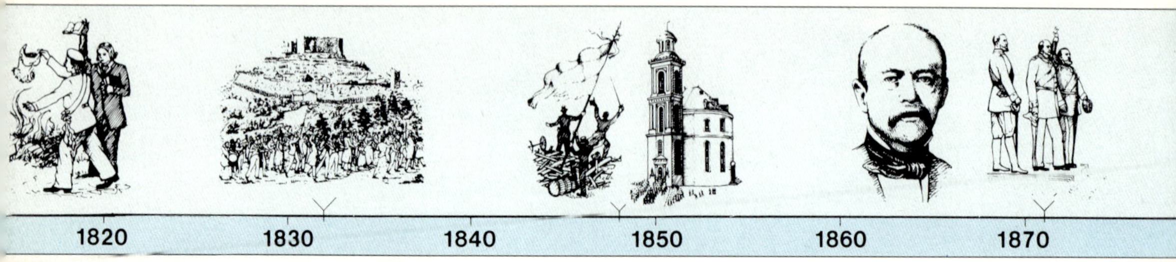

Um Freiheit und Einheit 1815–1871

Die Zeit von 1815–1848 ist gekennzeichnet durch das Vorwärtsdrängen liberaler und nationaler Kräfte in Deutschland, durch den *Freiheitskampf der Bürger* (Wartburgfest 1817 – Hambacher Fest 1832). Den Höhepunkt bildete das Jahr 1848 mit Revolutionen in Berlin und anderen Städten. Die *deutsche Nationalversammlung* in der Frankfurter Paulskirche (1848/49) versuchte vergeblich, ein einheitliches deutsches Kaiserreich auf parlamentarischer Grundlage zu schaffen.

Die Einigung Deutschlands kam erst 1871 zustande. Aber es war keine Verwirklichung der nationalen Ideen der Bürger, sondern eine *Reichsgründung der Fürsten*. Zielbewusst hatte der preußische Ministerpräsident *Otto von Bismarck* auf dieses *Deutsche Reich* unter der Vorherrschaft Preußens und unter Ausschluss Österreichs hingearbeitet. Der König von Preußen wurde „Deutscher Kaiser“.

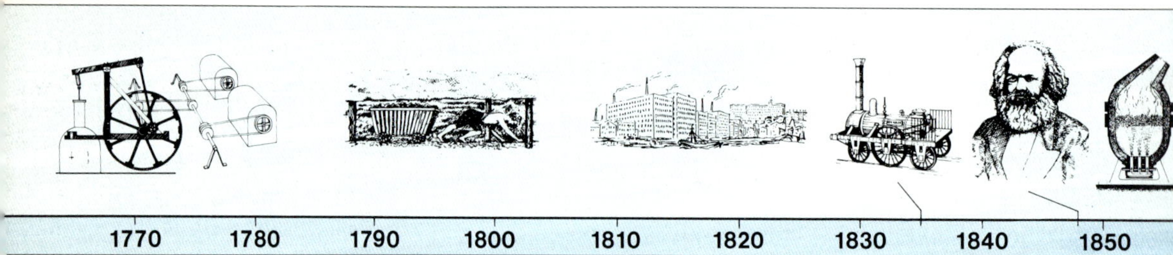

Die Industrielle Revolution

Die Industrielle Revolution begann mit der Erfindung der Dampfmaschine durch *James Watt* (1769). Sie leitete das Zeitalter der Maschinen und Fabriken ein; sie verwandelte Landschaft und Lebensweise entscheidend. – Auf der Grundlage von Kohle und Eisen entstand die Schwerindustrie, in Deutschland vor allem im Ruhrgebiet (seit 1850). – Dampfschiff (1807) und Eisenbahn (1835) sind Ausdruck der Industriellen Revolution im Verkehrswesen.
Seit dem 19. Jahrhundert wuchs die Bevölkerung in Europa explosionsartig. In den Fabriken fanden die Massen Arbeit, durch die Industrielle Revolution in der Landwirtschaft wurde ihre Versorgung möglich. Doch schwere soziale Missstände kennzeichnen das Leben der frühen Fabrikarbeiter („Proletariat“). – Nach 1860 entwickelte sich eine deutsche Arbeiterbewegung. – Die deutschen Bauern wurden im 19. Jahrhundert frei.

Das deutsche Kaiserreich 1871–1914

In der Zeit nach der Reichsgründung 1871 entwickelte sich Deutschland zu einem *Industriestaat.* Zu einer führenden Macht wurde es zuerst in der Schwerindustrie, dann aber auch in der chemischen Industrie und der Elektroindustrie. Die schnell wachsende Bevölkerung ballte sich in den Industriezentren (Verstädterung).
Die Erfindung des Verbrennungsmotors 1886 leitete den Beginn des modernen Verkehrswesens (Auto, Flugzeug) ein.

Als Reichskanzler leitete Bismarck 1871–1890 die deutsche Politik. Innenpolitisch bestimmten Auseinandersetzungen mit der katholischen Zentrumspartei („Kulturkampf") und der Sozialdemokratie („Sozialistengesetz") das Geschehen. Zukunftweisend wurde die soziale Gesetzgebung. Die Außenpolitik war vom Ziel der Friedenssicherung in Europa geleitet.
Zwischen 1890 und 1914 bestimmten imperialistische Zielsetzungen zunehmend die deutsche Politik.

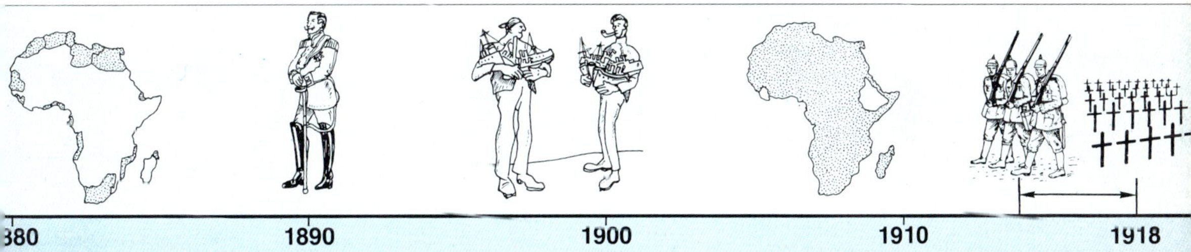

Imperialismus und Erster Weltkrieg

In der Zeit von 1880 bis 1914 erreichte die Ausbreitung der Europäer über die Erde ihren Höhepunkt *(Imperialismus).* Afrika, China und der pazifische Raum waren die Hauptziele.

Auch das Deutsche Reich erwarb Kolonien. Die größten Kolonialmächte waren England, Frankreich, Russland und die USA. Die zunehmenden Spannungen zwischen den Großmächten in Europa führten im August 1914 zum Ausbruch des *Ersten Weltkrieges.* Der vier Jahre dauernde Kampf wurde mit allen Mitteln der modernen Technik geführt. Blutige Höhepunkte waren die Materialschlachten im Westen (Verdun). Der Krieg forderte auch von der Zivilbevölkerung Einsatz, Opfer und große Entbehrungen.
Das Jahr 1917 brachte durch den Kriegseintritt der USA die Wende. Der Krieg endete im November 1918 mit der Niederlage Deutschlands und seiner Verbündeten.

Die Anfänge der Sowjetunion

Das zaristische Russland war im Wesentlichen ein Bauernland. Der Zusammenbruch dieser absolutistischen Herrschaft erfolgte während des Ersten Weltkrieges.

Auf den Trümmern des Zarenreichs errichtete Lenin (1870 bis 1924) mit Terror und Gewalt die Herrschaft der Bolschewiki (*Oktober-Revolution* 1917). Gegen vielfachen Widerstand von innen und außen verteidigte er die Revolution und leitete die Umwandlung Russlands in eine sozialistische Republik ein (UdSSR).

Unter Stalin (Herrschaftszeit 1924–1953) bestand in der Sowjetunion eine Gewaltherrschaft. Terror und Zwangsarbeit lasteten schwer auf dem russischen Volk. Unter ihm wurden die russischen Bauern enteignet (Kollektivierung der Landwirtschaft), gleichzeitig aber Russland industrialisiert (Fünfjahrespläne).

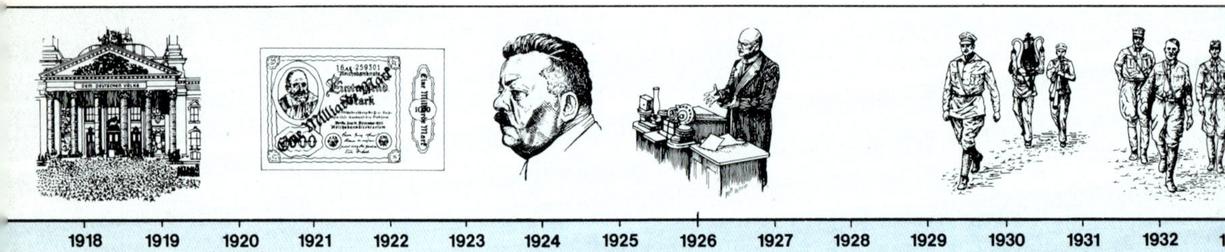

Die Weimarer Republik 1918–1933

In der Revolution 1918/19 fiel die Entscheidung über den künftigen Weg Deutschlands zu Gunsten einer *parlamentarischen Demokratie*. Im Juni 1919 wurde der *Friedensvertrag von Versailles* abgeschlossen. Gleichzeitig entstand der *Völkerbund* (1919–1946) als ein erster Versuch, alle Staaten der Erde zu einer friedlichen Gemeinschaft zusammenzufassen.
Die neue deutsche Republik erhielt ihre Gestalt durch die Weimarer Verfassung (1919). In der Geschichte der Weimarer Republik lassen sich drei große Abschnitte erkennen: der mühsame Anfang (1919–1923), der Aufstieg (1924–1929) und der Niedergang (1930–1933). Die Republik war dreifach belastet: durch ihre innenpolitischen Gegner (vor allem KPD und NSDAP), durch außenpolitische Schwierigkeiten (Versailles, Ruhrkampf) und durch wirtschaftliche Notlagen (Inflation, Weltwirtschaftskrise). Sie endete am 30. Januar 1933 mit der Machtergreifung Hitlers.

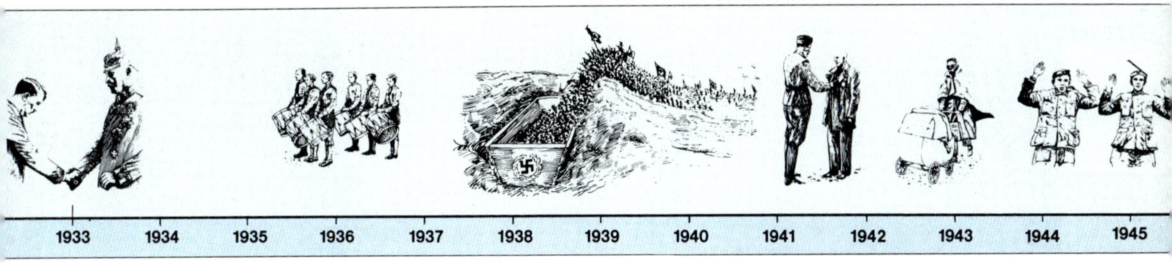

Die nationalsozialistische Diktatur 1933–1945

Am 30. Januar 1933 erfolgte die Machtübernahme durch *Adolf Hitler*. Zum System der nationalsozialistischen Diktatur gehörte die Verfolgung der politischen Gegner und der Juden (*Auschwitz*). Außenpolitische Ziele des Nationalsozialismus waren die Aufhebung des Versailler Vertrages, die Schaffung eines „Großdeutschen Reiches" und die Aufrichtung einer deutschen Vorherrschaft. Das deutsche Vorherrschaftsstreben führte Europa und die Welt in den Krieg.

Im *Zweiten Weltkrieg* überrannte die deutsche Wehrmacht weite Gebiete Europas. Die Niederlage bei *Stalingrad* (Januar 1943) bezeichnete die Wende. Im weiteren Verlauf wurde Deutschland völlig von den Kriegsgegnern besetzt. Symbolisch für den Widerstand gegen die nationalsozialistische Diktatur steht ein Umsturzversuch am 20. Juli 1944. Den *Krieg im Fernen Osten* (1941–1945) beendete der Abwurf amerikanischer Atombomben auf Japan.

AUSTRIA
CHILE
CHINA

1 Geschichte des Kalten Krieges 1945–1990

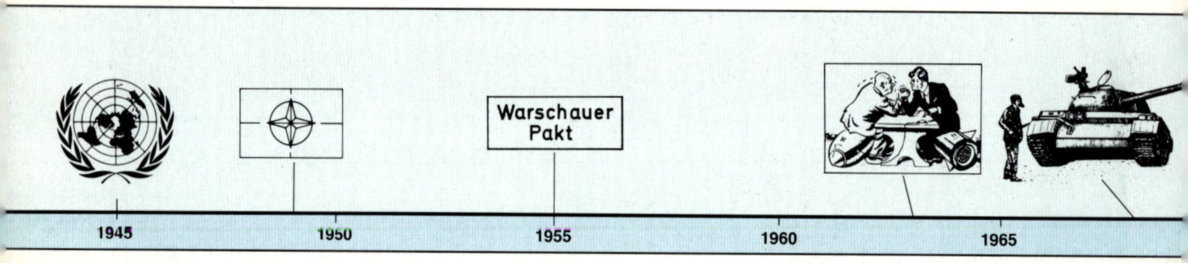

Ausgangsjahr 1945

Das Jahr 1945 markiert einen tiefen Einschnitt in der Geschichte unserer Welt. Seit diesem Jahr haben sich in mehrfacher Hinsicht weltpolitische Entwicklungen vollzogen, die bis heute unser Leben bestimmen.

Im Jahr 1945 endete der Zweite Weltkrieg in Europa und in Asien. Schon nach kurzer Zeit wurden unüberbrückbare Gegensätze zwischen den westlichen Alliierten und der Sowjetunion deutlich. Dahinter zeichnete sich bereits der Zerfall in militärische Machtblöcke ab: NATO und Warschauer Pakt. Krisen in und zwischen diesen Machtblöcken erschütterten immer wieder die Welt. – In den sechziger Jahren gab es erste Schritte auf dem Wege einer Entspannung zwischen Ost und West, die 1990 zu einem Ende des Kalten Krieges führten. Wird dieses Ende dauerhaft sein?

Im Jahr 1945 setzte neues Bemühen um einen friedlichen „Bund der Völker" ein. Die „Vereinten Nationen" (UNO) wurden zum Sinnbild der Friedenssehnsucht in der Welt.

Dies ist Inhalt von Teil 1: „Geschichte des Kalten Krieges 1945–1990".

Im Jahr 1945 wurde Deutschland in Besatzungszonen aufgeteilt. Diese Teilung war der Beginn einer staatlichen Spaltung. Aus den Besatzungszonen entwickelten sich zwei deutsche Staaten: Bundesrepublik Deutschland und Deutsche Demokratische Republik (DDR). Die gewaltlose Revolution ihrer Bürger führte 1990 zur Auflösung der DDR und zur Eingliederung ihres Territoriums in die Bundesrepublik Deutschland.

Dies enthält Teil 2: „Geschichte der deutschen Teilung 1945 bis 1990".

◁ *Vollversammlung der Vereinten Nationen im UNO-Gebäude (New York). Im Gegensatz zum Genfer Völkerbund sind in der UNO heute viele farbige Delegierte zu sehen, die gleichberechtigt neben ihren weißen Kollegen sitzen – Ausdruck des Endes der Kolonialherrschaft.*

Nach 1945 setzte aber auch das Streben nach Aussöhnung der Völker in Europa ein. Damit war die Grundlage einer Zusammenarbeit der westeuropäischen Staaten gegeben, zunächst auf wirtschaftlichem Gebiet. Aus dieser Zusammenarbeit entwickelte sich die „Europäische Gemeinschaft".

Dies ist Inhalt von Teil 3: „Die europäische Einigung".

In China brachte das Jahr 1945 die Voraussetzungen für den Sieg des Kommunismus und für die Großmachtstellung, die es heute einnimmt. – Die bisherigen Kolonialvölker begannen nach 1945, die europäische Herrschaft abzuschütteln. Innerhalb weniger Jahrzehnte entstanden neue, selbstständige Staaten, außerhalb der beiden großen Machtblöcke.

Dies ist Inhalt von Teil 4: „China und die Dritte Welt".

Arbeitsvorschlag

Wir empfehlen Ihnen, begleitend zu der Erarbeitung dieses Bandes eine Tabelle mit den Spalten „Weltpolitische Entwicklungen", „Bundesrepublik Deutschland 1945–1990", „Deutsche Demokratische Republik 1945–1990", „Europäische Einigung", „China" und „Dritte Welt" anzulegen. Tragen Sie bitte in diese Tabelle die Ereignisse und Entwicklungen seit 1945 ein, sobald diese erarbeitet worden sind! Auf diese Weise erkennen Sie am deutlichsten die *Gleichzeitigkeit* des geschichtlichen Geschehens, über das nachfolgend getrennt berichtet wird.

Die Vereinten Nationen

Prüfung V

Neues Bemühen um Völkerfrieden

Die Gründung der Vereinten Nationen (UNO)

Völkerbund

Jedesmal war in den großen vernichtenden Weltkriegen unseres Jahrhunderts der Wunsch in den Völkern laut geworden, ein Bündnis aller Nationen möge in Zukunft die Wiederholung solcher Katastrophen verhindern. So war nach dem Ersten Weltkrieg auf Anregung des amerikanischen Präsidenten Wilson der *Völkerbund* ins Leben gerufen worden. Am Ende des Zweiten Weltkriegs entstanden, wiederum auf Vorschlag eines amerikanischen Präsidenten, die *Vereinten Nationen* (United Nations Organization, UNO).

Am 26. Juni 1945 wurde die „Charta der Vereinten Nationen“, das *Grundgesetz* der UNO, in San Francisco von 51 Staaten unterzeichnet. Gleich die *Präambel*, die feierliche Erklärung am Beginn dieses Schriftstücks, umreißt die Absichten und Ziele.

Vorwort zum Gesetz

Die Präambel der Charta der Vereinten Nationen

Wir, die Völker der Vereinten Nationen –
fest entschlossen,
künftige Geschlechter vor der Geißel des Krieges zu bewahren, die zweimal zu unseren Lebzeiten unsagbares Leid über die Menschheit gebracht hat,
unseren Glauben an die Grundrechte des Menschen, an Würde und Wert der menschlichen Persönlichkeit, an die Gleichberechtigung von Mann und Frau sowie von allen Nationen, ob groß oder klein, erneut zu bekräftigen,
Bedingungen zu schaffen, unter denen Gerechtigkeit und die Achtung vor den Verpflichtungen aus Verträgen und anderen Quellen des Völkerrechts gewahrt werden können,
den sozialen Fortschritt und einen besseren Lebensstandard in größerer Freiheit zu fördern,
und für diese Zwecke
Duldsamkeit zu üben und als gute Nachbarn in Frieden miteinander zu leben,
unsere Kräfte zu vereinen, um den Weltfrieden und die internationale Sicherheit zu wahren,
Grundsätze anzunehmen und Verfahren einzuführen, die gewährleisten, dass Waffengewalt nur noch im gemeinsamen Interesse angewendet wird, und
internationale Einrichtungen in Anspruch zu nehmen, um den wirtschaftlichen und sozialen Fortschritt aller Völker zu fördern –
haben beschlossen, in unserem Bemühen um die Erreichung dieser Ziele zusammenzuwirken.
Dementsprechend haben unsere Regierungen durch ihre in der Stadt San Francisco versammelten Vertreter, deren Vollmachten vorgelegt und in guter und gehöriger Form befunden wurden, diese Charta der Vereinten Nationen angenommen und errichten hiermit eine internationale Organisation, die den Namen „Vereinte Nationen“ führen soll.

(Nach: Geschichte in Quellen, Band VII, München 1980, S. 666)

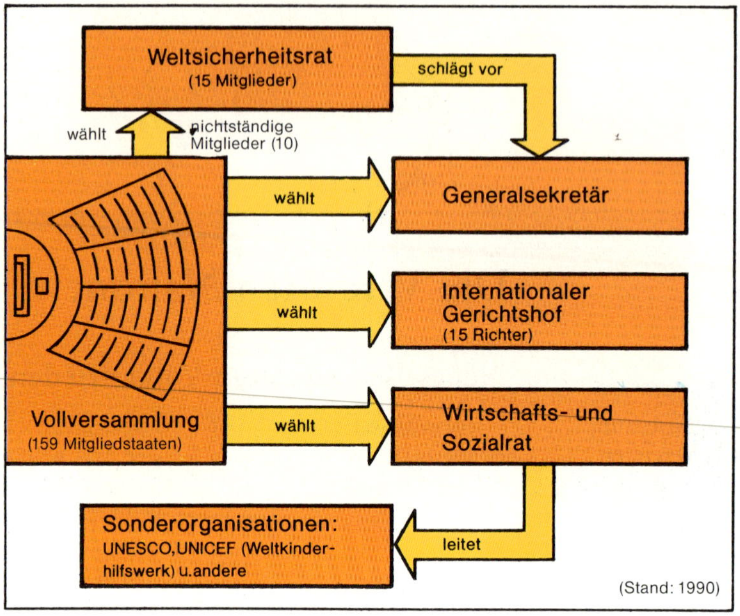

Der organisatorische Aufbau der Vereinten Nationen

Das UNO-Gebäude in New York. Mit dieser Briefmarke feierte die damalige DDR ihre Aufnahme in die UNO (1973).

In den Jahren nach 1945 traten nach und nach fast sämtliche Staaten der Erde der UNO bei. Die Bundesrepublik Deutschland und die damalige Deutsche Demokratische Republik wurden 1973 als 133. und 134. Mitglied in die Vereinten Nationen aufgenommen. Mit dem Ende der DDR erlosch auch ihre Mitgliedschaft 1990.

Arbeitsvorschläge

1. Analysieren und diskutieren Sie den vorstehenden Auszug aus der Präambel!
   a) Lösen Sie zunächst die *Absichtserklärung* des ersten Satzes in seine zentralen Bestandteile auf! Versuchen Sie sodann, die aufgeführten Ziele stichwortmäßig zu erfassen!
   b) Welche dieser Ziele lassen sich unter die Überschrift „Schaffung einer Weltfriedensordnung", welche unter „Wahrung der Menschenrechte" stellen?
2. Welche Gründe mögen dazu geführt haben, dass die ehemaligen beiden deutschen Staaten erst nach so vielen anderen Staaten der Welt in die Vereinten Nationen aufgenommen wurden?

Die Organisation der UNO

Die wichtigsten Einrichtungen der UNO sind:

Die Vollversammlung: Ihr gehören alle Mitgliedstaaten an. Sie tagt jährlich einmal, kann aber auch zu Sondersitzungen zusammentreten.

Der Weltsicherheitsrat: Er besteht aus 15 Mitgliedstaaten, deren Vertreter immer am Sitz der UNO anwesend sind. So kann er sofort einberufen werden, wenn irgendwo in der Welt der Frieden bedroht ist.

Der Generalsekretär: Dieser steht an der Spitze der Verwaltung der UNO und ist der höchste „Weltbeamte". Er wird jeweils auf 5 Jahre gewählt.

Der Internationale Gerichtshof: Er soll bei Streitigkeiten zwischen Mitgliedstaaten entscheiden.

Der Wirtschafts- und Sozialrat: Seine Mitglieder leiten die Arbeit der zahlreichen Kommissionen und Sonderorganisationen, die von der UNO zur Erfüllung ihrer Aufgaben eingerichtet worden sind.

Eine dieser Sonderorganisationen ist die UNESCO, die sich um das Bildungs- und Schulwesen in der Welt kümmert. Ihr besonderes Bemühen gilt dabei der Verständigung zwischen den einzelnen Nationen.

Aus der Geschichte der UNO

Die entscheidende Instanz der UNO ist – neben der Vollversammlung – der Weltsicherheitsrat. Er besteht aus fünf *ständigen* Mitgliedern, den Vertretern der USA, der UdSSR, Großbritanniens, Frankreichs und der Volksrepublik China, sowie zehn nichtständigen Mitgliedern, die jeweils von der Vollversammlung für zwei Jahre aus dem Kreis der kleineren Staaten gewählt werden.

Der Weltsicherheitsrat

Die ständigen Mitglieder müssen Beschlüssen des Sicherheitsrates geschlossen zustimmen, damit diese wirksam werden können. Jede der fünf Großmächte hat also das Einspruchsrecht (lat. veto = ich verbiete). So ist jede dieser Mächte davor gesichert, von den anderen und den nichtständigen Mitgliedern überstimmt zu werden.

Das Symbol der UNO: eine Weltkarte mit Olivenzweigen auf hellblauem Grund

Unter den ersten Mitgliedstaaten der Vereinten Nationen hatten die USA den stärksten Einfluss. Mit dem Aufbrechen des Ost-West-Gegensatzes, der die Welt in zwei Lager spaltete, bildeten sich bei Abstimmungen des Sicherheitsrates so zumeist Mehrheiten des westlichen Lagers. Doch kam es zu keinen Beschlüssen, weil der Vertreter der Sowjetunion fortgesetzt sein Veto einlegte – zwischen 1945 und 1960 allein neunzigmal! So blockierten sich die Führungsmächte der beiden Lager wechselseitig, blieb die politische Bedeutung der UNO über Jahrzehnte gering.

Die Mitglieder

In dem Maße, in dem ehemalige Kolonien ihre Unabhängigkeit erreichen konnten, wuchs auch die Zahl der Mitglieder der UNO schnell an, besonders seit 1955. Ende 1960 gehörten 100 selbstständige Staaten der UNO an, 1978 waren es 150. Bis 1990 hat sich ihre Zahl auf 159 erhöht.

Die überwiegende Zahl der Mitglieder gehört heute zur „Dritten Welt", zu den jungen Staaten vor allem Asiens und Afrikas.

Sicherung des Weltfriedens?

Die UNO hat ihr ursprüngliches Hauptziel, den Weltfrieden zu sichern, bisher nicht erreichen können. Seit 1945 haben auf der Welt über 150 bewaffnete Auseinandersetzungen stattgefunden. In nur wenigen Fällen hat die UNO eingreifen oder vermittelnd zum Frieden beitragen können. Dafür wurden von der UNO bis 1990 etwa 500 000 Soldaten und Zivilpersonen zu Maßnahmen eingesetzt, die den Frieden erhalten sollten. Nach ihrer Ausrüstung nennt man Militärangehörige aus Mitgliedstaaten, die im Auftrag der UNO tätig werden, *Blauhelme*. Die Tabelle nennt Beispiele.

1946–49	Vermittlung im Unabhängigkeitskampf Indonesiens
1947–49	Mitwirkung bei der Gründung des Staates Israel
1948–49	Vermittlung bei den Kämpfen zwischen Indien und Pakistan um Kaschmir
1950–52	Korea-Konflikt (erstes Eingreifen einer UNO-Streitmacht in die Kämpfe)
1956	Suez-Krise (Beendigung von Kämpfen zwischen Ägypten und Großbritannien-Frankreich-Israel durch den Einsatz von UNO-Truppen)
1960	Kongo-Krise (Einsatz von UNO-Truppen)
1964	Zypern-Krise (Einsatz von UNO-Truppen)
1967	Vermittlungsversuche nach dem Juni-Krieg im Nahen Osten
1973	Jom-Kippur-Krieg im Nahen Osten (Einsatz von UNO-Truppen)
1974	Krieg auf Zypern (Einsatz von UNO-Truppen)
1978	Konflikt im Südlibanon (Einsatz von UNO-Truppen)
1988	Krieg zwischen Iran und Irak (Einsatz von UNO-Truppen)
1989	Wahlen zur Unabhängigkeit Namibias (Kontrolle durch UNO-Truppen)

Kuwait 1991: Bei ihrem Rückzug setzten die irakischen Truppen die Bohrstellen auf den kuwaitischen Ölfeldern in Brand. Täglich verbrannte hier die unvorstellbare Menge von fast einer Million Tonnen Erdöl! Damit wurde erstmals skrupellos die Umweltzerstörung als Waffe eingesetzt.

Die UNO und der Golfkrieg 1990/91

Im August 1990 überfiel der irakische Diktator Saddam Hussein den kleinen Nachbarstaat Kuwait – der gleiche, der zwei Jahre zuvor Bewohner seines eigenen Landes mit Giftgas zu Tausenden ermordet hatte (S. 43). Nun erkannte die Welt, dass hier ein zu allem entschlossener Aggressor am Werk war, den die Industrienationen aus Ost und West zuvor auch noch mit modernen Waffen ausgerüstet hatten. In einer außergewöhnlichen Einmütigkeit verabschiedete der Weltsicherheitsrat der UNO insgesamt zwölf Beschlüsse (*Resolutionen*), mit denen der Irak zum Rückzug aus Kuwait aufgefordert wurde, zuletzt unter Androhung von Gewalt. Im Zeichen der Entspannung nach dem Ende des Kalten Krieges war dies der erste gemeinsame Versuch, eine neue Weltordnung zu schaffen, in der ein Aggressor bestraft wird. Die UNO sollte damit wieder in ihre eigentliche Aufgabe einrücken.

Krieg um Frieden

Als Saddam Hussein sich trotz der am Golf aufmarschierten Streitmacht aus sechs UNO-Staaten, vor allem den USA, weigerte, die UNO-Resolutionen zu erfüllen, begann 1991 der *Golfkrieg*. Es war eine der aufwendigsten militärischen Auseinandersetzungen seit dem Ende des Zweiten Weltkriegs, unter Einsatz der modernsten Waffen. Er forderte große Opfer unter den Bewohnern des besetzten Kuwait, aber auch unter den Soldaten und der Zivilbevölkerung des Irak.

Die UNO hatte den Frieden nicht retten können. Die Resolutionen des Sicherheitsrates aber bestimmten Umfang und Ziel der Kämpfe.

Wir merken uns

Nach den Millionenverlusten des Zweiten Weltkriegs wurde 1945 die Organisation der „Vereinten Nationen“ (UNO) Sinnbild der Friedenssehnsucht in der Welt. Auf vielen Gebieten ist sie seither zum Wohl der Völker tätig geworden.

Der Zerfall in zwei Machtblöcke

Die Entstehung des Ost-West-Konflikts

Die sowjetische Expansion

Schon bald nach dem Ende des Zweiten Weltkriegs kam es zu immer stärkeren Spannungen zwischen den siegreichen Großmächten: der UdSSR auf der einen Seite und den westlichen Alliierten, besonders den USA, auf der anderen. Der Grund war das immer unverhülltere Macht- und Ausdehnungsstreben der Sowjetunion unter *Stalin*, dem sich die Westmächte schließlich entgegenstellten.

Nach der Niederlage der deutschen Wehrmacht waren die sowjetischen Armeen bis über die Elbe-Saale-Donau-Linie vorgedrungen. Die russischen Besatzungen setzten in Bulgarien, Rumänien, Polen und Ungarn kommunistische Regierungen ein, die von der Sowjetunion völlig abhängig waren. Demokratische Parteien wurden gezwungen, mit den Kommunisten zusammenzugehen, unliebsame Politiker verhaftet oder umgebracht. Auch in der sowjetisch besetzten Zone Deutschlands, der späteren DDR, vollzog sich diese Entwicklung, und in der Tschechoslowakei bewirkte ein kommunistischer Staatsstreich das gleiche. Lediglich Jugoslawien unter der Führung seines Staatspräsidenten *Tito* konnte einen eigenen, national-kommunistischen Kurs – unabhängig von Stalin – steuern.

Es entstand ein Gürtel abhängiger Satellitenstaaten, der ein russisches Vorfeld gegenüber dem Westen bildete.

So bahnte sich bereits 1945 die Spaltung Europas in eine *westliche* und eine *östliche* Hälfte an. Entgegen früheren Zusagen wurden die Westmächte von allem Einfluss auf sowjetisch besetzte Gebiete ausgeschlossen. Der ehemalige britische Premierminister *Churchill* verglich daher 1947 die Westgrenze des sowjetischen Einflussbereiches mit einem *Eisernen Vorhang*, hinter dem die Völker ihre Selbstständigkeit und jede Möglichkeit einer demokratischen Verfassung zunehmend einbüßten.

Der „Eiserne Vorhang“ (Churchills Rede in Fulton/USA am 5. März 1946)

Von der Ostsee bis nach Triest an der Adria hat sich ein Eiserner Vorhang quer durch den Kontinent gelegt. Hinter dieser Linie liegen alle Hauptstädte Mittel- und Osteuropas. Warschau, Berlin, Prag, Wien, Budapest, Belgrad, Bukarest und Sofia – alle diese Städte und die umliegenden Gebiete sind in der sowjetischen Einflusssphäre und sind, in der einen oder anderen Form, nicht nur dem sowjetischen Einfluss, sondern in einem hohen und wachsenden Maße der Kontrolle durch Moskau unterworfen. Was immer man aus diesen Tatsachen – und es sind Tatsachen – für Schlüsse ziehen mag, eines ist sicher: Das ist nicht das befreite Europa, für das wir gekämpft haben. Es ist auch kein Europa, das die Wesenszüge eines dauerhaften Friedens trägt.

(Nach: Andreas Hillgruber, Europa in der Weltpolitik der Nachkriegszeit 1945–1963, München 1981, S. 36)

Als Folge des Hitler-Stalin-Pakts vom August 1939 hatte die Sowjetunion 1939 Ostpolen und 1940 die baltischen Staaten Estland, Lettland und Litauen in ihre Gewalt gebracht, dazu einige Gebiete auf dem Balkan.

Wo sich die Kommunisten als beherrschende Macht im Lande durchgesetzt hatten, wurden sogenannte „Volksdemokratien" eingerichtet bzw. „Volksrepubliken" ausgerufen.

Die Republik Österreich, 1945 wiedererstanden, war zeitweilig ebenfalls Besatzungsgebiet der vier Siegermächte. Diese zogen sich 1955 zurück, nachdem Österreich sich in einem Staatsvertrag mit der UdSSR zu dauernder Neutralität verpflichtet hatte.

Die Politik der Eindämmung durch die USA

Bei den Westmächten war man betroffen, dass in den osteuropäischen Staaten keine Demokratien, sondern Diktaturen entstanden, ein sowjetischer Gürtel von Satellitenstaaten. Zudem war es besorgniserregend, dass die Sowjets nach weiteren Einflusszonen strebten: in Griechenland, wo bald darauf ein Bürgerkrieg ausbrach, in der Türkei, die die Dardanellen für russische Kriegsschiffe öffnen sollte, oder im Iran mit seinen reichen Erdölvorkommen.

Angesichts dieser Bedrohungen entschlossen sich die USA zu Gegenmaßnahmen. Der amerikanische Präsident *Truman* verkündete im März 1947 die Bereitschaft der USA, den noch freien Völkern beizustehen. Sein Minister *Marshall* entwarf ein wirtschaftliches Hilfsprogramm für ganz Europa (S. 76).

Von nun an versuchten beide Seiten, durch wirtschaftlichen Druck und militärische Einschüchterung zum Ziele zu kommen. Eine offene kriegerische Auseinandersetzung vermied man allerdings. Für diese Taktik kam bald die Bezeichnung *„Kalter Krieg"* auf.

Aus der Rede des amerikanischen Präsidenten Truman vor dem Kongress (März 1947)

Zum gegenwärtigen Zeitpunkt der Weltgeschichte muss fast jede Nation zwischen alternativen Lebensformen wählen. Nur zu oft ist diese Wahl nicht frei.

Die eine Lebensform gründet sich auf den Willen der Mehrheit und ist gekennzeichnet durch freie Institutionen, repräsentative Regierungsform [Regierung durch gewählte Volksvertreter], freie Wahlen, Garantien für die persönliche Freiheit, Rede- und Religionsfreiheit und Freiheit von politischer Unterdrückung.

Die andere Lebensform gründet sich auf den Willen einer Minderheit, den diese der Mehrheit gewaltsam aufzwingt. Sie stützt sich auf Terror und Unterdrückung, auf die Zensur von Presse und Rundfunk, auf manipulierte Wahlen und auf den Entzug der persönlichen Freiheiten.

Ich glaube, es muss die Politik der Vereinigten Staaten sein, freien Völkern beizustehen, die sich der angestrebten Unterwerfung durch bewaffnete Minderheiten oder durch äußeren Druck widersetzen. Ich glaube, wir müssen allen freien Völkern helfen, damit sie ihre Geschicke auf ihre eigene Weise selbst bestimmen können. Unter einem solchen Beistand verstehe ich vor allem wirtschaftliche und finanzielle Hilfe, die die Grundlage für wirtschaftliche Stabilität und geordnete politische Verhältnisse bildet.

(Nach: Geschichte in Quellen, Bd. 7, München 1980, S. 576 f.)

Die USA und die NATO

Wettrüsten: Atombomben und Raketenwaffen

An diesen Spannungen scheiterten alle Abrüstungsvorsätze, die gleich nach dem Zweiten Weltkrieg verkündet worden waren. Beide Lager rüsteten im Gegenteil bald wieder stärker auf. Es begann ein ausgesprochenes *Wettrüsten*, besonders auf dem Gebiet der *Atombomben* und *Raketenwaffen*.

Vier Jahre nach Hiroshima erfolgte der erste sowjetische *Atomversuch*. 1952 explodierte die erste amerikanische *Wasserstoffbombe* – noch verheerender in ihrer Wirkung –, im Jahr darauf die erste russische. Die Engländer entwickelten ihre Bomben und probierten sie aus, die Franzosen folgten. Schon arbeiteten auch die farbigen Völker an der Herstellung dieser Waffen; 1964 zündete China seine erste Atombombe, 1967 seine erste Wasserstoffbombe, 1974 Indien seine erste Atombombe.

Die Gründung der NATO

Zu diesem Wettrüsten gehörte auch die weltweite Organisation der militärischen Kräfte: der Zusammenschluss der Staaten zu großen *Bündnissen*, wobei jede Seite beteuerte, dass sie nur zur Verteidigung dienten.

Das wichtigste Bündnis dieser Art wurde auf westlicher Seite die NATO (North Atlantic Treaty Organization). In ihr fanden sich 1949 die Staaten rund um den Nordatlantik zusammen: die USA, Kanada und die meisten Länder Westeuropas. Die Bundesrepublik Deutschland wurde erst 1955 aufgenommen. Es war ein Bündnis, mit dem bereits für Friedenszeiten eine weit gehende militärische Zusammenarbeit vereinbart wurde.

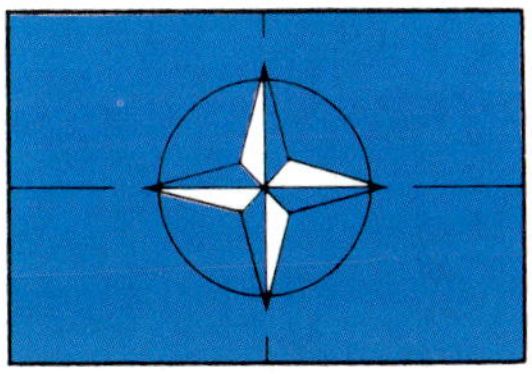

Flagge der NATO

Die USA waren die unbestrittene *Führungsmacht* innerhalb der NATO – wie in der nichtkommunistischen Welt überhaupt. Unter ihren Präsidenten *Truman* (1945–1952) und *Eisenhower* (1952–1960) legten sie auch in anderen Teilen der Welt ein System von Abwehrbündnissen um die Sowjetunion, z. B. den Südostasien-Pakt (SEATO, 1954–77).

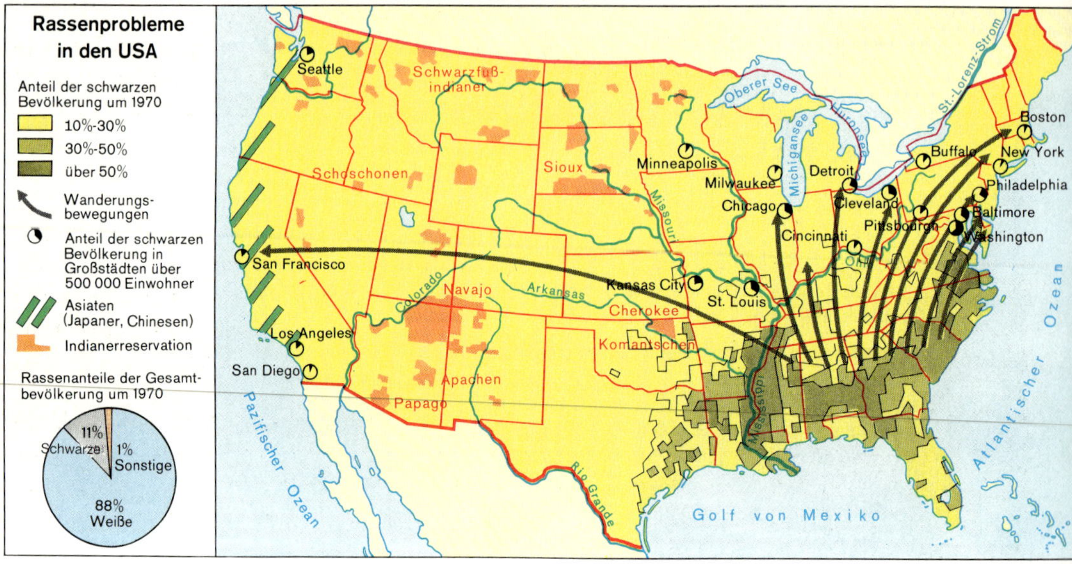

Die USA nach dem Zweiten Weltkrieg

Seit dem Beginn des 20. Jahrhunderts waren die USA die stärkste *Wirtschaftsmacht* der Erde. Der Zweite Weltkrieg hatte diese Stellung noch verstärkt. Fast die Hälfte der Industriegüter der Welt wurde hier produziert. Radio und Kühlschrank, Telefon und Auto waren bereits Selbstverständlichkeiten der amerikanischen *Konsumgesellschaft*, Fernsehgerät und Flugreise wurden neue Symbole des gehobenen Lebensstandards.

Mit dem Zweiten Weltkrieg hatten die USA auch ihre Stellung als stärkste *Kapitalmacht* ausgebaut. Amerikanisches Kapital wurde überall in der westlichen Welt investiert.

Rassenprobleme nach 1945

Präsident John F. Kennedy (1917–1963)

Nicht jeder amerikanische Bürger aber war ein reicher Mann. Neben den himmelragenden Hochhäusern und neonglitzernden Einkaufsstraßen lagen die Elendsviertel, die „Slums“. Ihre Bewohner waren vor allem *Schwarze*.

Erinnern wir uns: Als Sklaven waren die Schwarzen jahrhundertelang von Afrika in die *Südstaaten* der USA transportiert worden. Der Sezessionskrieg 1861–1865 hatte ihre Befreiung gebracht. Seither waren sie nicht mehr an die einzelne Farm gebunden. Langsam zuerst, dann immer schneller setzte ihre Abwanderung in die Industriestädte des Nordens der USA ein.

1910 hatten noch 90% aller Schwarzen in den ehemaligen sklavenhaltenden Staaten des Südens gewohnt, 1940 noch 75%, 1970 aber nur noch etwa 50%! Zugleich stieg ihre Gesamtzahl stark an: Waren es 1910 noch knapp 10 Millionen Schwarze gewesen, so betrug ihre Zahl 1970 über 23 Millionen.

In den Städten erhielten sie jedoch nur die schlechtesten Wohnbezirke, die schlechtesten Arbeitsplätze und die schlechteste Ausbildung.

Armut, Not und Unzufriedenheit führten in den fünfziger und sechziger Jahren immer wieder zu *Rassenkrawallen*: schweren Unruhen der farbigen Bevölkerung in den Städten des Nordens – aber auch in den Südstaaten. Hier war die *Rassentrennung* 1954 zwar aufgehoben worden, aber nur mühsam konnte dies gegen die weiße Mehrheit durchgesetzt werden. Rassenfanatiker mordeten auf beiden Seiten.

Der „Sputnik-Schock“

Am 4. Oktober 1957 konnten von den Radiostationen der Welt deutliche Piepgeräusche aus dem Weltraum empfangen werden. Es waren die Signale des ersten künstlichen Satelliten, der die Erde umkreiste, des *Sputnik I.* Sie wirkten in den USA wie ein gewaltiges Erdbeben, denn damit hatte die Sowjetunion die erste Macht der Welt auf einem wichtigen technologischen Feld überrundet!

Trägerraketen, die in der Lage sind, einen Satelliten in eine Umlaufbahn um die Erde zu befördern, können aber auch Kontinente überwinden. Sputnik hatte den Beweis erbracht, dass die Sowjetunion über Interkontinentalraketen verfügen musste. Damit war das Territorium der USA direkt bedroht! Auch der erste Mensch im All war ein Russe: der Kosmonaut *Gagarin*, der 1961 in einem Raumschiff die Erde umkreiste.

Sputnik I (1957)

Der „Sputnik-Schock“ hat die Menschen der USA tief bewegt. Unter *John F. Kennedy*, seit 1961 Präsident und mit 44 Jahren jüngstes Staatsoberhaupt in der Geschichte der USA, erfüllte Aufbruchstimmung das Land. In der Innenpolitik sollten soziale Reformen den Schwachen helfen, den Arbeitslosen und den Farbigen. Aber Kennedy setzte auch das Ziel, dass Amerikaner als erste auf dem Mond landen sollten.

John F. Kennedy wurde das Opfer seiner inneren Politik: Seine Ermordung 1963 in Dallas (Texas) war vermutlich das Werk von weißen Rassenfanatikern. Die Mondlandung aber erreichten die USA sechs Jahre nach Kennedys Tod.

Am 20. Juli 1969 landeten die amerikanischen Astronauten Neil Armstrong und Edwin Aldrin mit einer Mondfähre, die vom Raumschiff „Apollo 11“ aus gestartet war. Diese erste Mondlandung war einer der großen technischen Erfolge der jüngsten Vergangenheit.

Arbeitsvorschläge

1. Karten über die in der NATO zusammengeschlossenen Staaten finden Sie auf den Seiten 37 und 54 dieses Bandes.
2. Analysieren Sie bitte die Karte „Rassenprobleme in den USA"! Welche Feststellungen können Sie danach über die Lebensräume der „Nichtweißen" treffen? Welche Richtung nehmen die Wanderungsbewegungen der schwarzen Bevölkerung vor allem?
3. Der Sputnik löste in den USA in zweifacher Hinsicht eine Schockwirkung aus. In welcher?

Watergate

Im Jahre 1968 wurde *Richard Nixon* (1913–1994) zum Präsidenten der Vereinigten Staaten gewählt (1972 Wiederwahl). Ihm und seinem Unterhändler *Henry Kissinger* (*1923) gelang es 1973, die USA aus dem Vietnam-Krieg herauszulösen. Dieser Konflikt (vgl. S. 41), in den sie seit 1961 militärisch verstrickt war, hatte die amerikanische Nation in schwere innere Spannungen gestürzt und immer wieder zu Demonstrationen der Gegner dieses „schmutzigen Krieges" in aller Welt geführt.

Nixon scheiterte 1974 durch eine Affäre, die unter der Bezeichnung *Watergate-Skandal* in die Geschichte einging. Während des Wahlkampfes 1972 war ein Einbruch in das Büro der gegnerischen Partei verübt worden. Im Laufe der Ermittlungen geriet Nixon immer stärker in den Verdacht der Mitwisserschaft und des Amtsmissbrauchs. Sein Ansehen wurde auf das Schwerste belastet. Schließlich schien ein Verfahren zur Amtsenthebung des Präsidenten nicht mehr aufzuhalten. Erst daraufhin entschloss er sich, von seinen Gegnern geschmäht und von fast allen Freunden verlassen, zum freiwilligen Rücktritt. – Watergate steht beispielhaft dafür, dass es in einer Demokratie möglich ist, auch den politisch Mächtigsten zu stürzen, wenn er sein Amt missbraucht.

Die achtziger Jahre

Bei den Präsidentschaftswahlen 1980 errang der ehemalige Schauspieler *Ronald Reagan* einen klaren Sieg über seinen Mitbewerber. Anders als etwa Kennedy ging er in seiner Innenpolitik nicht den Weg einer staatlichen Sozialpolitik. Statt dessen rief er die Amerikaner auf, sich auf ihre „alten Werte" zu besinnen, auf die Tüchtigkeit und Leistungsbereitschaft des einzelnen Bürgers! So konnte in seiner Amtszeit zwar die Wirtschaft angekurbelt werden. Die Arbeitslosigkeit in den USA aber nahm nur wenig ab (1984: ca. 7 %), die Zahl der Armen und wirtschaftlich Schwachen stieg sogar deutlich an.

*Ronald Reagan (*1911) nach seinem Wahlsieg*

In der Außenpolitik steuerte er einen eher harten Kurs gegenüber der Sowjetunion, die er einmal das „Reich des Bösen" nannte. Dazu gehörte eine Politik der *Nachrüstung*, die zugleich eine neue Friedensdiskussion entfachte – vor allem in den Staaten Westeuropas.

In die Rüstungsplanungen seit der Mitte der achtziger Jahre war auch der Weltraum einbezogen. Die Vereinigten Staaten planten, dort ein Waffensystem zu stationieren (SDI: *Strategic Defense Initiative*). Es sollte dazu dienen, im Kriegsfall gegnerische Interkontinentalraketen nach dem Start abzufangen und zu zerstören, bevor sie den Boden der USA erreichen konnten. Ein gestaffeltes System unterschiedlicher, fantastisch anmutender Waffen („Killer-Satelliten", Laserstrahlen, Anti-Raketen-Raketen) sollte wie ein undurchdringlicher Schutzschirm wirken und die USA unangreifbar machen.

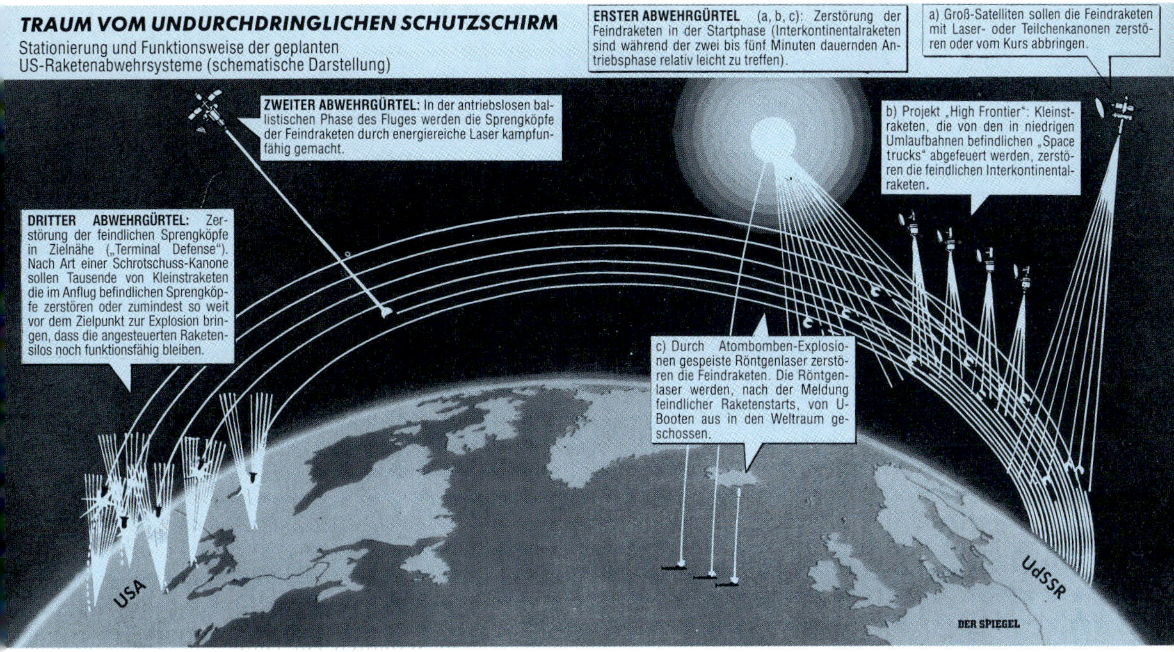

Das SDI-Programm, hier als Denkmodell eines dreistufigen Abwehrgürtels mit Kampfstationen im Weltall (nach: DER SPIEGEL)

„Krieg der Sterne?"

Konnte so die Drohung eines Atomkrieges überwunden und der Frieden gesichert werden? Oder würde damit nur eine neue Phase des Wettrüstens der Großmächte beginnen?

Die Antwort auf diese Fragen blieb offen – noch offen? Die Kosten für das Projekt überstiegen selbst die Kräfte der Vereinigten Staaten, deren Staatsausgaben ohnehin unvorstellbare Summen erreichten. Aber es spielte auch eine Rolle, dass gegen Ende der zweiten Amtszeit Reagans (er war 1984 wiedergewählt worden) eine neue Entspannung gegenüber der Sowjetunion eintrat: Ein erstes wirkliches Abrüstungsabkommen konnte 1987 durch Reagan und den „neuen, starken Mann" der Sowjetunion, *Michail Gorbatschow*, unterzeichnet werden (S. 53). Seither ist die Gefahr eines Atomkriegs zwischen den Supermächten sehr viel geringer geworden, haben die Politiker auf beiden Seiten den *Kalten Krieg für beendet* erklärt.

Die Politik des Präsidenten *George Bush* (1989–1993) war vom Ziel einer Partnerschaft mit der Sowjetunion bestimmt – bis zu deren Zerfall 1991. Neuer Präsident der USA wurde *Bill Clinton* (*1946).

*Präsident George Bush (*1924) bei einer Pressekonferenz während des Golfkriegs*

Arbeitsvorschläge

1. Überlegen Sie bitte, welche Möglichkeiten zur Kontrolle staatlicher Macht es in einer Demokratie gibt! Denken Sie an die „drei Gewalten", aber auch an die Bedeutung der Pressefreiheit in diesem Zusammenhang!
2. Das Denkmodell (oben) ist eine gespenstische Vision eines künftigen interkontinentalen Krieges. Versuchen Sie bitte dennoch seine Analyse!
3. Verfolgen Sie bitte Meldungen über die innenpolitische Entwicklung in den USA und das Verhältnis der Großmächte zueinander!

„Ehre sei Stalin, dem großen Bauherrn des Kommunismus!" – Dieses Plakat aus der Zeit nach 1945 zeigt, welche Vorstellung sich den Völkern der Sowjetunion einprägen sollte. Analysieren Sie bitte die mit diesem Plakat verbundene Wirkungsabsicht!

Die Sowjetunion und der Warschauer Pakt

Die Sowjetunion unter Stalin (1945–1953)

Am Ende des Zweiten Weltkriegs stand die Sowjetunion vor fast unlösbaren Aufgaben. Die Völker dieses Staates hatten das größte Blutopfer bringen müssen. In den Gebieten, durch die zweimal verheerend der Krieg gegangen war, musste Wohnraum für die Überlebenden geschaffen, mussten die zerstörten Industriegebiete wieder aufgebaut werden. Die Verkehrswege hatten die deutschen Truppen auf ihrem Rückzug weitgehend zerstört, es fehlten Transportmittel und Arbeitsgeräte. Die Menschen in den Städten mussten ernährt, die Bevölkerung mit Kleidung versorgt werden. Die Bewältigung dieser Probleme erfolgte in den gleichen Formen, wie sie sich vor dem Zweiten Weltkrieg unter Stalin herausgebildet hatten. Mit umfassenden *Fünfjahresplänen* wurde von zentraler Stelle aus geplant, mit Härte und Zwang der Neuaufbau in den westlichen Landesteilen vorangetrieben. Gleichzeitig ging die industrielle Erschließung Sibiriens weiter. Riesige Staudämme für Wasserkraftwerke, gewaltige Stahlwerke wurden auch dort hochgezogen. Die Menschen waren nichts weiter als Räder im Getriebe der *stalinistischen Kommandowirtschaft*. Ihren Opfern und Entbehrungen ist der Erfolg dieses Wiederaufbaus zu verdanken.

Neben der Schwerindustrie wurde der *Aufbau einer Atomwaffenfertigung* zum Schwerpunkt der Anstrengungen. Das notwendige Uran lieferte die sowjetische Besatzungszone in Deutschland (S. 82). Bereits 1949 konnte die erste russische Atombombe gezündet werden. Damit hatte die Sowjetunion mit den USA als Militärmacht gleichgezogen.

Terror und Bespitzelung der Vorkriegszeit lebten voll wieder auf. „Überall witterte man Verschwörer, Spione, Diversanten [Saboteure], wollte immer wieder entlarven, säubern, ausmerzen" (*Lew Kopelew*). Und dennoch war Stalin nach dem Sieg 1945 für Millionen Menschen in der Sowjetunion tatsächlich das „Väterchen Stalin", als der er sich immer wieder feiern ließ.

*Als Stalin 1953 starb, wurde sein Leichnam einbalsamiert und im Lenin-Mausoleum aufgebahrt. Acht Jahre später veranlasste sein Nachfolger Chruschtschow, dass er aus dem Mausoleum entfernt und in einem Grab an der Kreml-Mauer beigesetzt wurde. In dieser Zeit entstand das Gedicht von Jewgenij Jewtuschenko (*1933) – Ausdruck der Ängste einer Generation, die etwas freier zu atmen gelernt hatte.*

Aus dem Gedicht „Stalins Erben" von Jewgenij Jewtuschenko:

„... Er führt etwas im Schilde. Er hat
nur zum Ausruh'n sich hingelegt.
Und ich wende mich an unsere
Regierung mit der Bitte:
Die Wachen an diesem Grabstein
zu verdoppeln. Zu verdreifachen.
Damit Stalin nicht aufersteht.
Und mit ihm die Vergangenheit."

Arbeitsvorschläge

1. Vergleichen Sie bitte die Ausgangssituation der Sowjetunion und der USA nach 1945!
2. Welche Merkmale bestimmen die als *stalinistische Kommandowirtschaft* bezeichnete Gesellschafts- und Wirtschaftspolitik?
3. Welche Gründe für die Verehrung Stalins in Teilen der sowjetischen Bevölkerung können Sie vermuten?

Die Sowjetunion unter Chruschtschow (1953–1964)

Nach Stalins Tod 1953 erhob sich die gleiche Frage wie 1924 beim Tode Lenins: Wer würde die Nachfolge übernehmen? Wiederum setzte sich in den geheimen und offenen Machtkämpfen innerhalb der Parteiführung *ein* Mann durch: *Nikita Chruschtschow*, ein Bauernsohn aus der Ukraine, wurde der neue Herrscher über die Sowjetunion.

Chruschtschow rückte klar von Stalins blutiger Diktatur ab. Auf dem XX. Parteitag der KPdSU in Moskau 1956 hielt er seine berühmte *Geheimrede*, in der er Stalin des *Personenkults* bezichtigte.

Aus der Geheimrede Chruschtschows 1956

Nach dem Tode Stalins leitete das Zentralkomitee der Partei eine Aufklärungspolitik ein, um mit zwingender Konsequenz nachzuweisen, dass es unzulässig und dem Geist des Marxismus-Leninismus zuwider ist, eine Person herauszuheben und sie zu einem Übermenschen zu machen, der gottähnliche, übernatürliche Eigenschaften besitzt. Zu einem Menschen, der angeblich alles weiß, alles sieht, für alle denkt, alles kann und in seinem ganzen Verhalten unfehlbar ist. Ein solcher Glaube an einen Menschen, und zwar an Stalin, ist bei uns viele Jahre lang kultiviert worden.

Der Zweck des gegenwärtigen Berichts besteht nicht darin, eine gründliche Bewertung des Lebens und der Aktivität Stalins durchzuführen. Über Stalins Verdienste ist schon zu seinen Lebzeiten eine völlig ausreichende Anzahl von Büchern, Broschüren und Einzeluntersuchungen verfasst worden ...

Wir haben uns mit der jetzt und künftig für die Partei überaus wichtigen Frage zu befassen, wie der Kult mit der Person Stalins sich allmählich entfalten konnte, der in einer ganz bestimmten, konkreten Phase zur Quelle einer Reihe außerordentlich ernster und schwer wiegender Verfälschungen der Parteigrundsätze, der innerparteilichen Demokratie und der revolutionären Gesetzlichkeit wurde.

(Nach: Geschichte in Quellen, Band 7, München 1980, S. 483)

Nikita Chruschtschow (1894–1971). – Rechts: Abriss eines Stalindenkmals (1956)

Entstalinisierung

Es begann ein Prozess der *„Entstalinisierung"*. Überall verschwanden Stalin-Bilder, Stalin-Fahnen, Stalin-Denkmäler. Die Stadt „Stalingrad" wurde in Wolgograd (Stadt an der Wolga) umbenannt, in den Schulbüchern sein Name kaum noch erwähnt. Von nun an konnten die Sowjetmenschen sich etwas freier fühlen und etwas freier äußern.

Supermacht

In der Zeit Chruschtschows als Staats- und Parteichef rückte die Sowjetunion zur zweiten Supermacht neben den USA auf. Mit der erfolgreichen Erprobung der Wasserstoffbombe 1953 konnte sie auch bei dieser Schreckenswaffe mit den USA gleichziehen. Besondere Bedeutung im wissenschaftlich-technischen Bereich hatten bald darauf die Erfolge im Weltraum 1957 und 1961 (S. 29). In diesem Jahr – 1961 – gab Chruschtschow auch dem Drängen der SED-Führer in Ost-Berlin nach und erlaubte die Errichtung der Berliner Mauer (S. 130). Er erreichte damit, dass die DDR zu einem sich stabilisierenden Teil seines Herrschaftsbereichs werden konnte. Die USA nahmen diesen Vorgang hin. Nicht hingenommen haben sie freilich zwei Jahre später, dass Chruschtschow die Insel Kuba in einen sowjetischen Raketenstützpunkt zu verwandeln suchte (S. 40). Damit brachte er die Welt an den Rand eines Atomkrieges und sich selbst um seine Ämter. Das Zentralkomitee stürzte ihn 1964. „Abenteurertum" war einer der gegen ihn erhobenen Vorwürfe.

Einparteiendiktatur

Als Chruschtschow 1964 abgelöst wurde, hatte er zwar den Personenkult um Stalin abgeschafft. Geblieben war die führende Rolle der Partei, der KPdSU, in Staat und Gesellschaft, die *Einparteiendiktatur*. Folglich fiel auch weiterhin dem obersten Parteiführer eine Schlüsselrolle für alle Entscheidungen der Innen- und Außenpolitik zu. Dies war der *Generalsekretär* des Zentralkomitees der KPdSU. Die Regierung nahm demgegenüber eine untergeordnete Stellung ein. Sie hatte auszuführen, was die Parteispitze als Richtlinie festlegte.

Der Warschauer Pakt

Schon kurz nach Kriegsende hatte die Sowjetunion mit den von ihr abhängigen Staaten sogenannte Freundschafts- und Beistandsverträge geschlossen. Als die Bundesrepublik Deutschland 1955 in die NATO aufgenommen wurde, fasste Chruschtschow diese Vereinbarungen in einem umfassenden Pakt zusammen: dem *Warschauer Pakt*. Es war ein Militärbündnis ähnlich dem der NATO mit dem Oberkommando in Moskau.

Von 1955 bis 1991 standen sich auf der nördlichen Erdhälfte die Machtblöcke der NATO und des Warschauer Pakts gegenüber.

Der Aufstand in Ungarn 1956

Von der „Entstalinisierung" hatten sich auch die abhängigen Völker im sowjetischen Machtbereich mehr Freiheit und Eigenständigkeit erhofft.

Aus Studentendemonstrationen in Budapest entwickelte sich am 23. Oktober 1956 ein *Volksaufstand* gegen das hier noch stalinistische Regime. Die Regierung wurde von *Imre Nagy* übernommen, einem Kommunisten, der schon früher einmal Ministerpräsident gewesen, aber abgesetzt worden war.

Er löste die Geheimpolizei auf, erlaubte die Neugründung der bis dahin verbotenen Parteien und kündigte die Bildung einer Regierung aus allen Parteien an. Ungarn wollte zwar sozialistisch bleiben, aber frei von der Bevormundung durch Moskau. Man erstrebte ein ähnliches national-kommunistisches System, wie es Tito in Jugoslawien durchgesetzt hatte. So trat Ungarn aus dem Warschauer Pakt aus.

Doch die Sowjetunion war nicht gewillt, Ungarn aus ihrer Herrschaft zu entlassen. Sowjettruppen rückten in Budapest ein, Panzer rollten durch die Stadt. Es kam zu schweren Straßenkämpfen. In den folgenden Wochen und Monaten wurde der Aufstand, der inzwischen das ganze Land erfasst hatte, blutig niedergeschlagen.

Viele Tausende aufständischer Ungarn mussten das Freiheitsstreben mit ihrer Verschleppung nach Russland bezahlen. Auch Nagy geriet in russische Hand und wurde zwei Jahre später hingerichtet. Fast 200 000 Flüchtlinge gingen über die österreichische Grenze ins Ausland.

Das Land wurde wieder in den Block der abhängigen Staaten eingefügt.

Die Erhebung des ungarischen Volkes im Oktober 1956 wurde nach schweren Straßenkämpfen durch sowjetische Panzer niedergeschlagen (Budapest Anfang November).

Der „Prager Frühling“ 1968

Bild oben: Sowjetische Panzer und Maschinenpistolen beenden den „Prager Frühling“.

Alexander Dubček (1921–1992)

Zwölf Jahre lang blieb es verhältnismäßig ruhig in Osteuropa. Dann wurde in der Tschechoslowakei (ČSSR) im Frühjahr 1968 neuer Reformwille spürbar: Die tschechische Kommunistische Partei wählte *Alexander Dubček* zum führenden Mann im Staat. Er leitete einen politischen Kurs ein, den er selbst als „Sozialismus mit menschlichem Antlitz“ bezeichnete: Abbau der Pressezensur, Abbau des „Apparats der Parteifunktionäre“ und der Allmacht der Partei, Redefreiheit auch für anders Denkende, Freizügigkeit im Inland und bei Reisen in das Ausland, Unabhängigkeit der Produktionsunternehmen vom Parteiapparat, Konkurrenz in der Wirtschaft zu Gunsten des Verbrauchers, Recht auf freie Berufswahl. Es war der *Weg eines „demokratischen Sozialismus“*, den Dubček und seine Anhänger wollten. Im Volk der ČSSR, in dem demokratische und freiheitliche Bestrebungen seit der Zeit vor 1848 lebendig geblieben sind, fand der neue Weg begeisterte Zustimmung. Das Wort vom „Prager Frühling“ entstand für dieses Aufatmen eines ganzen Volkes.

Argwöhnisch verfolgten die Parteifunktionäre im übrigen Ostblock den Weg des tschechischen Volkes zu mehr Demokratie. Aus Furcht, dass der Funke des demokratischen Sozialismus auch auf ihre Länder überspringen und ihre Machtposition gefährden könnte, schlugen sie schließlich zu. In der Nacht zum 21. August 1968 rollten Panzer über die Grenzen der Tschechoslowakei: Panzer der Sowjetunion, Polens, Ungarns, Bulgariens und der DDR. In einer Blitzaktion beendeten sie die Reformpolitik. Dubček und seine Anhänger wurden verhaftet, aber nicht, wie viele Ungarn 1956, hingerichtet. Und wieder – wie genau 30 Jahre zuvor – erlebte die Bevölkerung in ohnmächtiger Verzweiflung das Ende ihrer ersten kleinen Freiheiten. Über Nacht war der „Prager Frühling“ zu Ende.

Die Welt in der Zeit des Kalten Krieges

Die Karte gibt das Bild unserer Welt mit dem Nordpol als Mittelpunkt. Aus dieser Sicht erscheinen die Kontinente ganz anders. Beherrschend springen im Westen der amerikanische Kontinent, im Osten die asiatische Landmasse und im Süden Afrika ins Blickfeld. Sichtbar ist die strategische Bedeutung des Nordpolarmeers.

Die Karte zeigt einmal die NATO-Staaten rund um den Nordatlantik. Hier ist die Färbung Frankreichs leicht abgeschwächt: es hat 1966 seine Truppen aus der NATO zurückgezogen, ist militärisch nicht mehr integriert.

Auch die kommunistischen Länder waren keine Einheit. Neben den Staaten des Warschauer Paktes verfolgte Jugoslawien einen selbstständigen Kurs. Die Großmacht China trieb eine Politik, die in der Sowjetunion eher einen Gegner sah. Der kommunistische Staat zwischen Nord- und Südamerika ist Kuba.

Die Karte zeigt darüber hinaus die Vielzahl der Staaten der „Dritten Welt“ vor allem in Asien und Afrika. Sie haben erst nach 1945 ihre Unabhängigkeit erkämpft und bezeichnen sich selbst als „blockfrei“.

Die Sowjetunion in der Breschnew-Ära (1964–1985)

Der „Prager Frühling“ fiel bereits in die Zeit nach der Entmachtung Chruschtschows in der Sowjetunion. Hier wuchs zunächst *Leonid Breschnew* (1906–1982) als Generalsekretär in die Rolle des mächtigsten Mannes hinein, und er blieb es achtzehn Jahre lang.

Nach dem Terror Stalins, nach der unberechenbaren, sprunghaften Politik Chruschtschows folgten jetzt zwei Jahrzehnte der Erstarrung der Sowjetunion unter der Herrschaft alter Männer. „Nur nichts verändern“, schien die neue Richtschnur der Politik zu sein.

Und doch veränderte sich etwas im System. Jetzt erst wuchs sich die Bürokratie zu ihrer alles erstickenden Größe aus. Als Breschnew starb, gab es rund 18 Millionen Funktionäre, die in der Mehrung ihrer Macht und ihrer Privilegien ihren Lebenszweck sahen. Die Versorgung der Menschen und ihre Stimmung verschlechterten sich. „Die Sowjetmenschen litten keinen Hunger, aber der ewige Mangel an simplen Konsumgütern vergällte ihnen das Leben. Die entwürdigenden Schlangen vor den Geschäften wurden zum Markenzeichen des Systems“ (*Fritz Pleitgen*). Und es sank die Bereitschaft, am Arbeitsplatz mehr zu tun als unbedingt nötig, zumal der Lohn niedrig blieb. Neben der offiziellen, unfähigen Staatswirtschaft bildete sich eine Schattenwirtschaft, die durch Unterschlagung, Schieberei und Korruption bestimmt war.

Die sechziger und siebziger Jahre waren eine Zeit der Entspannung zwischen den Weltmächten. Nach der Kubakrise war auf beiden Seiten die Bereitschaft gewachsen, die Kontakte zu verbessern und die Rüstung zu begrenzen. Diese Entspannungspolitik wurde für die Deutschen besonders wichtig, denn sie ermöglichte 1970 den *Moskauer Vertrag* und 1971 das Viermächte-Abkommen über Berlin (S. 101).

In die Breschnew-Ära fällt freilich – neben dem Einmarsch in die Tschechoslowakei 1968 – auch die Besetzung Afghanistans durch die Rote Armee 1979 (S. 44). Diese beendete auch die Entspannungsphase zwischen den Weltmächten für eine Reihe von Jahren.

Leonid Breschnew blieb bis zu seinem Tode 1982 im Amt. Seine beiden Nachfolger starben nach jeweils einem Amtsjahr. Erst 1985 endete die Epoche der Stagnation.

Breschnew und Honecker beim „sozialistischen Bruderkuss“. Nach einem alten Pressefoto malte 1990 ein russischer Künstler diesen Kuss symbolisch auf einen Rest der Berliner Mauer.

> **Ein Witz aus der Breschnew-Zeit**
>
> Ein Arbeiter kommt nach der Schicht mit einer Schubkarre daher, über die er ein Tuch gelegt hat. Die Wache am Fabriktor hebt das Tuch hoch, schaut hinein, stellt fest, dass die Schubkarre leer ist und winkt den Arbeiter durch …
>
> Am zweiten und dritten Tag das gleiche – die Schubkarre ist leer.
>
> Schließlich sagt ein Wachmann frustriert: „Hör mal, Genosse, irgendwas musst du doch stehlen. Sag mir, was es ist.“
>
> „Schubkarren“, entgegnet der Arbeiter.
>
> *(nach Hedrick Smith)*

Konflikte zwischen den Machtblöcken 1945–1985

Spannungszonen in der Welt

Zwischen 1945 und 1985 ist es zwischen den beiden Machtblöcken immer wieder zu Krisen und Konflikten gekommen. Krisengebiete bildeten sich dabei vor allem an den Nahtstellen heraus: *Berlin* 1948 (vgl. S. 85), *Korea* 1950, *Kuba* 1962, *Vietnam* sowie der *Nahe und der Mittlere Osten.* Einige Male schien die Gefahr eines neuen großen Kriegs gegeben, mit Korea geriet die Welt erstmals an den Rand eines Atomkriegs.

Arbeitsvorschlag

Bestimmen Sie bitte die aufgeführten Krisengebiete auf der Karte vorn!

Krieg in Korea 1950–1953

Nicht nur Deutschland erlitt nach dem Zweiten Weltkrieg das Schicksal der Besetzung und Aufteilung des Landes, sondern auch *Korea* in Ostasien.

Seit 1905 war dieses Land japanisches Herrschaftsgebiet. Nach der Niederlage Japans wurde es von sowjetischen und amerikanischen Truppen besetzt. Die Zonengrenze verlief längs des 38. Breitengrades.

Im kommunistisch beherrschten Nordteil entstand eine Volksrepublik. In Südkorea setzten die USA eine von ihnen beeinflusste Regierung ein, die sich zu einer präsidialen Diktatur entwickelte.

1948 zogen beide Besatzungsmächte ab.

Am 25. 6. 1950 brach die nordkoreanische Armee über die Zonengrenze in Südkorea ein, um eine Wiedervereinigung auf kommunistischer Grundlage zu erzwingen. Der sofort einberufene Weltsicherheitsrat der Vereinten Nationen erklärte Nordkorea zum Angreifer und forderte die Mitglieder der UNO auf, Südkorea mit allen Mitteln zu unterstützen (die Sowjetunion war damals für einige Zeit dem Sicherheitsrat ferngeblieben).

So begann der Krieg in Korea, der drei Jahre lang Süd- wie Nordkorea entsetzlich verwüstete. Den UNO-Verbänden auf Seiten Südkoreas, besonders aus den USA, standen starke Hilfskräfte der Nordkoreaner, besonders aus der Volksrepublik China, gegenüber. Überall in der Welt befürchtete man, dass sich aus diesem Konflikt ein dritter Weltkrieg entwickeln würde. Überall lief jetzt die Industrie auf Hochtouren, rüstete man um die Wette.

Ein Waffenstillstand beendete im Juni 1953 die Kampfhandlungen, nachdem die Frontlinie sich etwa auf der alten Zonengrenze eingependelt hatte. Bis heute erfolgte kein Friedensschluss.

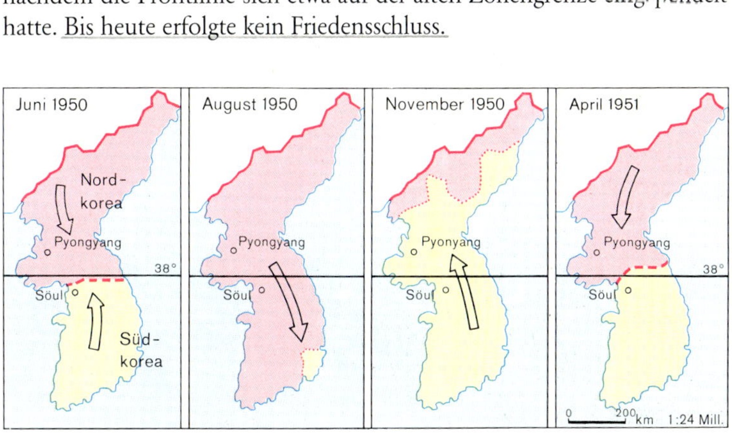

Der Ablauf des Koreakrieges

Kuba 1962

Am 22. Oktober 1962 hielten die Menschen an den Fernsehschirmen und Radios in aller Welt den Atem an: Der Präsident der USA verkündete die Blockade der Insel Kuba.

Was war geschehen?

Auf der „Zuckerinsel" Kuba, zwischen Nord- und Südamerika, hatte 1959 *Fidel Castro* die Macht übernommen und die einflussreichen nordamerikanischen Industrieunternehmen im Lande enteignet. Sein Ziel war die Umwandlung Kubas in einen sozialistischen Staat. Auf Grund der feindseligen Haltung der USA schlossen sich die kubanischen Revolutionäre in der Folgezeit immer enger der Sowjetunion an. Kuba wurde „sozialistische Republik" mit einer Einparteienregierung.

Am 14. Oktober 1962 erhielten die USA durch Luftaufklärung eindeutige Beweise dafür, dass die Sowjetunion auf Kuba in fieberhafter Eile Abschussrampen für Mittelstreckenraketen (mit Atomsprengköpfen ausrüstbar) errichtete und raketenbeladene Dampfer sich auf dem Wege nach Kuba befanden. Eingehende Beratungen eines Krisenstabes führten zu der Entscheidung, Gegenmaßnahmen zu ergreifen. Um der Sowjetunion die Entscheidung über Krieg und Frieden aufzuzwingen, verhängten die USA am 22. Oktober 1962 eine Blockade über Kuba: „Alle für Kuba bestimmten Schiffe, gleichgültig welcher Nationalität ... werden zurückgeschickt, falls festgestellt wird, dass sie Offensivwaffen an Bord haben", verkündete Präsident Kennedy in seiner Fernsehansprache.

Nach Tagen der Spannung gab Chruschtschow seinen Raketenfrachtern mit Kurs auf Kuba die Weisung zum Abdrehen. Damit war die unmittelbare Gefahr eines Atomkrieges gebannt, Zeit für weitere Verhandlungen gewonnen. Am 27. Oktober bot Kennedy eine Art Garantie für den sozialistischen Staat Fidel Castros an und forderte dafür den Abbau und Rücktransport der Raketen und Rampen auf Kuba. Am 28. Oktober willigte Chruschtschow in diesen Handel ein. Der Kompromiss ermöglichte beiden den ehrenvollen Rückzug aus der Konfrontation.

Karikatur von 1962. Der Begleittext lautet: „Einverstanden, Herr Präsident, wir wollen verhandeln ..."

Analysieren Sie bitte diese Karikatur! Wer sind die Ringer? Welche mit dieser Krise verbundene Gefahr wird besonders herausgestellt? (H ist das Zeichen für Wasserstoff.)

Vietnam

Eine vietnamesische Mutter sucht mit ihren Kindern Schutz in einem Graben.

Länger als dreißig Jahre war Krieg in Vietnam

Seit dem 19. Jahrhundert war dieses Gebiet französische Kolonie (Indochina). Dann fielen hier im Zweiten Weltkrieg die Japaner ein. Als 1945 die französischen Kolonialherren zurückkehrten, begannen die Vietnamesen den Kampf um ihre Unabhängigkeit. Die Kolonialarmee Frankreichs wurde 1954 geschlagen und das Land in einen kommunistisch orientierten Nordstaat und einen westlich orientierten Südstaat geteilt – jeweils mit einer eigenen Regierung. Aber auch danach gab es keine Ruhe, kam es immer wieder zu Kämpfen zwischen den Kommunisten und ihren Gegnern.

Um ein ähnliches Vordringen des Kommunismus wie in Kuba zu verhindern, setzten die USA 1961 in Südvietnam eigene Truppen ein. Die Sowjetunion und China unterstützten Nordvietnam mit Kriegsmaterial.

1964 weiteten sich die Kampfhandlungen aus, und bis 1972 verging kaum ein Tag ohne Nachricht über diesen „schmutzigen Krieg", in dem besonders die Zivilbevölkerung unsägliche Qualen litt. Amerikanische Flugzeuge haben über Vietnam allein eine Bombenlast abgeworfen, welche doppelt so groß war wie die, die im Zweiten Weltkrieg Deutschland traf.

Vietnam und seine Nachbarstaaten
Grenze zwischen Nord- und Südvietnam bis 1976
Zone des chinesisch-vietnamesischen Grenzkrieges 1979

Im Januar 1973 wurde endlich ein Waffenstillstand verkündet, bis Ende März 1973 zogen die USA ihre Truppen zurück. Zwei Jahre später fühlten sich die kommunistischen Gruppen stark genug, den Waffenstillstand zu brechen. In einem „Blitzkrieg" eroberten sie ganz Südvietnam.

Nord- und Südvietnam wurden 1976 unter kommunistischer Herrschaft wiedervereinigt. Die ehemalige südvietnamesische Hauptstadt Saigon erhielt den Namen Ho-Tschi-Minh-Stadt und soll so an den Führer der vietnamesischen Befreiungsbewegung erinnern.

Nach dem Sieg banden die neuen Machthaber die Nachbarstaaten an sich. Das inzwischen ebenfalls kommunistisch gewordene Laos wurde 1977 durch einen „Vertrag über die speziellen Beziehungen" eng an Hanoi angelehnt, die der Volksrepublik China nahe stehende Regierung („Pol-Pot-Diktatur") in *Kambodscha* 1979 in einer militärischen Auseinandersetzung vertrieben und das Land ebenfalls unter die Vorherrschaft Vietnams gebracht.

Durch das Zusammenrücken dieser drei Staaten ist in Südostasien eine starke Militärmacht entstanden, die sich in ein enges Bündnisverhältnis zur Sowjetunion gestellt hatte. Diese Bindung aber brachte das Gebiet in Gegnerschaft zum mächtigen nördlichen Nachbarn China. Der Grenzkrieg 1979, in dem chinesische Divisionen auf vietnamesisches Territorium vordrangen, war eine ernste Warnung an die Adresse Hanois.

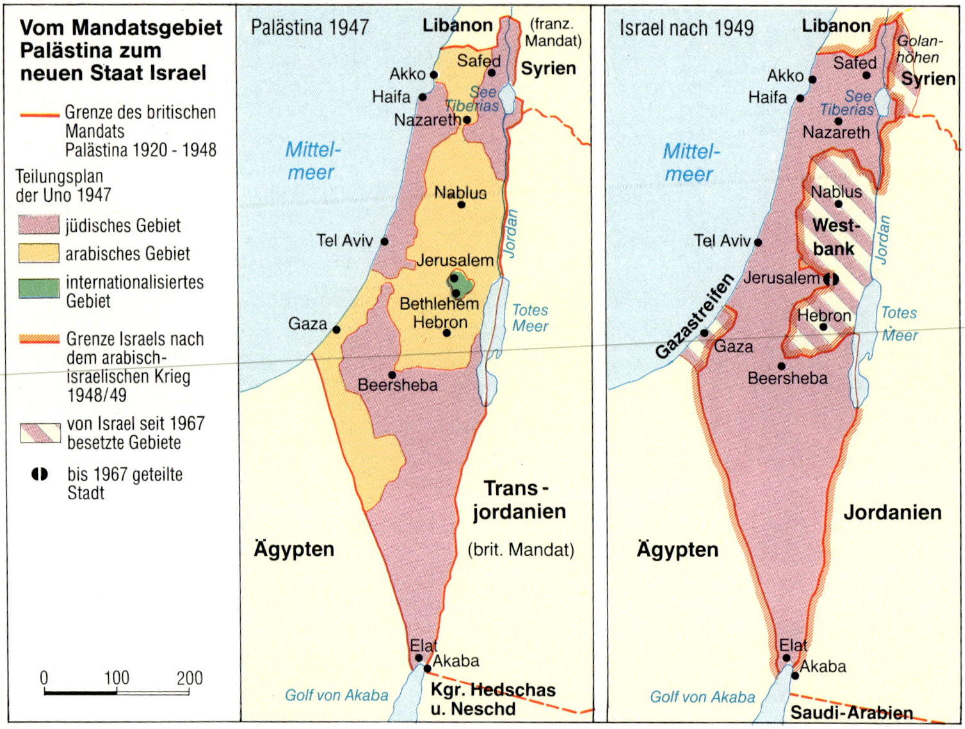

Der Nahost-Konflikt seit 1945

Ein Krisenherd besonderer Art in der Weltpolitik ist der Nahe Osten. Die Auseinandersetzungen gehen hier vor allem um den 1948 gegründeten Staat Israel.

Der neue Staat Israel

Bereits 1917, in den Kämpfen des Ersten Weltkriegs, hatte der englische Außenminister *Balfour* dem jüdischen Volk eine neue Heimstatt in dem alten jüdischen Lande Palästina zugesichert. Britische Truppen besetzten 1918 Palästina, das bis dahin zum osmanischen Reich gehört hatte, und der Völkerbund übertrug nach dem Friedensschluss Großbritannien die Aufsicht (das „Mandat") über das Land. Aus aller Welt strömten nun die Juden in ihre vor nahezu 2000 Jahren verlassene Heimat zurück.

Gegen diese jüdische Einwanderung erhob sich jedoch heftiger Widerstand der Araber, die sich nun ihrerseits verdrängt fühlten. Jede Volksgruppe, Juden wie Araber, beanspruchte Palästina als ihr eigenes, ihr allein zugehöriges Land.

Unter dem Eindruck der nationalsozialistischen Judenverfolgung und -vernichtung beschloss 1947 die UNO, dem jüdischen Volk endlich das eigene Staatsgebilde zu ermöglichen, das ihm seit dreißig Jahren zugesagt war. Palästina wurde unter Juden und Araber aufgeteilt.

Am 14. Mai 1948 erfolgte die feierliche *Ausrufung des neuen jüdischen Staates Israel*; gleichzeitig zogen die britischen Mandatstruppen ab. Doch schon am nächsten Tag fielen die Truppen von sieben benachbarten arabischen Staaten von allen Seiten über Israel her. Erfolgreich wehrten sich die jungen Staatsbürger. Hunderttausende Palästina-Araber verließen während dieses Krieges ihre Heimat und sammelten sich in Flüchtlingslagern der angrenzenden arabischen Länder. Die Kämpfe endeten 1949. Der Staat Israel begann nun, planmäßig seinen Aufbau zu vollziehen: Er kultivierte Wüstenland, errichtete neue Siedlungen, baute Schulen und schaffte den immer zahlreicher einströmenden Rückwanderern eine neue Heimat.

Israel und seine Nachbarn

Doch dieser Aufbau stand unter der ständigen Bedrohung durch die arabischen Nachbarstaaten. Mehrfach ist es inzwischen zu Kriegen gekommen: 1956 (Suez-Krise) und wieder 1967 (Juni-Krieg) und 1973 (Jom-Kippur-Krieg). Nach dem Juni-Krieg 1967 behielt Israel die im Kriegsverlauf besetzten jordanischen Gebiete westlich des Jordans (*Westbank*), die syrischen *Golanhöhen* sowie den ägyptischen *Gazastreifen.*

Vor allem belastet das Problem der 1948 geflohenen oder vertriebenen Palästina-Araber, der *Palästinenser*, das Verhältnis Israels zu seinen arabischen Nachbarn. Aus ihren Reihen kommen die Terroraktionen, gegen die sich Israel mit harten Gegenschlägen zur Wehr zu setzen sucht.

Krisenherd Mittlerer Osten

Der Iran

Der Mittlere Osten wurde 1979 zum Spannungsherd der Weltpolitik. Nach einem Bürgerkrieg mit schweren inneren Unruhen musste Schah *Reza Pahlewi* (1919–1980), der den Iran fast wie ein absolutistischer Monarch regiert hatte, sein Land verlassen. Der religiöse Führer der revolutionären Massen, der *Ayatollah Chomaini*, kehrte im Februar 1979 aus seinem Pariser Exil zurück, von seinen Anhängern jubelnd begrüßt.

Der Schah hatte versucht, den Iran mit einem großen Modernisierungssprung in einen Industriestaat nach westlichem Muster zu verwandeln. Unter Chomaini aber sollte alles „Westliche" ausgemerzt werden und ein *islamischer Staat* entstehen, in dem alles Leben nach den Grundsätzen des *Koran* ausgerichtet war. So wurden die Frauen zum Beispiel gezwungen, Körper und Haar zu verhüllen, das Gesicht weitgehend zu verdecken.

Von 1980 bis 1988 tobte ein Krieg mit dem Nachbarstaat Irak. Dessen Diktator *Saddam Hussein* hatte ihn angezettelt, weil er seine Politik von der islamischen Erneuerung unter Chomaini bedroht sah. Es war einer der grausamsten Kriege dieses Jahrhunderts, in dem der irakische Diktator Giftgas gegen die Iraner, aber auch gegen die kurdische Bevölkerung im eige-

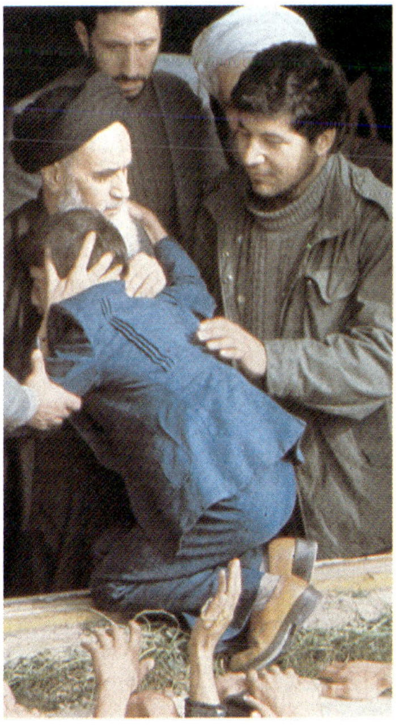

Der Ayatollah Chomaini (1900?–1989), umjubelt von seinen Anhängern, nach seiner Rückkehr aus dem Exil 1979. – Mit Giftgas brachte der irakische Diktator Saddam Hussein 1988 diese kurdische Mutter mit ihrem Kind um. Insgesamt ermordete er so 4800 Kurden in der Kleinstadt Halabdscha im Nordirak.

nen Land einsetzte. Der Iran wiederum schickte Kindersoldaten in die Minenfelder der Iraker, um die Minen zur Explosion zu bringen. Der Krieg endete 1988 an der Erschöpfung beider Seiten.

Afghanistan

Ebenfalls im Jahre 1979 drangen sowjetische Truppen in das Nachbarland des Iran, Afghanistan, ein und brachten hier einen moskauhörigen Politiker an die Macht. Mehr als 100 Staaten der Welt verurteilten 1980 in der Vollversammlung der Vereinten Nationen diese Aktion und forderten den Abzug der Truppen. Die USA und andere Staaten leiteten politische und wirtschaftliche Maßnahmen gegen die Sowjetunion ein. Ein Abzug wurde damit nicht erreicht.

Die sowjetischen Truppen konnten jedoch das Land nicht unterwerfen. Afghanische Rebellen, die sich in dem unwegsamen Bergland formierten, behielten weite Teile des Landes unter ihrer Kontrolle, überfielen Nachschubtransporte und verwickelten die Truppen in verlustreiche Kämpfe.

Anteil der Öleinfuhren aus dem Mittleren Osten um 1990 (in %)

Japan	*68*
Frankreich	*38*
Italien	*36*
USA	*11*
Deutschland	*10*

Michail Gorbatschow, der neue starke Mann der Sowjetunion seit 1985, befreite sein Land von diesem Erbe, das ihm sein Vorgänger Breschnew hinterlassen hatte. Er rief 1989 die glücklose Rote Armee zurück. 15 000 Sowjetsoldaten waren gefallen, doch die Zahl der Opfer unter den Afghanen – Aufständische wie Zivilbevölkerung – geht in die Hunderttausende. Afghanistan wurde das Vietnam der Sowjetunion.

Die Golfregion um 1990

Mit Beginn der neunziger Jahre wurde der Mittlere Osten erneut zum Schauplatz von Krieg und Völkermord (vgl. S. 24). In der Region um den Persischen Golf befinden sich die größten Erdölreserven der Welt.

Die Karte zeigt die Staatenwelt des Mittleren Ostens mit dem Irak, dem Iran und Afghanistan. Es ist zugleich die Kernregion der islamischen Erneuerungsbewegung. Verfolgen Sie bitte Nachrichten und Meldungen über den Prozess der „Re-Islamisierung“ in der Welt!

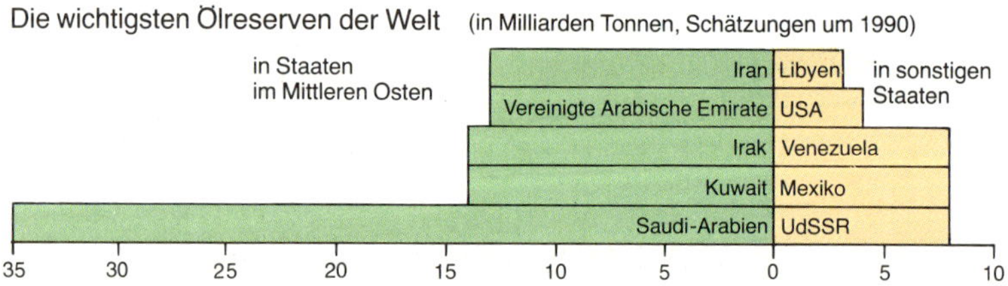

Der neue Kurs der Sowjetunion nach 1985

Michail Gorbatschow

Am 11. März 1985 wählte das Zentralkomitee der KPdSU einen neuen Generalsekretär, der bald darauf auch Staatschef der Sowjetunion wurde. Der neue starke Mann war ein Bauernsohn aus dem Vorland des Kaukasus, der eine steile Parteikarriere durchlaufen hatte: *Michail Gorbatschow* (*1931). Es erfolgte nicht nur ein Generationswechsel. Mit Gorbatschow begann in der Sowjetunion die bedeutendste Umwälzung seit der Revolution von 1917. „Glasnost“ und „Perestroika“ wurden zu Leitbegriffen seiner Politik.

Glasnost und Perestroika √

Glasnost – Offenheit: „Rechtzeitige und ehrliche Information“, so Gorbatschow, sollten Aufgabe von Presse, Rundfunk und Fernsehen sein. Nicht nur offen, auch kritisch sollte berichtet werden dürfen. Frei sollte der Sowjetbürger seine Meinung sagen und auf Demonstrationen bekunden dürfen, kein Thema mehr tabu sein.

Perestroika – Umgestaltung: Dieser Begriff sollte für tiefgreifende Veränderungen „in der Wirtschaft und im gesamten System der gesellschaftlichen Beziehungen“ stehen. So hatte es Gorbatschow bereits Ende 1984 angekündigt.

In der *Wirtschaft* sollte die alte Kommandostruktur zerbrochen, die lähmende Bürokratie überwunden, Eigeninitiative geweckt, Korruption und Arbeitsunlust beseitigt werden, insgesamt eine Marktwirtschaft an die Stelle der maroden Planwirtschaft treten. In der *Partei* sollte die Schwerfälligkeit der Funktionäre verschwinden, die erstarrte Ideologie durch ein neues, freies Denken abgelöst werden. Die Partei sollte lernen, die stumpfsinnigen Rituale der Parteitage mit ihren einstimmigen Beschlüssen zu ersetzen durch lebendige Diskussion und offene Abstimmung.

Letztlich sollte nichts unverändert bleiben im Kommunismus und im Sowjetsystem. Ein *Prozess der Demokratisierung* sollte beginnen, eine „sozialistische Demokratie“ das Leitbild für die Zukunft sein. Es war ein ungeheures Programm.

Generalsekretär Michail Gorbatschow (rechts) bei der Abstimmung auf einer wichtigen Parteikonferenz 1988

Innenpolitik nach 1985

Im Zeichen von *Glasnost* erlebten die Sowjetbürger – und mit ihnen die Welt – einen raschen Wandel des öffentlichen Lebens. Selbst die Parteizeitungen verloren ihre Farblosigkeit und brachten kritische Berichte. Demonstrationszüge begannen, durch Moskau und andere Städte zu marschieren, ungehindert von der Polizei. Kritiker des Systems (*Dissidenten*) kamen aus Straflagern und Gefängnissen zurück. Verfemte Künstler konnten ihre Werke vorstellen, verfemte Schriftsteller ihre Bücher drucken lassen. Bisher verbotene Filme erschienen in Kino und Fernsehen, und auch die mörderische Terrorherrschaft Stalins durfte jetzt von den Historikern untersucht werden.

Die *Perestroika* aber, und mit ihr die Verbesserung des Lebensstandards der Massen, wollte sich nicht einstellen, obwohl Gorbatschow immer wieder werbend und mahnend durch das Land zog. Die Kommandowirtschaft ließ sich nicht so schnell beseitigen. Hinzu kam, dass die Funktionäre durch die Perestroika ihre Vorteile und Machtpositionen bedroht sahen. So waren sie nur allzu bereit, die Umsetzung von Reformprogrammen im Getriebe des Staatsapparats versanden zu lassen, ja, bewusst Versorgungsengpässe herbeizuführen. Noch immer wurde das Straßenbild bestimmt durch lange Schlangen vor Läden, in denen es wenig gab.

Über Jahrzehnte gewachsene Gewohnheiten der Bevölkerung taten ein Übriges, um die Reform nicht in Gang kommen zu lassen.

Durch Versuche, den Alkoholmissbrauch durch staatliche Maßnahmen abzustellen, machte sich Gorbatschow zudem bei Millionen Bürgern eher verhasst.

Insgesamt war die Lebensqualität zu Beginn der neunziger Jahre kaum anders als zu Stalins, Chruschtschows oder Breschnews Zeiten.

Tschernobyl

Die atomare Katastrophe von Tschernobyl im April 1986 hat die Amtszeit Gorbatschows zusätzlich belastet. In diesem Atomkraftwerk bei Kiew setzte eine Explosion große Mengen Radioaktivität frei. Die Strahlung verseuchte weite Gebiete der Sowjetunion und wirkte sich bis Westeuropa hin aus. Welche Langzeitschäden fünf Millionen Menschen davongetragen haben, die einer überhöhten Strahlung ausgesetzt waren, wird erst die Zukunft zeigen.

Außenpolitik nach 1985

Auch in der Außenpolitik versuchte Gorbatschow, die seit Jahrzehnten gewachsenen Strukturen zu durchbrechen. In der *Weltpolitik* setzte er alles daran, den Ost-West-Gegensatz zu überwinden und ein Ende des Wettrüstens herbeizuführen. So sind die beginnende Abrüstung und das Ende des Kalten Krieges mit seinem Namen verbunden (vgl. S. 53, 55).

In der *Europapolitik* war es sein Ziel, die Sowjetunion an den Westen heranzuführen, zu einem „größeren Europa“ durchzustoßen. „Europa ist unser gemeinsames Haus“, so lautete einer seiner Kernsätze.

Arbeitsvorschläge

1. Fassen Sie bitte die mit den Begriffen *Glasnost* und *Perestroika* bezeichneten Ziele stichwortartig zusammen!
2. Arbeiten Sie die Gründe heraus, die der Perestroika-Politik in der Sowjetunion entgegenstehen!
3. *Tschernobyl* ist weltweit zu einem Symbolbegriff für eine atomare Katastrophe geworden. Warum?

Der Zerfall der Sowjetunion 1991

Im August 1991 versuchten Spitzenfunktionäre des alten kommunistischen Systems noch einmal einen Umsturz, unterstützt von Teilen des Militärs. Hunderte von Panzern rollten in Moskau ein, besetzten wichtige Punkte im Land. Gorbatschow wurde für abgesetzt erklärt. Die Bevölkerung jedoch wehrte sich: Sie baute Barrikaden, trat in den Generalstreik. Innerhalb weniger Tage brach der Umsturzversuch zusammen.

Im Kampf gegen die Putschisten aber stieg ein neuer Mann zur Symbolfigur auf und wurde bald auch zum Träger der politischen Macht: *Boris Jelzin*, Gegenspieler Gorbatschows in Moskau. Und immer deutlicher zeigte sich jetzt, dass die Sowjetunion keine wirkliche Einheit war, sondern ein Vielvölkerstaat, zusammengehalten nur durch die kommunistische Partei und ihre Funktionäre. Die auf Unabhängigkeit drängenden nationalen Kräfte setzten sich im Laufe des Jahres schließlich durch.

*Boris Jelzin (*1931)*

Am 21. Dezember 1991 wurde die Sowjetunion förmlich aufgelöst. Eine Epoche der Weltgeschichte ging nach einer Dauer von rund 70 Jahren zu Ende.

Neu geschaffen wurde eine *Gemeinschaft Unabhängiger Staaten* (GUS), ein Bund gleichberechtigter Staatswesen. In diesem neuen Staatenbund bildete die Republik Russland unter ihrem Präsidenten Boris Jelzin die stärkste politische Kraft. Die drei baltischen Staaten Estland, Lettland und Litauen – ebenfalls ehemalige Sowjetrepubliken – blieben außerhalb dieses Bundes. – Das Ende der Sowjetunion 1991 bedeutete auch das politische Ende Gorbatschows und seines Reformsystems.

Seither sind die Staaten der GUS nicht zur Ruhe gekommen. Der Versuch Boris Jelzins, mehr Demokratie zu wagen im neuen Russland und z. B. die Marktwirtschaft einzuführen, brachte das Land in eine schwere Wirtschaftskrise. In anderen Teilen der GUS toben Bürgerkriege zwischen verfeindeten Volksgruppen.

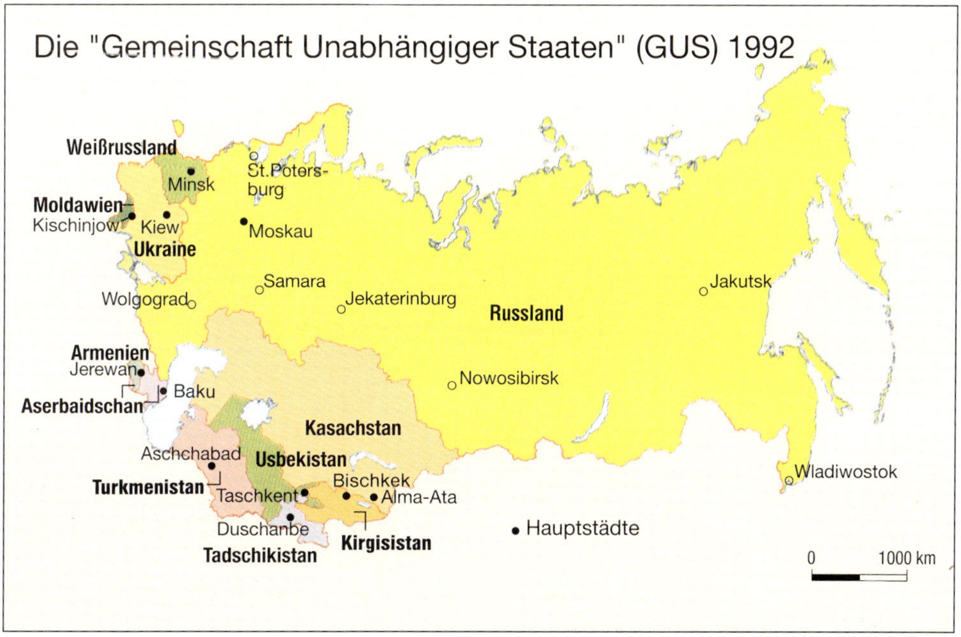

Die neue Freiheit im östlichen Europa nach 1985

Der Prozess einer Demokratisierung, den *Michail Gorbatschow* in der Sowjetunion eingeleitet hatte, sprang auch auf die sowjetisch beherrschten Staaten des Warschauer Pakts über und entwickelte sehr schnell eine eigene Dynamik. Der Ostblock zerbröselte. Fast in allen Staaten gelang es, die kommunistischen Regierungen zu stürzen und freie demokratische Wahlen durchzusetzen.

Der Warschauer Pakt wurde 1991 im Einvernehmen der beteiligten Staaten aufgelöst.

Ungarn

Wir erinnern uns: Der große Aufstand des ungarischen Volkes war 1956 unter den Ketten der russischen Panzer zusammengebrochen. Danach herrschte zunächst Terror im Land, dann aber eine mildere Form der Einparteiendiktatur, die in Ungarn vieles anders als sonst im Ostblock erscheinen ließ. Das Wort, Ungarn sei „die lustigste Baracke im sozialistischen Lager", machte die Runde.

Als der neue Kurs Gorbatschows sich in der Sowjetunion durchzusetzen begann, standen in Ungarn jüngere Reformer innerhalb und außerhalb der kommunistischen Staatspartei bereit. Seit 1987 versuchten sie, schrittweise einen Demokratisierungsprozess voranzutreiben. Bis 1990 ist dies gelungen. Ein Mehrparteiensystem ist geschaffen, im Parlament haben die nichtkommunistischen Parteien eine Mehrheit. Ungarn gelang ein friedlicher Übergang.

Für die deutsche Einheit aber wurde es bedeutsam, dass die Ungarn im Mai 1989 damit begannen, den Eisernen Vorhang zu zerschneiden. Damit erhielten die Deutschen in der DDR erstmals seit 1961 einen Durchschlupf in den Westen, und viele Tausende haben ihn genutzt. Aber auch für die, die blieben, war dies ein Impuls zum Handeln, die Beseitigung von Mauer und Maschendraht, von Todesstreifen und Beobachtungstürmen zu fordern, auf die Straße zu gehen. Ohne Ungarn wäre die Herrschaft der SED nicht so schnell wie ein Kartenhaus zusammengebrochen.

Am 2. Mai 1989 begannen ungarische Soldaten, mit Bolzenschneidern den Stacheldraht an der Grenze zu Österreich zu entfernen. Dies war auch ein symbolischer Akt. Der Eiserne Vorhang, von dem Churchill 1946 zuerst gesprochen hatte, zerriss.

Links: Das Denkmal des Heiligen Wenzel in Prag ist Mittelpunkt der Demonstrationen Ende 1989, auf denen der Rücktritt („Demisi") der kommunistischen Regierung gefordert wird. – Rechts: Sowjetische Panzer verlassen 1990 auf Spezialwaggons das südliche Polen.

Polen

Lech Walesa, Gewerkschaftsführer und Staatspräsident

Ähnlich wie in Ungarn hatte der Kommunismus unter den Polen nie recht Fuß fassen können. Hier war der stille Widerstand in allen Schichten – der Intelligenz wie der Arbeiterschaft und dem Bauerntum – ungebrochen. Offen hatte er sich 1956 in Posen, dann 1970 und wieder 1980 in Danzig bei den Arbeitern der Lenin-Werft entzündet. Aus einem Streik entwickelte sich hier 1980 die unabhängige Gewerkschaftsbewegung „Solidarność" (Solidarität). Unter ihrem Führer *Lech Walesa* zählte sie landesweit bald zehn Millionen Mitglieder. Mit ihren Forderungen – Streikrecht, Freilassung politischer Häftlinge, soziale Verbesserungen – hatte sie erste Erfolge. Im Oktober 1981 übernahm jedoch das Militär die Macht im Land und beendete diesen ersten Demokratisierungsprozess.

Erst Ende 1988 gelang eine friedliche Wende nach schweren Streiks im ganzen Land. Alle politischen Kräfte fanden sich an einem *Runden Tisch* zusammen und bereiteten freie Wahlen vor. Ein Reformpolitiker wurde 1989 zum Ministerpräsidenten, Lech Walesa 1990 zum Staatspräsidenten gewählt. Das Parlament beschloss die Umbenennung des Staates in *Republik Polen* (nicht mehr „Volksrepublik").

Im gleichen Jahr begann auch der Abzug der sowjetischen Truppen.

Die Tschechoslowakei

In der Tschechoslowakei nahmen zunächst Studenten und Künstler die revolutionären Anstöße aus der Sowjetunion und Polen, aus Ungarn und der DDR auf. Mit Demonstrationen auf dem Prager Wenzelsplatz fordern sie im November 1989 ein Ende der Einparteiendiktatur.

Hunderttausende schließen sich ihnen an. Die Wende wird am 27. November 1989 durch einen landesweiten Generalstreik erreicht. Zwei

Václav Havel, Bürgerrechtler und Staatspräsident

Stunden lang läuten in Prag die Glocken, heulen die Sirenen der Fabriken und der Moldauschiffe, ertönen die Autohupen, ziehen Hunderttausende durch die Straßen der Innenstadt. Und dieses Mal kommen keine Panzer der „Bruderländer“ mehr zu Hilfe. Regierung und Staatspräsident treten zurück.

Im Juni 1990 finden erstmals wieder freie Wahlen statt. Von 300 Parlamentssitzen erringen die Kommunisten nicht mehr als 47. Die sanfte Revolution – wie sie bald in Prag genannt wird – hat gesiegt. Der Bürgerrechtler *Václav Havel* wird Staatspräsident, *Alexander Dubček* Präsident des Parlaments. Mit dem Jahreswechsel 1992/1993 kommt es zu einer friedlichen Scheidung zwischen Tschechen und Slowaken. Es entsteht eine *Tschechische Republik* mit der Hauptstadt Prag und eine *Slowakische Republik* mit der Hauptstadt Pressburg.

Rumänien

Wohl am schwersten hatten es die Rumänen, ihren stalinistischen Diktator abzuschütteln. Kein Volk war so von der Umwelt abgeschottet, so brutal unterdrückt und so wenig mit den elementaren Lebensnotwendigkeiten versorgt worden. „In Rumänien hörte der Geheimdienst *Securitate* auch das mit, was die Bürger des Landes im Schlaf sprachen … Zwanzig Millionen Rumänen, hungernd und frierend, kauerten in den Höhlen des Kommunismus und warteten … auf ein Wunder“ (*Mircea Dinescu*).

Der Stalin Rumäniens hieß *Nicolae Ceauçescu*, er ließ sich Conducator (Führer) nennen. Er führte dieses „Wunder“ selbst herbei. Die ganze Welt konnte den Auftakt zu seinem Sturz im Fernsehen mitverfolgen:

„Seine geniale Idee, am Morgen des 21. Dezember [1989] eine große Volksversammlung in Bukarest einzuberufen, sollte seinen Sturz herbeiführen …
Die Massen-Show, vom Fernsehen direkt übertragen, schien – wie gewöhnlich – von einem guten Regisseur gelenkt: Tausende von Securitate-Männern in Arbeiterkluft umringten die große Masse der wirklichen Arbeiter. Über die Lautsprecher, die man auf dem Platz installiert hatte, hörte man die von Tonbandgeräten abgespielte Geräuschkulisse: Beifallklatschen und Hochrufe. Plötzlich wurde die enthusiastische Rede des Führers von einem allgemeinen Pfeifkonzert unterbrochen. Die Securitate-Leute am Rand des Platzes kamen mit ihrem rhythmischen Klatschen nicht mehr dagegen an. Das Jahrmarktspektakel war zu Ende. Die Arbeiter warfen die Spruchbänder mit den Losungen fort, Fahnen wurden mit Füßen getreten. Die Fernsehübertragung wurde brüsk unterbrochen, aber das Zeichen zur Revolution war im ganzen Land gesehen worden.“

(Mircea Dinescu, in: Der Eiserne Vorhang bricht, Hamburg 1990, S. 135)

Im Dezember 1989 kämpfen in Bukarest Soldaten und Zivilisten gemeinsam gegen den Geheimdienst.

Im Verlauf der Revolution solidarisierten sich Militär und Arbeiter gegen den Diktator und seinen Geheimdienst. Ceauçescu und seine Frau flohen aus Bukarest; sie wurden gefasst, in einem geheimen Prozess von einem Militärgericht zum Tode verurteilt und sofort erschossen. Blutige Kämpfe tobten noch tagelang im ganzen Land. Mindestens 800 Freiheitskämpfer und ungezählte Zivilpersonen bezahlten mit ihrem Leben.

Eine „Front zur nationalen Rettung“, bestehend aus Kommunisten und Oppositionellen, Wissenschaftlern und Künstlern, übernahm die Regierung. Viele sahen in ihr eine kommunistische Partei in neuem Gewand.

Weitere Freiheitsbewegungen

Auch bei den übrigen Völkern und Staaten im östlichen Europa wurde Bewegung erkennbar.

In *Bulgarien* und auch in *Albanien* haben Proteste und Demonstrationen vor allem junger Menschen die Einparteiendiktaturen verschwinden lassen. Wahlen 1990 und 1991 ergaben noch Mehrheiten für die kommunistischen Parteien dieser Staaten. Der Weg zu inneren Reformen und zum Mehrparteiensystem aber scheint freigegeben.

In den Sog der Freiheitsbewegungen geriet seit 1990 auch der Vielvölkerstaat Jugoslawien. Hier begann die stärkste Bevölkerungsgruppe der Serben einen erbarmungslosen Krieg gegen Männer, Frauen und Kinder der anderen Volksgruppen, die sich für unabhängig erklärt hatten.

Arbeitsvorschläge

1. Über die Staatenwelt des östlichen Europas können Sie sich auf den Karten S. 26 und 58 orientieren.
2. Diskutieren Sie die Gründe, die zu einem blutigen Verlauf der Revolution in Rumänien führten!
3. Welche Gruppen der Bevölkerung sind im östlichen Europa als Träger der Bewegungen erkennbar?

Die letzten Denkmäler des Diktators Stalin verschwanden 1989 und 1990 von den Plätzen Ostmitteleuropas. Können die Völker hoffen, dass Stiefel wie dieser niemals wieder ihre Freiheit niedertreten?

Die Erdkugel, bereits mit einem deutlichen Riss zwischen östlicher und westlicher Hälfte, beklebt mit Wundpflaster – jetzt aber zusammengehalten durch einen Draht, den *heißen Draht* zwischen dem Weißen Haus in Washington und dem Kreml in Moskau. So sah der Karikaturist *Paul Flora* hoffnungsvoll 1963 die Einrichtung einer direkten Telefonleitung zwischen den Verantwortlichen der beiden Supermächte.

Bei ihm sind es Kennedy und Chruschtschow, die die Hörer in den Händen halten.

Das Bemühen um einen dauerhaften Frieden

Entspannungsbemühungen in den 60er Jahren

Die Kuba-Krise war zu einem Wendepunkt in der Geschichte unserer Zeit geworden. Hier hatten die verantwortlichen Staatsmänner erkannt, wie schnell die Gefahr eines Krieges mit Atom- und Wasserstoffbomben über die Menschheit hereinbrechen kann.

Seither suchten sie ernsthafter als zuvor nach Lösungen für eine *Entspannung*, um die gewaltigen Vorräte an Vernichtungswaffen niemals zum Einsatz kommen zu lassen.

Der „heiße Draht"

Nach der Kuba-Krise wurde eine direkte Telefonleitung zwischen dem „Weißen Haus" (Sitz des US-Präsidenten) und dem Kreml angelegt: der „heiße Draht". Jederzeit sollten die Verantwortlichen miteinander sprechen können, um die Gefahr eines globalen Atomschlags zu mindern.

Verbot von Atomversuchen

Vor allem aber einigten sich die Sowjetunion, die USA und Großbritannien darauf, „in der Atmosphäre, im Weltraum und unter Wasser" keine Versuche mit Atombomben mehr durchzuführen. Dieser *Atomtest-Vertrag* vom August 1963 sollte vor allem verhindern, dass unser Lebensraum durch radioaktive Teilchen noch stärker als bisher verseucht wird. Ihm folgten weitere Vereinbarungen. Der *Weltraum-Vertrag* von 1967 sollte sicherstellen, dass im Weltraum keine Atomwaffen stationiert werden und dieser nur friedlich genutzt wird. Der Mond soll keines Staates Kolonie werden! Der *Atomwaffen-Sperrvertrag* von 1968 verpflichtete die Staaten, die damals bereits im Besitz von Atomwaffen waren, diese nicht an andere Staaten weiterzugeben. Ein *Meeresboden-Vertrag* von 1971 verbot die Stationierung von Atomwaffen im Meer.

Diese Verträge waren zugleich Schritte zur militärischen Entspannung, auch wenn sich nicht alle Staaten anschlossen, die Atomwaffen besaßen.

Abrüstungsgespräche in den 70er Jahren

Daneben begannen die beiden Supermächte 1969 direkte Gespräche mit dem Ziel, ihre Rüstung auf dem Gebiet der Kernwaffen und ihrer Trägersysteme (Interkontinentalraketen und Atom-Unterseeboote) zu beschränken. Ein erstes Abkommen (Salt I) wurde 1972 unterzeichnet (Salt: Strategic Arms Limitation Talks = Gespräche zur Begrenzung der strategischen Rüstung). Hier wurden Höchstgrenzen für die Zahl der beiderseitigen Interkontinentalraketen und der Atom-U-Boote festgelegt.

Ein Salt II-Abkommen über die weitere Begrenzung der Raketenrüstung wurde bis 1979 ausgehandelt. Nach dem Einmarsch der Sowjetunion in Afghanistan weigerten sich jedoch die USA, es in Kraft treten zu lassen. Statt dessen begann in den achtziger Jahren eine neue Welle der Aufrüstung anzulaufen.

Erst 1987 wurde auf dem Abrüstungsgebiet ein wirklicher Durchbruch erzielt.

Der Vertrag von Washington 1987

Im Dezember 1987 vereinbarten die USA und die Sowjetunion die Verschrottung aller ihrer *Mittelstreckenraketen*. Das sind Waffensysteme mit einer Reichweite zwischen 500 und 5000 km, die Atomsprengköpfe tragen. – Von dieser Vereinbarung waren rund 1500 sowjetische und etwa 500 amerikanische Raketen betroffen. Eine große Anzahl von ihnen stand sich in Europa gegenüber.

Der Vertrag von Washington war deshalb so bedeutungsvoll, weil hier zum ersten Male eine wirkliche *Abrüstung* vereinbart wurde. Bisher hatte man sich nur über Obergrenzen für die weitere Rüstung verständigt.

Der sowjetische Partei- und Staatschef Michail Gorbatschow und US-Präsident Ronald Reagan unterzeichnen am 8. Dezember 1987 den Vertrag von Washington.

Arbeitsvorschlag

Ein großes Problem der Abrüstung ist die gegenseitige Kontrolle. Nennen Sie bitte Möglichkeiten, wie die Supermächte feststellen können, ob die Abmachungen auch eingehalten werden!

Die Konferenz über Sicherheit und Zusammenarbeit in Europa (KSZE)

Die Bemühungen um einen dauerhaften Frieden fanden nicht nur zwischen den Supermächten statt. Auch in den *europäischen* Staaten machte man sich Gedanken, wie die Situation in Europa sicherer, die Zusammenarbeit zwischen den Machtblöcken verstärkt werden könnte. Quer durch Europa verlief doch die Nahtstelle zwischen ihnen, und ein kaum vorstellbares Militärpotential stand sich zu beiden Seiten unmittelbar gegenüber! Die Vertreter von 33 europäischen Staaten sowie der USA und Kanadas traten 1973 zur *Konferenz über Sicherheit und Zusammenarbeit in Europa* (KSZE) in der Hauptstadt Finnlands, in *Helsinki*, zusammen. Fast zwei Jahre berieten Diplomaten über Grundsätze einer Entspannungspolitik.

Das Schaubild nennt und zeigt die Staaten, deren Staats- oder Regierungschefs 1975 die Schlussakte von Helsinki unterzeichneten.

Zu den Unterzeichnern gehörten sämtliche europäischen Staaten bis auf einen. Bestimmen Sie diesen bitte nach der Karte oben!

Welche grundlegenden Änderungen haben sich seit 1975 in diesem Kartenbild vollzogen?

Zwei kleinere europäische Staaten sind auf dem Kartenbild nicht erfasst bzw. durch Schrift überdeckt. Welche?

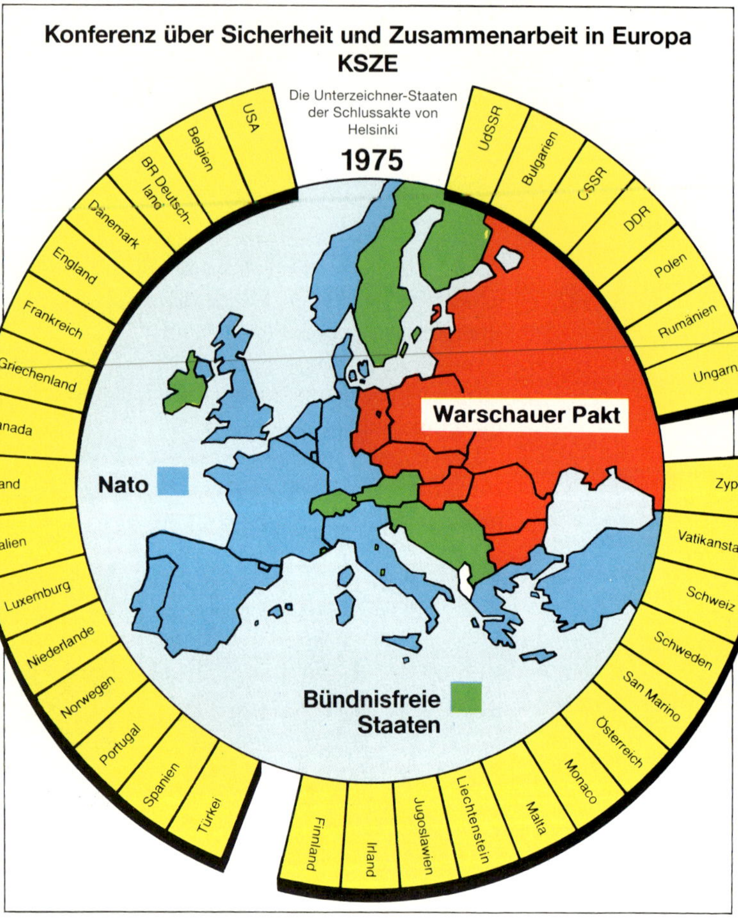

Die Schlussakte von Helsinki 1975

Im August 1975 unterzeichneten die Staats- und Regierungschefs der teilnehmenden Länder aus Ost und West die *Schlussakte von Helsinki*. In diesem Dokument waren die Vereinbarungen festgelegt, die der Festigung des wechselseitigen Vertrauens dienen sollten.

Einen ersten Hauptbereich bildeten *Erklärungen zur Sicherheit in Europa*: Alle Teilnehmer bekundeten ihren Willen zum Gewaltverzicht und zur Nichteinmischung in die inneren Angelegenheiten anderer Staaten. Außerdem verpflichteten sie sich zur frühzeitigen Ankündigung größerer Manöver und Truppenbewegungen sowie zum Austausch von Manöverbeobachtern. – Ein zweiter Hauptbereich regelte Einzelheiten einer verstärkten *Zusammenarbeit auf wirtschaftlichem und kulturellem Gebiet*. – Ein dritter Hauptbereich umfasste Regelungen zur *Verbesserung der menschlichen Kontakte* über die Grenzen hinweg: Ein- und Ausreisemöglichkeiten, Familienzusammenführung und Besuchsreisen. Ferner wurden hier die Arbeitsbedingungen für Journalisten in den Teilnehmerstaaten behandelt.

Auf den dritten Hauptbereich der Vereinbarungen verwiesen nach 1975 Tausende von Bürgern der damaligen DDR, wenn sie Ausreiseanträge stellten oder mehr Reisefreiheit forderten.

Paris 1990: Abrüstung bei den konventionellen Waffen

Nach Helsinki kam es noch zu Konferenzen in Belgrad, Madrid und Wien, die ohne besondere Ergebnisse blieben. Die bedeutendste Folgekonferenz fand im November 1990 in Paris statt. In einem *Vertrag über konventionelle Streitkräfte in Europa* (VKSE) wurden hier Obergrenzen der Bestände an bestimmten Waffensystemen festgelegt – zwischen Atlantik und Ural. Diese Obergrenzen sollen durch *Abbau* (Verschrottung) bis Ende 1994 erreicht werden.

Einen besonderen Anstoß gab dafür Deutschland. Es hatte sich bei Vorverhandlungen dazu verpflichtet, seine Streitkräfte bis Ende 1994 auf 370 000 Soldaten zu verringern. Mitte 1990 dienten in der „alten“ Bundeswehr und in der damaligen „Nationalen Volksarmee“ der DDR noch etwa 650 000 Mann.

Feierlich erklärten die Staats- und Regierungschefs aus 34 Staaten auf dieser Konferenz in Paris den Kalten Krieg für beendet.

Ist für Europa eine dauerhafte Friedensordnung erreicht?

Das Schaubild zeigt die 1990 in Paris festgelegten Obergrenzen bestimmter Waffensysteme in Europa.

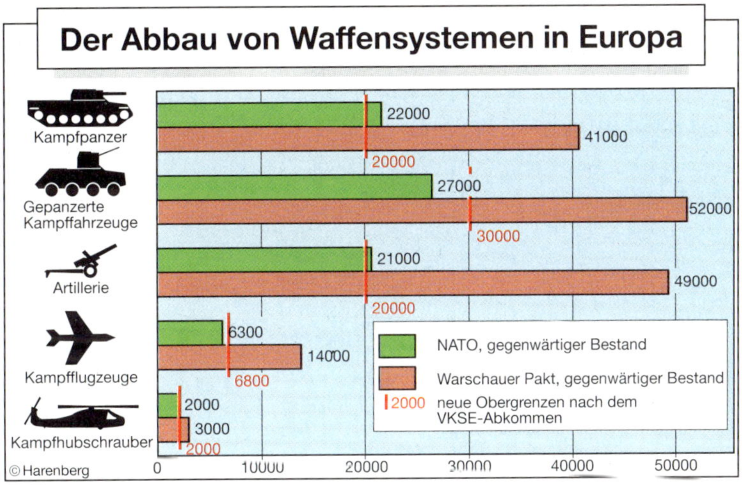

Wir merken uns

Bald nach 1945 bildeten sich in der Welt zwei Machtblöcke heraus: die USA und die NATO auf der einen, die Sowjetunion und die Staaten des Warschauer Pakts auf der anderen Seite. Wiederholt ist es zu Zusammenstößen zwischen den Blöcken gekommen (Korea, Kuba, Vietnam).

Seit den sechziger Jahren gab es Abrüstungsverhandlungen zwischen den Weltmächten, die zu einer Entspannung in West und Ost führen sollten. Aber erst der „neue Kurs“ der Sowjetunion unter Gorbatschow (seit 1985) hat in Europa und weltweit Voraussetzungen dafür geschaffen, dass ein Ende des Kalten Krieges dauerhaft möglich werden konnte.

Revolutionäre Ereignisse in Ostmitteleuropa 1989/90 haben die politischen Strukturen in Europa grundlegend verändert. Die Sowjetunion zerfiel 1991 in eine Reihe unabhängiger Staaten.

Der Beginn der neunziger Jahre hat den Nahen und Mittleren Osten als gefährliche Spannungszonen der Gegenwart sichtbar gemacht – dazu den Balkan seit Beginn des Krieges in Jugoslawien.

MACHEN

2 Geschichte der deutschen Teilung 1945–1990

Deutschland in Europa nach 1945

Die Karte oben führt Ihnen das Bild Europas vor Augen, wie es sich nach dem Ende des Zweiten Weltkrieges stabilisierte.

Die nachfolgenden Arbeitsvorschläge sollen Ihnen helfen, die Erarbeitung der Karte zu strukturieren.

Arbeitsvorschläge

1. Mit *Ostmitteleuropa* wird in der Wissenschaft der Staatengürtel bezeichnet, der von Finnland über die baltischen Staaten und Polen in den Balkan reicht. Die Gebiete waren überwiegend erst nach dem Ersten Weltkrieg zu eigener Staatlichkeit gelangt.
   Welche Staaten Ostmitteleuropas verloren nach 1937 diese Eigenstaatlichkeit wieder? Welche Staaten mussten größere Gebiete an die Sowjetunion abtreten?
2. Einige Gebietsveränderungen sind Ihnen in anderem Zusammenhang auf der Karte S. 26 vorgestellt worden. Ziehen Sie diese bitte vergleichend heran!
3. Welchen Gebietsveränderungen war 1945 das Deutsche Reich unterworfen?
4. Wo in Europa sind weitere Gebietsveränderungen erfolgt?
5. Wo gab es nach 1945 „Viersektorenstädte"?
6. Suchen Sie bitte die Städte Jalta und Potsdam auf dieser Karte!

◁ *Die Berliner Mauer vor dem Brandenburger Tor in der Nacht vom 9. zum 10. November 1989. In dieser Nacht, in der die deutsche Teilung endete, wurde sie zur Brücke zwischen Ost und West. Auf der hier 1,80 Meter breiten Mauerkrone drängen sich vor allem junge Menschen. – Inzwischen ist das Bauwerk verschwunden.*

Die Deutschen zwischen Ost und West 1945–1949

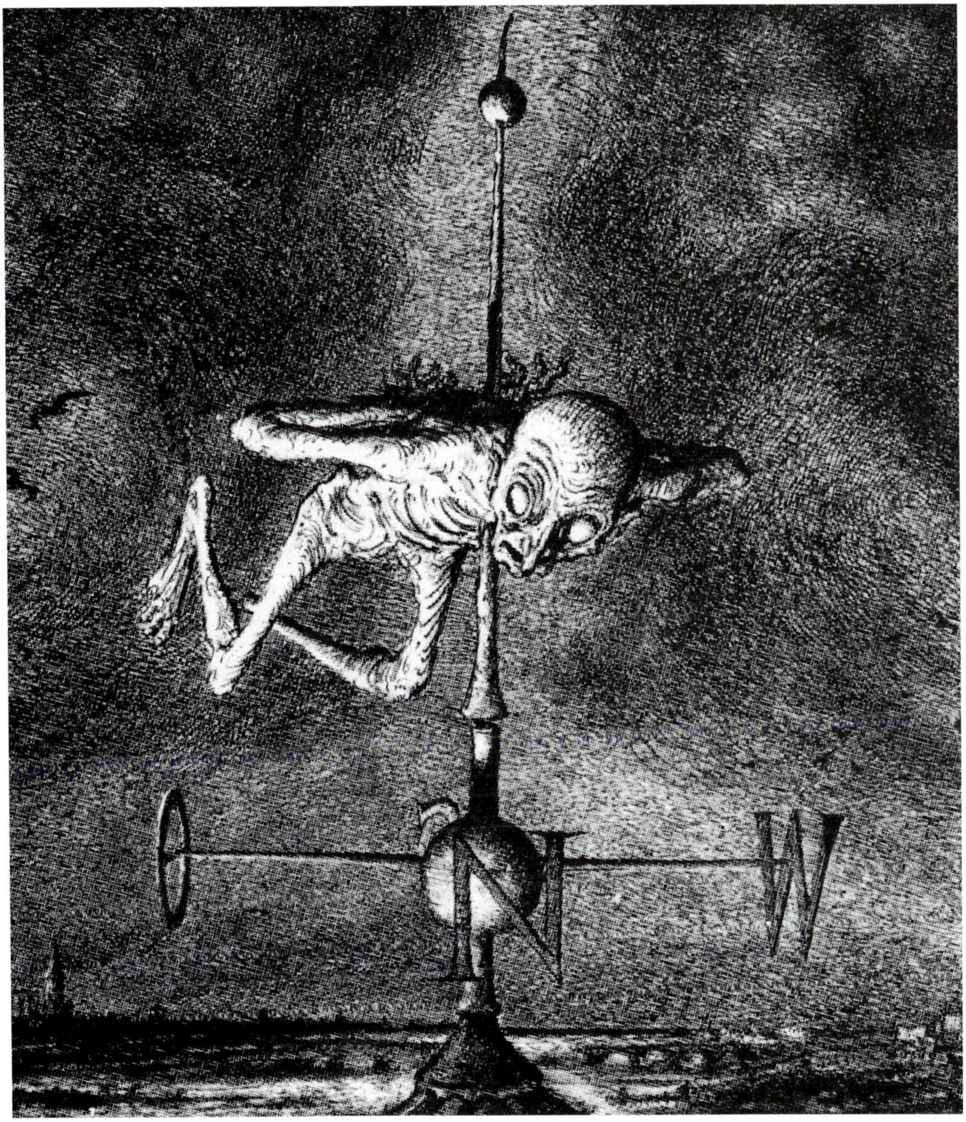

Der Deutsche als Wetterfahne: ausgemergelt und hilflos aufgespießt – unfähig, sein Schicksal zu beeinflussen, willenlos den Einflüssen von „Ost“ und „West“ ausgesetzt – ängstlich zur Seite blickend, ob ein neuer „Wettersturz“ sich ankündigt.

Den Hintergrund bildet eine weite Landschaft mit zum Teil zerstörten Gebäuden. Darüber wölbt sich ein düsterer Himmel, an dem die Krähen kreisen.

Das Bild spiegelt die Trost- und Hoffnungslosigkeit der meisten Deutschen nach Kriegsende wider.

In dieser Federzeichnung hat *A. Paul Weber* (1893–1980) das deutsche Schicksal des Jahres 1945 versinnbildlicht. Deutschland war zu einem Objekt der Politik der Siegermächte geworden, nachdem die Hitler-Diktatur zusammengebrochen war.

In der Politik der Siegermächte zeigten sich bald unterschiedliche Auffassungen und Ziele. Einig waren sie sich darin, dass nie wieder von deutschem Boden ein Krieg ausgehen dürfte.

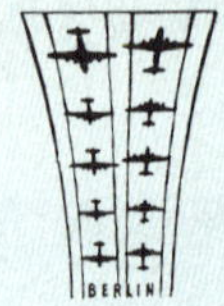

1945 1946 1947 1948 1949

Deutschland nach dem Zusammenbruch

Entscheidungen über Deutschland 1945

Über Deutschlands Schicksal nach dem Ende des Zweiten Weltkriegs wurde in den *Konferenzen von Jalta* (Februar 1945) *und Potsdam* (Juli/August 1945) entschieden. Amerikanische, britische und sowjetische Staatsmänner einigten sich in wichtigen Punkten:

1. Deutschland scheidet – zumindest vorerst – als selbstständiger (souveräner) Staat aus. Es wird in vier Besatzungszonen aufgeteilt, die jeweils einer der vier Siegermächte (einschließlich Frankreich) unterstehen.
2. Die deutsche Hauptstadt Berlin wird ebenfalls in vier „Sektoren" aufgeteilt und gemeinsam verwaltet.
3. Die Grenzen Deutschlands werden nach dem Stand von 1937 bestimmt. Ausnahmen sind:
   a) Die Gebiete östlich der Flüsse Oder und Lausitzer Neiße sowie das südliche Ostpreußen. Sie werden unter polnische Verwaltung gestellt. Ein Friedensvertrag soll endgültige Regelungen treffen.
   b) Das nördliche Ostpreußen. Es wird mit der alten ostpreußischen Hauptstadt Königsberg der Sowjetunion überlassen.
   c) Das Saargebiet. Es fällt zur wirtschaftlichen Nutzung an Frankreich. Über seine eventuelle Rückkehr zu Deutschland soll später eine Volksabstimmung entscheiden.
4. Die deutsche Bevölkerung, die in den Gebieten östlich von Oder und Neiße zurückgeblieben ist, wird in die Besatzungszonen überführt.
5. Preußen wird aufgelöst.

Deutschland nach 1945

Die Staatsmänner, die in Potsdam vom 17. Juli bis 2. August 1945 über Deutschland entschieden: Churchill, Truman und Stalin. Truman (Bildmitte) war der Nachfolger des im April 1945 verstorbenen amerikanischen Präsidenten Roosevelt. Frankreich war an der Potsdamer Konferenz nicht beteiligt.

Gespaltene Besatzungspolitik

In den vier Besatzungszonen übernahmen *Militärregierungen* die staatliche Macht. Ein gemeinsamer *Kontrollrat* in Berlin sollte die Richtlinien für die Maßnahmen in allen Zonen einheitlich festlegen. Hier mussten Entscheidungen einstimmig gefasst werden, und das war bald nicht mehr möglich. Die Interessen der Siegermächte liefen auseinander.

So entwickelte sich in den Besatzungszonen ein Eigenleben. Die schärfsten Unterschiede bildeten sich dabei zwischen den drei westlichen und der östlichen Zone heraus.

Das zeigte sich einmal in der Beteiligung der Deutschen an der *Verwaltung* der Zonen. In den westlichen Zonen wurde zunächst nur die untere Ebene – die Gemeinden und Kreise – wieder mit Deutschen besetzt, gab es Bürgermeister und Landräte als deutsche Verwaltungsbeamte. In der sowjetischen Zone ließ die Militärregierung dagegen schon Mitte 1945 deutsche Länderverwaltungen und darüber hinaus Zentralverwaltungen für die gesamte Zone zu.

Auch die *politische Betätigung* der Deutschen wurde in unterschiedlicher Weise wieder erlaubt. In den westlichen Zonen erfolgte die Zulassung von demokratischen Parteien nur zögernd. In der sowjetischen Zone konnten Parteien hingegen im Juni 1945 wieder gegründet werden, allen voran die Kommunistische Partei Deutschlands (KPD). Kommunisten besetzten dann auch die wichtigsten Posten in den neuen Behörden.

Die Versorgung mit Nahrungsmitteln und Heizmaterial war bald in der amerikanischen Zone am besten, in der französischen Zone am schlechtesten. Mitte 1946 erhielt der „Normalverbraucher" in der US-Zone Zuteilungen im Kalorienwert von 1330, in der russischen von 1089, in der britischen von 1050, in der französischen Zone von 900 – der Bedarf eines normal arbeitenden Menschen liegt bei mindestens 2000 Kalorien.

Vor allem wurde die gespaltene Besatzungspolitik aber in der Abwicklung der großen Aufgaben deutlich, die sich die Siegermächte gegenüber den Deutschen gestellt hatten: Entnazifizierung, Entmilitarisierung und Demontage.

Der Sitzungssaal in Nürnberg während des Prozesses gegen führende Vertreter des nationalsozialistischen Deutschlands. Erhöht sitzen rechts die acht Mitglieder des Militärgerichtshofes, vor ihnen Sekretäre und Stenografen. Ihnen gegenüber an der Rückwand des Saales stehen Militärpolizisten. Sie bewachen die 21 Angeklagten (in zwei Reihen). Vor diesen sitzen die Verteidiger. Die Tische im Vordergrund sind für die Ankläger bestimmt.
Ankläger und Verteidiger führen die Befragungen der Angeklagten und Zeugen vom Pult in der Saalmitte aus durch (eine Person steht mit dem Rücken zum Fotografen davor). Einer der Angeklagten wird offensichtlich gerade im Zeugenstand vernommen. Dieser befindet sich, von zwei Militärpolizisten eingerahmt, dem Pult gegenüber.

Entnazifizierung

Gemeinsam führten die Siegermächte noch den Prozess gegen die „Hauptkriegsverbrecher" in Nürnberg, der zerbombten Stadt der „Reichsparteitage", durch. Dazu war ein *Internationaler Militärgerichtshof* aus Vertretern der vier Mächte eingesetzt worden. Der Prozess begann im November 1945 und dauerte fast ein Jahr. Von den Angeklagten, wichtigen Politikern und Generälen des „Dritten Reiches", wurden zwölf zum Tode verurteilt und drei freigesprochen. Die übrigen erhielten unterschiedlich lange Haftstrafen. – Die NSDAP und ihre Gliederungen wurden verboten.

Die eigentliche Entnazifizierung jedoch sollte die *Überprüfung aller Deutschen* sein: Jeder, der in der NSDAP gewesen war, sollte sich verantworten und nachweisen, wie er sich verhalten hatte. Insgesamt waren das etwa acht Millionen Deutsche.

In der sowjetischen Besatzungszone wurde mit der Entnazifizierung eine gesellschaftliche Umgestaltung verbunden. Die Bodenreform und die Enteignung der Privatindustrie erfolgten als „Kampf gegen Kriegs- und Naziverbrecher" (S. 80–81). – Aber auch in den Verwaltungen und Schulen wurden die „kleinen" Parteigenossen rigoros entlassen.

In den westlichen Besatzungszonen spielte die Frage nach der Schuld des Einzelnen eine größere Rolle. Die Betroffenen wurden in ein System des Schuldanteils eingestuft (Schuldige – Belastete – Minderbelastete – Mitläufer – Entlastete). Die Entnazifizierung endete 1950.

Entmilitarisierung

Die zweite Aufgabe der Besatzungsmächte war die *Entmilitarisierung* Deutschlands. Ihr diente die planmäßige Wegnahme, das Verbot oder die Zerschlagung aller Einrichtungen und Organisationen, die dem Kriege gedient hatten.

dezentraliesiert

Demontage und Reparationen

Die *Demontage* – die Zerstörung von Industrieanlagen bzw. deren Abbau und Transport in die Siegerländer – hatte ursprünglich zwei Ziele. Einmal sollte die deutsche Kriegsindustrie beseitigt, zum anderen damit eine erste *Reparationsleistung* erbracht werden.

In den drei westlichen Zonen waren 1946 rund 1800 Fabriken für den Abbau vorgesehen worden. Die deutschen Arbeiter leisteten Widerstand. Und auch die Besatzungsmächte begannen, über den Sinn dieser weiteren Zerstörung der deutschen Wirtschaft nachzudenken. So wurde der Abbauplan immer weiter zusammengestrichen, und es blieb am Ende bei weniger als einem Viertel der ursprünglichen Planung. Schließlich hörten die Demontagen 1951 ganz auf. Den Wirtschaftsaufschwung in den fünfziger Jahren hat die Demontage insgesamt kaum beeinflusst.

Anders sah es in der östlichen Zone aus. Hier führte die Sowjetunion eine schroffe Demontagepolitik durch, die ganze Industriezweige erfasste. Wo die Produktion wieder anlaufen konnte, gingen hohe Anteile als Reparationen in die Sowjetunion.

Eine Sonderform der Ausbeutung war die Einrichtung der „Sowjetischen Aktiengesellschaften“ (SAG). Die wichtigsten Großbetriebe wurden in das Eigentum der Besatzungsmacht überführt und arbeiteten mit ihren deutschen Belegschaften ausschließlich für die Sowjetunion. Erst in den fünfziger Jahren konnten diese Betriebe ganz oder teilweise von der damaligen DDR „zurückgekauft“ werden.

Die Bevölkerung der sowjetischen Besatzungszone hat ohne Zweifel die Hauptlast der Demontagen und Reparationen getragen. Wie hoch diese gewesen sind, wie viel Verlust an Substanz insgesamt entstanden ist, lässt sich heute nur ganz grob schätzen.

Auf der Konferenz von Jalta hatte Stalin als Reparationsleistung ganz Deutschlands den Gegenwert von zehn Milliarden Dollar gefordert. Insgesamt ist weit mehr allein aus der sowjetischen Zone geliefert worden.

Demontageverluste in der SBZ/DDR im Vergleich zur Kapazität 1936

Walzwerke	82 %
Eisen schaffende Industrie	80 %
Zementindustrie	45 %
Papierindustrie	45 %
Energieerzeugung	35 %
Schuhindustrie	30 %
Textilindustrie	25 %
Braunkohlenbergbau	20 %

Gesamtwert der Demontagen: 5 Milliarden Mark

Reparationsleistungen der SBZ/DDR an die Sowjetunion (in Milliarden Mark)

Verluste durch Demontagen	5,00
Verluste an Sach- und Kunstwerten	2,00
Mit erbeuteten Reichsmark bezahlte Leistungen	6,00
Mit Besatzungsgeld bezahlte Leistungen	9,00
Warenlieferungen aus der laufenden Produktion	34,70
Ausstattung u. Subventionierung d. SAG-Betriebe	4,30
Rückkauf der SAG-Betriebe 1953	2,55
Sonstiges (z. B. Transportkosten)	2,85

Summe der Reparationsleistungen: 66,4 Milliarden Mark

Nach: DDR-Handbuch, Köln 1979, S. 907

Schließlich wurde Frankreich als Reparationsleistung das *Saargebiet* zur Ausbeutung der Kohlegruben überlassen. Am 1. Januar 1957 kehrte es als ein weiteres Bundesland in die Bundesrepublik Deutschland zurück.

Die Wende in der amerikanischen Deutschland-Politik

Eine Wende in ihrer Deutschland-Politik vollzogen zuerst die Amerikaner. Sie sahen ein, dass es sinnvoller war, die Deutschen wieder auf eigene Füße zu stellen und ihre Wirtschaft so zu fördern, dass die Besatzungszonen sich selbst versorgen konnten.

Bei einer Ansprache in Stuttgart erklärte der amerikanische Außenminister *Byrnes* am 6. September 1946:

> „Die Vereinigten Staaten können Deutschland die Leiden nicht abnehmen, die ihm der von seinem Führer angefangene Krieg zugefügt hat. Aber die Vereinigten Staaten haben nicht den Wunsch, diese Leiden zu vermehren ... Das amerikanische Volk will dem deutschen Volk helfen, seinen Weg zurückzufinden zu einem ehrenvollen Platz unter den freien und friedliebenden Nationen der Welt."

In der Folge wurden die amerikanische und die britische Besatzungszone zur *Bizone* zusammengeschlossen und die gemeinsame Verwaltung deutschen Behörden übertragen.

Bald traten zu diesen *wirtschaftlichen* Gründen gewichtige *politische* Gründe. Mit Besorgnis beobachteten die Westmächte, dass die Verhältnisse in Ostmitteleuropa und in der östlichen Besatzungszone immer stärker dem sowjetischen Vorbild angeglichen wurden, eine *Sowjetisierung* dieser Gebiete stattfand. Die Sorge vor einem weiteren Vordringen des Kommunismus bestimmte vom Herbst 1947 an die amerikanische Politik. Nunmehr war es ihr erklärtes Ziel, die westlichen Zonen von kommunistischen Einflüssen freizuhalten und sie in Westeuropa einzubinden.

Die Vertreibung

Parallel zu diesen Vorgängen in den Besatzungszonen verlief zwischen 1945 und 1951 eine neue Völkerwanderung: die Vertreibung aus den deutschen Ostgebieten.

Wir erinnern uns: Im letzten Abschnitt des Krieges waren etwa 4–5 Millionen Deutsche vor der Roten Armee in das Innere des Reiches *geflohen*. Nachdem das Kriegsgeschehen vorbei war, wurden diejenigen *vertrieben*, die in den deutschen Gebieten östlich von Oder und Neiße sowie im Sudetenland und in einigen Siedlungsräumen osteuropäischer Staaten verblieben waren. Sie hatten schon im Winter 1944/45 Schreckliches durchgemacht, als der sowjetische Angriff auf Deutschland sie überrollte. Nun mussten sie – häufig in kürzester Frist – ihre Häuser verlassen und mit wenigen Habseligkeiten nach Westen aufbrechen. Hunderttausende aus Ostbrandenburg und Ostpommern, aus Danzig und aus Schlesien traf es zuerst. – Insgesamt wurden zwischen 1945 und 1951 noch einmal 3,5 Millionen Deutsche aus den Gebieten östlich von Oder und Neiße, etwa 3 Millionen aus der Tschechoslowakei und 2 Millionen aus anderen osteuropäischen Staaten zwangsweise ausgesiedelt.

Etwa 2,5 Millionen Deutsche haben die Flucht vor der Roten Armee, die Schreckenszeit ihres Einmarsches, die Racheakte der osteuropäischen Völker oder aber dann die Vertreibung und Zwangsaussiedlung nicht überlebt.

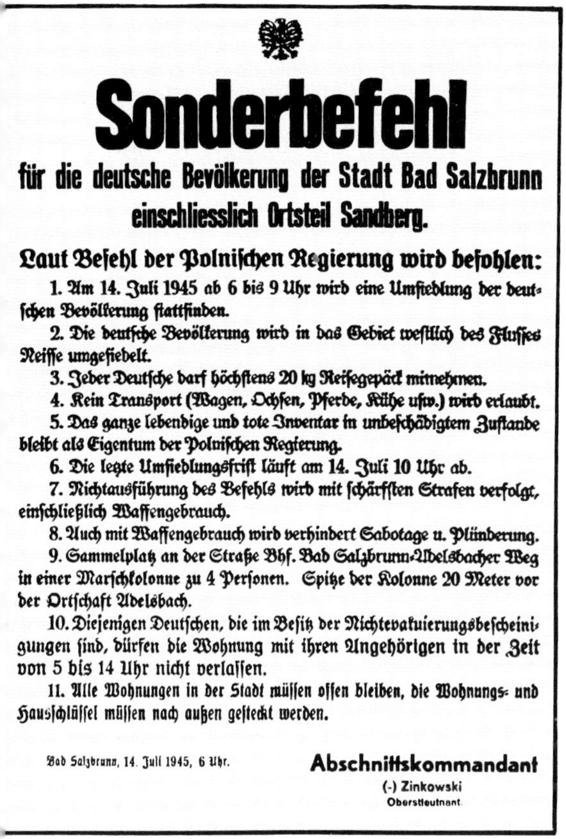

Sonderbefehl

für die deutsche Bevölkerung der Stadt Bad Salzbrunn einschliesslich Ortsteil Sandberg.

Laut Befehl der Polnischen Regierung wird befohlen:

1. Am 14. Juli 1945 ab 6 bis 9 Uhr wird eine Umsiedlung der deutschen Bevölkerung stattfinden.
2. Die deutsche Bevölkerung wird in das Gebiet westlich des Flusses Neiße umgesiedelt.
3. Jeder Deutsche darf höchstens 20 kg Reisegepäck mitnehmen.
4. Kein Transport (Wagen, Ochsen, Pferde, Kühe usw.) wird erlaubt.
5. Das ganze lebendige und tote Inventar in unbeschädigtem Zustande bleibt als Eigentum der Polnischen Regierung.
6. Die letzte Umsiedlungsfrist läuft am 14. Juli 10 Uhr ab.
7. Nichtausführung des Befehls wird mit schärfsten Strafen verfolgt, einschließlich Waffengebrauch.
8. Auch mit Waffengebrauch wird verhindert Sabotage u. Plünderung.
9. Sammelplatz an der Straße Bhf. Bad Salzbrunn-Adelsbacher Weg in einer Marschkolonne zu 4 Personen. Spitze der Kolonne 20 Meter vor der Ortschaft Adelsbach.
10. Diejenigen Deutschen, die im Besitz der Nichtevakuierungsbescheinigungen sind, dürfen die Wohnung mit ihren Angehörigen in der Zeit von 5 bis 14 Uhr nicht verlassen.
11. Alle Wohnungen in der Stadt müssen offen bleiben, die Wohnungs- und Hausschlüssel müssen nach außen gesteckt werden.

Bad Salzbrunn, 14. Juli 1945, 6 Uhr.

Abschnittskommandant
(-) Zinkowski
Oberstleutnant

Links: Vertreibung aus Schlesien 1945. – Rechts: Vertriebenentransport 1947

Ausweisung aus Sorau/Ostbrandenburg

Niemand von uns hatte mit einer Ausweisung gerechnet. Wohl wurde uns gesagt, dass wir nun polnisch verwaltet würden … Bis dann am Morgen des 23. Juni 1945 … die gesamte Bevölkerung Soraus, gegen 29 000 Menschen, ausgewiesen wurde …

Mir ließen sie wie allen genau zehn Minuten Zeit. Ich konnte nun bloß mein einjähriges Enkelkind die drei Treppen herunterschleppen, danach den Kinderwagen, den sie mir auch schon teilweise ausgeplündert hatten, dann für den Kleinen heimlich einige Lebensmittel aus den Verstecken holen, und als ich dann noch für mich aus meiner Wohnung meinen Mantel holen wollte, ließ mich der Pole nicht mehr herein mit dem Vermerk, die zehn Minuten wären herum. Ein Polenmädel zog mir noch mein letztes Paar Schuhe von den Beinen, mit denen ich wochenlang geschlafen hatte, damit sie mir der Russe nicht wegnahm, und warf mir ein Paar alte Tennisschuhe meines Sohnes, vier Nummern zu groß, hin. Offene Haare, denn der Russe hatte mir schon längst meine Haarklemmen und Kämmchen weggenommen … Dann eine alte Strickjacke von meinem Manne und ein uralter Rock, den hatte mir der Russe noch gelassen, und an den Beinen die Tennisschuhe, so trat ich meinen Marsch an.

Es war ein Elendszug, denn Züge gingen ja nicht, und so zogen, man kann wohl sagen, drei Monate lang die Ausgewiesenen Schlesiens und Ostbrandenburgs auf diesen Landstraßen entlang; Kinderwagen, Leiterwagen, Schiebkarren, Sportwagen, man sah die unmöglichsten Gefährte. Bettelarm zogen wir da lang, denn schon längst hatte uns der Russe Geld, Papiere und Sparkassenbücher und natürlich Schmuck, Uhren, Trauring usw. abgenommen …

Als wir dann über die Neiße waren … und nach Cottbus kamen, hofften wir, dass sich nun irgendeine Behörde unserer annehmen würde. Aber Fehlanzeige … Täglich kamen mindestens drei Monate lang 2000 Vertriebene durch Cottbus, und hier fing sich alles an zu stauen.

(Dokumentation der Vertreibung der Deutschen aus Ostmitteleuropa, Band 1/2, Bonn 1954, S. 688 f.)

Alltagsgeschichte nach 1945

„Die Stunde der Frauen“

Wie bereits während des Krieges, so mussten auch in den ersten Jahren nach dem Zusammenbruch vor allem die Frauen „ihren Mann stehen“. Die Männer waren zu Millionen im Kriege gefallen oder *vermisst* (so lautete die übliche Bezeichnung, wenn das Schicksal nicht bekannt war), zu Millionen in Kriegsgefangenenlagern. In den vier Besatzungszonen lebten 1946 29,3 Millionen Männer, aber 36,5 Millionen Frauen. Bei der Altersgruppe zwischen 25 und 40 Jahren klaffte der Anteil von Männern und Frauen noch weiter auseinander.

Zu den wenigen Städten, die ihren Trümmerfrauen ein Denkmal setzten, gehört Dresden. Das Denkmal steht vor dem Rathaus.

Die Bewältigung des Alltags nach dem Zusammenbruch stellte die Menschen, vor allem die Frauen, in den vier Besatzungszonen und in Berlin vor die gleichen Aufgaben.

In seiner Rede zum 40. Jahrestag der Beendigung des Krieges, am 8. Mai 1985, gedachte Bundespräsident *Richard von Weizsäcker* dieser Frauengeneration – in Deutschland wie überall in den kriegsbetroffenen Ländern.

Den vielleicht größten Teil dessen, was den Menschen aufgeladen war, haben die Frauen der Völker getragen.
Ihre Leiden, ihre Entsagung und ihre stille Kraft vergisst die Weltgeschichte nur allzu leicht. Sie haben gebangt und gearbeitet, menschliches Leben getragen und beschützt. Sie haben getrauert um gefallene Väter und Söhne, Männer, Brüder und Freunde.
Sie haben in den dunkelsten Jahren das Licht der Humanität vor dem Erlöschen bewahrt.
Am Ende des Krieges haben sie als erste und ohne Aussicht auf eine gesicherte Zukunft Hand angelegt, um wieder einen Stein auf den anderen zu setzen, die Trümmerfrauen in Berlin und überall.
Als die überlebenden Männer heimkehrten, mussten Frauen oft wieder zurückstehen. Viele Frauen blieben auf Grund des Krieges allein und verbrachten ihr Leben in Einsamkeit.
Wenn aber die Völker an den Zerstörungen, den Verwüstungen, den Grausamkeiten und Unmenschlichkeiten innerlich nicht zerbrachen, wenn sie nach dem Krieg langsam wieder zu sich selbst kamen, dann verdanken wir es zuerst unseren Frauen.

Vier Bilder aus dem Alltag Nachkriegsdeutschlands ▷

Links oben: Nach dem deutschen Zusammenbruch waren die meisten Männer noch in Kriegsgefangenschaft. Die „Trümmerfrauen“ gehörten deshalb zum Bild der deutschen Städte: Frauen, die daran gingen, die Städte vom Schutt der zerstörten Häuser zu befreien.

Links unten: Im Luftkrieg waren die Eisenbahnstrecken weitgehend zerstört, Tausende von Lokomotiven und Personenwagen vernichtet worden. An den wenigen verkehrenden Zügen hingen die Menschen wie Trauben, oder sie hockten auf den Dächern der Wagen. Auch die Bahnhöfe der meisten Städte waren zerstört.

Rechts oben: Als die Züge mit den Heimkehrern aus der Gefangenschaft in den Bahnhöfen einrollten, zeigten Frauen die Bilder ihrer vermissten Männer. Wer erkennt ihn? Lebt er noch? Das sind die erschütternden, bangen Fragen auf den Gesichtern. Meist blieben sie unbeantwortet.

Rechts unten: Die Bewältigung des Alltags forderte die Menschen, doch daneben suchten sie jetzt nach Unterhaltung und Entspannung, nach kulturellem Angebot und Freizeit. In Berlin sonnen sich 1946 junge Menschen neben den Gräbern der Soldaten, die hier in den letzten Kriegstagen gefallen waren.

STALINGRAD
Joh. MAINZ
12767

Links: Im Keller eines zerstörten Hauses in Nürnberg hat ein „Feinkost"-Geschäft wieder eröffnet. Es verkaufte freilich alles, was es an „Kost" gerade gab. – Rechts: Der Kippensammler, eine typische Erscheinung der Nachkriegszeit.

Der Kampf ums Überleben

Für die Menschen in allen vier Zonen war die schwierige *Ernährungslage* das tägliche Hauptproblem, besonders in den Städten. In Erfurt betrugen die Verpflegungsrationen 1945 pro Woche 1750 g Brot, 125 g Fett und 150 g Fleisch. Die Wochenration in München lag im September des gleichen Jahres bei 1900 g Brot, 100 g Fett, 350 g Fleisch; dazu 100 g Nährmittel, 32 g Quark, 16 g Käse und 2500 g Kartoffeln. Es gab weiterhin Lebensmittelkarten, und nicht immer konnten die Zuteilungen auch ausgeliefert werden.

Das *Tauschen* wurde zum wichtigsten Element des Wirtschaftslebens. Städter fuhren auf das Land und versuchten, bei den Bauern Schmuck und andere Sachwerte gegen Kartoffeln, Eier und Butter einzutauschen. In den

Zum Überleben trug auch das „Organisieren" bei, zum Beispiel das Absammeln einiger Kohlebrocken von vorbeifahrenden Lastwagen. – Andere Formen der Beschaffung von Heizmaterial waren das Sammeln von Bauholzresten in den Trümmern oder das Ausgraben von Baumstümpfen in den Wäldern.

Städten selbst gab es sogenannte *Schwarzmärkte*: Plätze oder Parks, wo Tausende miteinander tauschten und handelten.

Geld hatte kaum noch einen Wert – viel zuviel davon war im Laufe des Krieges gedruckt worden und in Umlauf gekommen. Ein Pfund Butter kostete im Schwarzhandel 230 Mark. Für eine amerikanische Zigarette mussten sieben Mark bezahlt werden. So kam es, dass viele Raucher „Kippen“ sammelten oder auf Balkons Tabak in Wannen und Eimern anbauten.

„Einheimische“ und „Flüchtlinge“

Am schwersten hatten es die vielen Millionen der Flüchtlinge und Vertriebenen aus dem Osten. Ein Teil von ihnen konnte bei Verwandten Unterschlupf finden. Für die meisten aber musste zunächst „ein Dach über dem Kopf“ beschafft werden. Das waren oft Notquartiere: Baracken und Gartenlauben, Luftschutzbunker, Bretterbuden und Stallräume. Oder sie wurden in die Häuser und Wohnungen der Einheimischen „eingewiesen“, nachdem ein Teil von deren Wohnraum „beschlagnahmt“ worden war. Das belastete häufig die Beziehungen zueinander schwer. Bis in die fünfziger Jahre hinein mussten Ungezählte in Barackenlagern und Notunterkünften bleiben.

Die Ströme der Flüchtlinge und Vertriebenen waren 1945 vor allem in die ländlichen Regionen geleitet worden. In manchen deutschen Ländern war die Zahl der *Entwurzelten* fast so groß wie die der Einheimischen.

Zu den „Entwurzelten“ wurden auch die „Evakuierten“ gezählt: Frauen und Kinder, die während des Krieges zum Schutz vor Bombenangriffen aus den Städten in die ländlichen Gebiete verschickt worden waren.

„Ausländer“ waren z. B. ehemalige Kriegsgefangene, Zwangsarbeiter oder Häftlinge, die nicht in ihre Heimatländer zurückgehen konnten oder wollten.

Anteil der „Entwurzelten" an der Gesamtbevölkerung

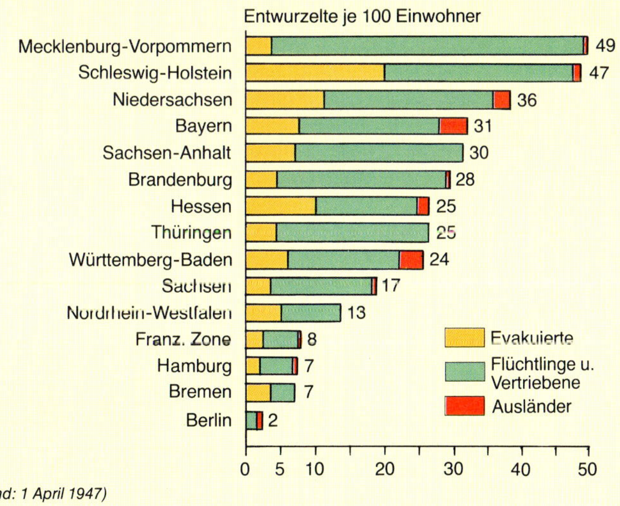

(Stand: 1 April 1947)
Nach: G. W. Harmsen, Reparationen-Sozialprodukt-Lebensstandard, Bremen 1947

Das Schulwesen

In allen Zonen begann 1945 wieder der Schulbetrieb. Zuvor waren die zur Verfügung stehenden Lehrer auf ihre politische Vergangenheit hin überprüft worden. Dabei wurden in der sowjetischen Zone sämtliche ehemaligen Mitglieder der NSDAP entlassen und durch *Neulehrer* ersetzt. Sie waren in Blitzkursen von nur wenigen Wochen Dauer ausgebildet worden.

Auch die Universitäten nahmen 1945 nach und nach ihren Lehrbetrieb wieder auf.

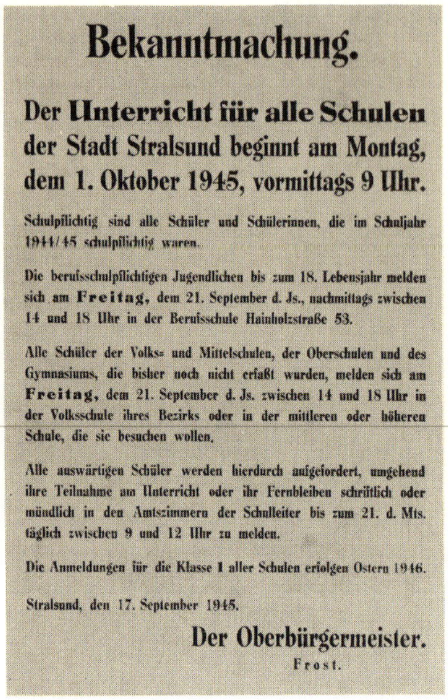

Bekanntmachung.

Der Unterricht für alle Schulen der Stadt Stralsund beginnt am Montag, dem 1. Oktober 1945, vormittags 9 Uhr.

Schulpflichtig sind alle Schüler und Schülerinnen, die im Schuljahr 1944/45 schulpflichtig waren.

Die berufsschulpflichtigen Jugendlichen bis zum 18. Lebensjahr melden sich am **Freitag,** dem 21. September d. Js., nachmittags zwischen 14 und 18 Uhr in der Berufsschule Hainholzstraße 53.

Alle Schüler der Volks- und Mittelschulen, der Oberschulen und des Gymnasiums, die bisher noch nicht erfaßt wurden, melden sich am **Freitag,** dem 21. September d. Js. zwischen 14 und 18 Uhr in der Volksschule ihres Bezirks oder in der mittleren oder höheren Schule, die sie besuchen wollen.

Alle auswärtigen Schüler werden hierdurch aufgefordert, umgehend ihre Teilnahme am Unterricht oder ihr Fernbleiben schriftlich oder mündlich in den Amtszimmern der Schulleiter bis zum 21. d. Mts. täglich zwischen 9 und 12 Uhr zu melden.

Die Anmeldungen für die Klasse 1 aller Schulen erfolgen Ostern 1946.

Stralsund, den 17. September 1945.

Der Oberbürgermeister.
Frost.

Links: Schulbeginn 1945 in Stralsund. Eine Einheitsschule wurde in der sowjetischen Zone erst 1946 geschaffen. – Rechts: Schulspeisung in einer westdeutschen Klasse 1947. Viele Kinder löffelten ihre Suppe aus Kochgeschirren der ehemaligen deutschen Wehrmacht.

In den westlichen Zonen wurde aus privaten amerikanischen Spenden die *Schulspeisung* finanziert. Millionen von Schülern und Studenten erhielten täglich eine Suppe, die häufig ihre einzige warme Mahlzeit war.

Aus dem Jahresbericht 1948/49 des Gymnasiums in Heide

„Der ehemalige amerikanische Präsident Herbert Hoover führte nach dem Zweiten (wie auch bereits nach dem Ersten) Weltkrieg verschiedene Hilfsaktionen durch. Die Schulspeisung (Hooverspeisung) wurde seit dem 16. 12. 46 fast ohne Unterbrechung während der Schulzeit und bis zu den Sommerferien 1948 auch während der Ferien durchgeführt.

Die Suppe wird in einer Gemeinschaftsküche für alle Heider Schulen gekocht und vor der 3. Pause angeliefert. Die Ausgabe erfolgt durch den Hausmeister und Oberprimanerinnen unter persönlicher Überwachung durch den Direktor und hat sich so eingespielt, dass die Pause für die Speisung vollkommen ausreicht."

(Nach: Quellen zur Geschichte Schleswig-Holsteins, Teil III, Kiel 1986, S. 210, gekürzt)

Der kulturelle Aufbruch

So sehr die Jahre nach 1945 von Zerstörung, Hunger und Entbehrung gezeichnet waren – der geistige Hunger war für ungezählte Menschen ähnlich groß. „Literatur und Theater, Musik und Malerei, Kabarett und Film kommen mit neuen Namen, unbekannten Werken heraus, und eine neue Presse, ein neuer Rundfunk kommentieren und kritisieren das alles mit einem Freimut, den die damals Jüngeren noch niemals gehört hatten und den die damals Älteren als Erinnerung aus der Zeit der ersten deutschen Demokratie, der Weimarer Republik, herübergerettet haben" (*Thilo Koch*).

„Den Opfern des Faschismus". Ölgemälde von Hans Grundig. Der Künstler schuf dieses Werk 1946 in Dresden, unmittelbar nach seiner Rückkehr aus dem Konzentrationslager Sachsenhausen. ▷

Einer der größten Bühnenerfolge der Nachkriegszeit war das Schauspiel „Des Teufels General" von Carl Zuckmayer (1896–1977). Zuckmayer hatte das Stück während des Zweiten Weltkrieges im amerikanischen Exil geschrieben. Es behandelt das Schicksal eines Fliegergenerals im nationalsozialistischen Deutschland. Das Szenenbild stammt aus der Verfilmung 1953 und entstand während des rechts wiedergegebenen Dialogs.

Dialog aus „Des Teufels General" von Carl Zuckmayer

Ein Leutnant Hartmann berichtet dem ihm menschlich nahe stehenden General Harras, dass seine Partnerin ihre Verlobung gelöst hat. Die Szene spielt Ende 1941.

HARRAS: So. Hm. Warum denn?
HARTMANN (*stockend, aber immer im Ton eines militärischen Rapports*): Wegen einer Unklarheit in meinem Stammbaum, Herr General. Meine Familie kommt nämlich vom Rhein. Mein Vater und Großvater waren Linienoffiziere – es besteht kein Verdacht einer jüdischen Blutmischung. Aber – eine meiner Urgroßmütter scheint vom Ausland gekommen zu sein. Man hat das öfters in rheinischen Familien. Sie ist unbestimmbar. Die Papiere sind einfach nicht aufzufinden.
HARRAS (*hat sich auf die Lippen gebissen, brummt vor sich hin*): So, so. Daran liegt's. Da läuft so ein armer Junge mit einer unbestimmbaren Urgroßmutter herum. (*In aufsteigender Wut.*) ... Vom Rhein. Von der großen Völkermühle. Von der Kelter Europas! (*Ruhiger.*) Und jetzt stellen Sie sich doch mal Ihre Ahnenreihe vor – seit Christi Geburt. Da war ein römischer Feldhauptmann, ein schwarzer Kerl, braun wie 'ne reife Olive, der hat einem blonden Mädchen Latein beigebracht. Und dann kam ein jüdischer Gewürzhändler in die Familie, das war ein ernster Mensch, der ist noch vor der Heirat Christ geworden und hat die katholische Haustradition begründet. –
Und dann kam ein griechischer Arzt dazu, oder ein keltischer Legionär, ein Graubündner Landsknecht, ein schwedischer Reiter, ein Soldat Napoleons, ein desertierter Kosak, ein Schwarzwälder Flözer, ein wandernder Müllerbursch vom Elsass, ein dicker Schiffer aus Holland, ... ein Offizier aus Wien, ein französischer Schauspieler, ein böhmischer Musikant – das hat alles am Rhein gelebt, gerauft, gesoffen und gesungen und Kinder gezeugt – und – und der Goethe, der kam aus demselben Topf, und der Beethoven, und der Gutenberg, und der Matthias Grünewald, und – ach was, schau im Lexikon nach.
Es waren die Besten, mein Lieber! Die Besten der Welt! Und warum? Weil sich die Völker dort vermischt haben. Vermischt – wie die Wasser aus Quellen und Bächen und Flüssen, damit sie zu einem, großen, lebendigen Strom zusammenrinnen. Vom Rhein – das heißt: vom Abendland. Das ist natürlicher Adel. Das ist Rasse. Seien Sie stolz darauf, Hartmann – und hängen Sie die Papiere Ihrer Großmutter in den Abtritt. Prost.

(Carl Zuckmayer, Meisterdramen, Frankfurt/Main 1968, S. 384 f.)

Arbeitsvorschläge

1. Stellen Sie bitte im Klassenverband die im Text genannten Wochenrationen für Erfurt und München 1945 zusammen!
2. Analysieren Sie die Bevölkerungsstatistik von 1947! Versuchen Sie eine Erklärung für die Situation in Ihrem Bundesland!
3. Diskutieren Sie bitte die Ursachen für den kulturellen Aufbruch nach 1945!
4. Welche Kernaussage stellt Zuckmayer in seinem Schauspiel der nationalsozialistischen Rassenideologie entgegen?

Beginn des politischen Lebens in den Westzonen

Die Parteien

Parteigründungen sollte es in den westlichen Zonen nach den Vorstellungen der Besatzungsmächte vorerst nicht geben. Zunächst sollte die Entnazifizierung abgeschlossen, eine demokratische „Umerziehung" des Volkes erreicht sein. Doch war es ganz natürlich, dass sich die Mitglieder der alten demokratischen Parteien der Weimarer Republik wieder zusammenfanden und – zunächst auf örtlicher Ebene – neue politische Organisationen aufbauten. Noch im Jahr 1945 wurden diese von den Besatzungsmächten zugelassen.

Die SPD

Die *Sozialdemokratische Partei Deutschlands* (SPD) knüpfte an die Weimarer Tradition an. Als ihr führender Kopf erwies sich bald Kurt Schumacher in Hannover, der 1946 zum Vorsitzenden gewählt wurde. Die Zielsetzung der SPD war bestimmt durch die Parole „Demokratie in Staat und Gemeinde, Sozialismus in Wirtschaft und Gesellschaft!" Einer Verschmelzung mit den Kommunisten stellte sich die große Mehrheit der Mitglieder entgegen. Schumacher wurde zum leidenschaftlichen Verfechter des antikommunistischen Kurses.

Die KPD

Die Zulassung der *Kommunistischen Partei Deutschlands* (KPD) erfolgte ebenfalls in allen drei Westzonen. Sie konnte sich in den ersten Wahlen der vierziger Jahre jedoch nicht durchsetzen. Bei der zweiten Bundestagswahl 1953 sank sie dann mit 2,2 % Stimmenanteil (600 000 von 27,5 Millionen Wählern) zur Bedeutungslosigkeit ab.

Seit 1946 fanden in den Westzonen wieder freie Wahlen statt, zunächst Gemeindewahlen, dann Wahlen zu den Parlamenten der neugebildeten Länder. Die Plakate stammen aus Wahlkämpfen der Jahre 1946 und 1947.

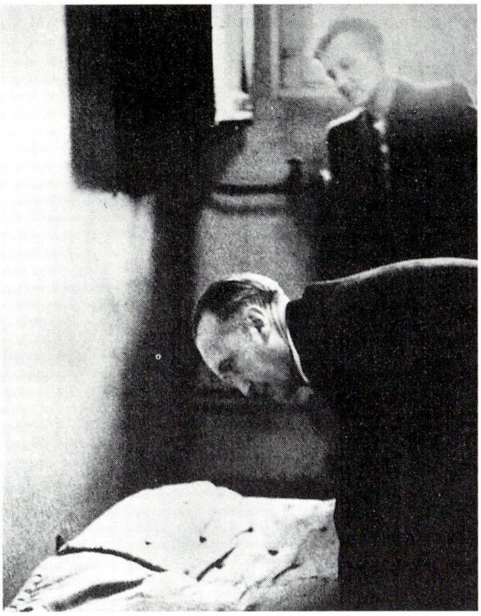

Die CDU/CSU

Die *Christlich-Demokratische Union* (CDU, in Bayern als Christlich-Soziale Union/CSU selbstständige Organisation) hatte in der Weimarer Republik keinen direkten Vorgänger. Sie war eine Sammlungspartei für alle Schichten des Volkes, zumindest in ihren Anfängen stärker katholisch als evangelisch geprägt, „bürgerlich", doch mit einem starken Anteil von Gewerkschaftlern und Arbeitern. – In der CDU der Westzonen wurde *Konrad Adenauer* aus Köln sehr schnell zur führenden Persönlichkeit. Mit ihm entschied sich die CDU in ihrer Wirtschaftspolitik gegen jede Sozialisierung in der Industrie und für eine *Soziale Marktwirtschaft*.

Links oben:
Dr. Konrad Adenauer besichtigt 1945 die Gefängniszelle in Brauweiler, in der er nach dem Attentat vom 20. Juli 1944 inhaftiert war.

Rechts oben: In den Trümmern begann das neue politische Leben. Der erste Vorsitzende der neu gegründeten SPD, Dr. Kurt Schumacher (1895–1952), spricht im Sommer 1947 in Frankfurt. Er hatte im Konzentrationslager schwere körperliche Schäden erlitten.

Leitsätze für eine künftige Wirtschaftspolitik (Mai 1948)

1. Ersetzung des zusammenbrechenden Systems totaler Lenkungswirtschaft durch eine *Soziale Marktwirtschaft.*

Die angestrebte moderne Marktwirtschaft soll betont sozial ausgerichtet und gebunden sein ... Es wird notwendig sein, mit aller Entschiedenheit eine Reihe von Maßnahmen durchzuführen, die eine soziale Sicherheit gewährleisten und die durchaus im Rahmen einer Marktwirtschaft zu verwirklichen sind.

2. Beschränkung des Staates auf die Festlegung allgemeiner Grundsätze der Wirtschaftspolitik. In ihrem Rahmen jedoch Gewährung weitgehender Freiheit für den wirtschaftenden Menschen, sei er Unternehmer, Arbeiter, Kaufmann, Bauer oder Hausfrau.

3. Unverzügliche Aufhebung der Preisbindungen und Bewirtschaftungsmaßnahmen für alle Güter und Dienstleistungen bis auf Brot, Fett und Milch sowie Altwohnungsmieten, deren Bewirtschaftung zu verbessern ist ...

4. Freigabe von Löhnen und Gehältern und Wiederherstellung der Freizügigkeit der Arbeitnehmer, insbesondere bezüglich der Wahl des Arbeitsplatzes und der Beschäftigungsart.

5. Wiedereinschaltung Deutschlands als gleichberechtigter Partner in den zwischenstaatlichen Güteraustausch durch Wiederherstellung der deutschen Handlungsfreiheit auch in der Außenwirtschaft.

(Aus einer Denkschrift von Prof. Müller-Armack (CDU). Nach: R. Löwenthal u. H. P. Schwarz, Die zweite Republik. 25 Jahre Bundesrepublik Deutschland, Stuttgart 1974, S. 146 f.)

Die FDP

In der Zeit der Weimarer Republik hatte es mehrere liberale Parteien nebeneinander gegeben. Aus ihren Anhängern bildete sich in den Westzonen schließlich die *Freie Demokratische Partei* (FDP). Ihr Vorsitzender wurde 1948 *Theodor Heuss*, später der erste Bundespräsident der Bundesrepublik Deutschland (S. 93). – Die FDP setzte sich in besonderer Weise für die Freiheiten des Einzelnen in Wirtschaft und Gesellschaft und gegen jede Bevormundung durch den Staat ein. Bei Wahlen konnte sie selten mehr als 10% der Stimmen auf sich vereinigen. Trotzdem hat sie die politischen Machtverhältnisse durch wechselnde Koalitionen erheblich beeinflussen können.

Die Gewerkschaften

Auch die Gewerkschaftler organisierten sich bald nach dem Zusammenbruch wieder. Der Aufbau vollzog sich in den Besatzungszonen von unten nach oben. Im Ergebnis entstand eine einheitliche Gewerkschaftsorganisation (*Deutscher Gewerkschaftsbund*/DGB) als Dach über einer Reihe von weitgehend eigenständigen Einzelgewerkschaften mit einer Gliederung nach Berufs- und Industriezweigen. Von ihnen waren die Industriegewerkschaft (IG)-Metall, die IG-Bergbau und die Gewerkschaft ÖTV (Öffentliche Dienste, Transport und Verkehr) von Anbeginn am mitgliederstärksten.

Arbeitsvorschläge

1. Analysieren Sie bitte die Wahlplakate aus den Jahren 1946/47! Welche von ihnen enthalten klare politische Zielvorstellungen? Welche Parteien stellen den „Zusammenhalt der Besatzungszonen“ als Ziel besonders heraus? Fordert eine Partei den „Abzug der Besatzungstruppen“? – Auf welchem Plakat wird die Zielgruppe unter den Wählern am deutlichsten bezeichnet? Welches Plakat bleibt in seinen Zielaussagen am allgemeinsten?
2. Analysieren Sie auch die vorstehenden Leitsätze für eine Wirtschaftspolitik! Welche Gegebenheiten des Jahres 1948 sollen dadurch im Einzelnen überwunden werden?

Gleichzeitig mit der Währungsreform wurde die Zwangsbewirtschaftung für sämtliche Waren aufgehoben. Über Nacht waren die Schaufenster der Geschäfte gefüllt mit den Dingen, die bisher gehortet worden waren. Es gab buchstäblich alles zu kaufen! Mit unterschiedlichen Reaktionen standen die Menschen vor diesem „Wunder“. Von einem Tag zum anderen verschwand auch der Schwarzmarkt.

Die Währungsreform

Erinnern wir uns: Der Krieg hatte die Finanzen zerrüttet. Nach Kriegsende gab es in Deutschland Reichsmark in Hülle und Fülle, aber keine Sachwerte, die man dafür hätte kaufen können. Kaufen konnte man – neben den „Zuteilungen“ an Lebensmitteln und Heizmaterial – nur Unnötiges.

> In den Warenhäusern wurden die wunderlichsten Erzeugnisse der „freien“ Wirtschaft feilgeboten. Weder vorher noch nachher hat man in Deutschland ein so kurioses Angebot an Lampenschirmen, bemalten Holztellern, Aschenbechern, Rasierklingenschärfern, Türpuffern und Tausendzündern erlebt. Während die Knopfindustrie blühte, wurden Nähnadeln, Bänder, Nägel, Schrauben zu unerreichbaren Kostbarkeiten. Die Produktionsstatistik in den einzelnen Zonen vermittelte zwar allmählich das Bild einer zunehmenden Gütererzeugung. Aber die Versorgung der Bevölkerung mit den nötigsten Gütern des Massenbedarfs wurde nicht besser, sondern schlechter.
>
> *(Nach: Gustav Stolper, Deutsche Wirtschaft seit 1870, Tübingen 1966, S. 239)*

Wer „Güter des Massenbedarfs“ produzierte, der machte damit Tauschgeschäfte – Kochtöpfe gegen Butter, Schuhe gegen Kohle –, oder er hortete diese Waren. Jeder wusste, dass ohne eine finanzielle Neuordnung die Wirtschaft nicht wieder funktionieren konnte.

Diese Neuordnung erfolgte am 20. Juni 1948 in den drei westlichen Zonen gemeinsam. In den USA hatte man unter strenger Geheimhaltung neue Geldscheine gedruckt und in die Zonen gebracht. Von einem Tag auf den anderen wurde die *Währungsreform* durchgeführt. Jeder Westdeutsche erhielt an den Umtauschstellen 40 Deutsche Mark gegen Abgabe von 400 Reichsmark. Sparguthaben mussten angemeldet werden und wurden im Verhältnis 10 : 1 abgewertet. – Das Reichsmarkgeld verfiel einige Tage später.

Auch in der östlichen Besatzungszone wurde eine Währungsreform durchgeführt. Von nun an gab es DM-Ost und DM-West – bis 1990.

Der Marshall-Plan

Der Krieg hatte die Wirtschaft fast überall in Europa entkräftet und zerrüttet. Die Fabriken waren zerstört, das Versorgungsnetz zum Teil lahm gelegt, die Verkehrswege zerbombt und unbrauchbar. Selbst an einfachsten Gütern herrschte Mangel. Die USA erkannten, dass diese schlimmen sozialen und wirtschaftlichen Zustände ein idealer Nährboden für den Kommunismus sein konnten. Sie entschlossen sich daher zu einem großen finanziellen Hilfsprogramm. Nach dem Plan des amerikanischen Ministers *Marshall* wurden den Europäern Geldmittel zur Verfügung gestellt, mit denen Rohstoffe und Maschinen eingekauft werden konnten. Nur ein Drittel dieser Gelder musste zurückgezahlt werden.

Insgesamt gaben die Amerikaner rund 14 Milliarden Dollar. Die drei Westzonen Deutschlands erhielten zwischen 1948 und 1951 1,3 Milliarden Dollar, damals eine gewaltige Summe. Sie waren eine der Grundlagen für den wirtschaftlichen Wiederaufstieg in Westdeutschland. Auch die amerikanische Wirtschaft hatte hierdurch Vorteile: Sie fand in Europa Absatzmärkte für ihre Waren.

Für ihre Besatzungszone lehnten die Sowjets die Annahme solcher Gelder ab und zwangen auch die Staaten innerhalb ihres Machtbereichs zu einem Verzicht.

Arbeitsvorschlag

Warum hatten bei der Währungsreform 1948 vor allem die Sparer den Verlust zu tragen? – Warum war die Währungsreform Voraussetzung für die deutsche Teilnahme am Marshall-Plan? – Warum hat die Sowjetunion wohl die Staaten innerhalb ihres Machtbereichs gezwungen, Gelder des Marshall-Plans abzulehnen?

Plakate zum Marshall-Plan aus dem Westen und dem Osten Deutschlands (links um 1950, rechts 1947)

Politische und gesellschaftliche Entwicklungen in der sowjetischen Besatzungszone

Die Gruppe Ulbricht

Nach der Machtübernahme durch die NSDAP in Deutschland 1933 waren zahlreiche führende Mitglieder der KPD in die Sowjetunion geflohen. Viele von ihnen wurden Opfer der „Säuberungen", die Stalin auch unter den Emigranten durchführte. Andere wurden in der Zeit des Hitler-Stalin-Pakts 1939–1941 an Deutschland ausgeliefert. Nur ein harter Kern linientreuer Stalinisten überlebte in Moskau.

In drei Gruppen kamen Mitglieder dieses Kerns sofort nach dem Einmarsch der Roten Armee in das östliche Deutschland. Sie sollten dort von Anbeginn den politischen Neuanfang steuern. Die „Gruppe Ulbricht" landete am 30. April 1945 bei Frankfurt an der Oder. In Bruchmühle, einer Kleinstadt bei Strausberg, warteten die zehn Mitglieder das Ende der Kämpfe in Berlin ab. Am 2. Mai 1945 kapitulierten dort die Deutschen. *Wolfgang Leonhard*, ein Mitglied der Gruppe, hat später über das weitere Geschehen berichtet.

Am Morgen des 2. Mai startete von Bruchmühle aus die ganze Wagenkolonne mit den Mitgliedern der „Gruppe Ulbricht" und einigen höheren sowjetischen Polit-Offizieren der Hauptverwaltung, die alle fließend Deutsch sprachen. Jetzt erst, bei unserer Fahrt nach Berlin, erlebten wir das volle Ausmaß der Zerstörung und des Grauens. Brände, Trümmer, umherirrende Menschen in zerfetzten Kleidern; ratlose deutsche Soldaten, die nicht mehr zu begreifen schienen, was vor sich ging. Singende, jubelnde und oft auch betrunkene Rotarmisten; Berliner Frauen, die unter Aufsicht von sowjetischen Soldaten die ersten Aufräumungsarbeiten leisteten. Aus den Häusern wehten weiße Fahnen als Zeichen der Kapitulation oder rote Fahnen als Begrüßung für die sowjetischen Truppen. Viele Leute trugen weiße oder rote Armbinden; ganz vorsichtige beide Binden zugleich.

Nach einem kurzen Besuch in der Kommandantur von Berlin-Lichtenberg wurden wir aufgeteilt: je zwei Mitglieder der Gruppe Ulbricht auf einen Berliner Bezirk. Ulbricht lud mich ein, mit ihm nach Berlin-Neukölln zu fahren. Am gleichen Abend trafen wir uns in einem einfachen Zimmer in einer Arbeiterwohnung, das durch eine flackernde Petroleumlampe erleuchtet war, mit einer Gruppe Neuköllner Kommunisten. So sehr ich mich freute, nun zum ersten Mal mit richtigen deutschen Kommunisten zusammenzusitzen, so sehr erschütterte mich schon an diesem Abend die selbstherrliche Art Ulbrichts. Es war nicht ein Wiedersehen mit politischen Freunden, sondern ein Treffen des Chefs mit Untergebenen. Ulbricht fragte alle Neuköllner Kommunisten aus und gab ihnen kurz, nüchtern und hart die Richtlinien für die Arbeit.

(Nach: „Die Zeit" Nr. 22 vom 7. Mai 1965)

In Berlin erst gab *Walter Ulbricht* (1893–1973), ehemals Reichstagsabgeordneter der KPD, der Gruppe die Richtlinien für den Aufbau der Berliner Verwaltung bekannt:

„Die Bezirksverwaltungen müssen politisch richtig zusammengestellt werden … Die Bürgermeister sollen in den Arbeiterbezirken in der Regel Sozialdemokraten sein. In den bürgerlichen Vierteln … müssen wir an die Spitze einen bürgerlichen Mann stellen … Jedenfalls müssen zahlenmäßig mindestens die Hälfte aller Funktionen mit Bürgerlichen oder Sozialdemokraten besetzt werden.

Und nun zu unseren Genossen. Der erste stellvertretende Bürgermeister, der Dezernent für Personalfragen und der Dezernent für Volksbildung – das müssen unsere Leute sein. Dann müsst ihr noch einen ganz zuverlässigen Genossen in jedem Bezirk ausfindig machen, den wir für den Aufbau der Polizei brauchen."

In klassischem Sächsisch gab er uns die letzte abschließende Direktive: „Es ist doch ganz klar: Es muss demokratisch aussehen, aber wir müssen alles in der Hand haben."

Nun war wirklich alles klar.

(Nach: W. Leonhard, Die Revolution entlässt ihre Kinder, Berlin 1955, S. 231 f.)

Aus dem Gründungsaufruf der KPD vom 11. Juni 1945:

„Nicht nur der Schutt der zerstörten Städte, auch der reaktionäre Schutt aus der Vergangenheit muss gründlich hinweggeräumt werden. Möge der Neubau Deutschlands auf solider Grundlage erfolgen, damit eine dritte Wiederholung der imperialistischen Katastrophenpolitik unmöglich wird!

Mit der Vernichtung des Hitlerismus gilt es gleichzeitig, die Sache der Demokratisierung Deutschlands, die Sache der bürgerlich-demokratischen Umbildung, die 1848 begonnen wurde, zu Ende zu führen, die feudalen Überreste völlig zu beseitigen und den reaktionären altpreußischen Militarismus mit allen seinen ökonomischen und politischen Ablegern zu vernichten.

Wir sind der Auffassung, dass der Weg, Deutschland das Sowjetsystem aufzuzwingen, falsch wäre, denn dieser Weg entspricht nicht den gegenwärtigen Entwicklungsbedingungen in Deutschland.

Wir sind vielmehr der Auffassung, dass die entscheidenden Interessen des deutschen Volkes in der gegenwärtigen Lage für Deutschland einen anderen Weg vorschreiben, und zwar den Weg der Aufrichtung eines antifaschistischen, demokratischen Regimes, einer parlamentarisch-demokratischen Republik mit allen demokratischen Rechten und Freiheiten für das Volk.

An der gegenwärtigen historischen Wende rufen wir Kommunisten alle Werktätigen, alle demokratischen und fortschrittlichen Kräfte des Volkes zu diesem großen Kampf für die demokratische Erneuerung Deutschlands, für die Wiedergeburt unseres Landes auf!"

(Nach: H. Weber [Hrsg.], Der deutsche Kommunismus, Köln 1963, S. 434 f.)

Von der KPD zur SED

Die *Kommunistische Partei Deutschlands* (KPD) war die erste Partei, die nach dem Zusammenbruch in einer der Besatzungszonen wiedergegründet wurde. Ihr Gründungsaufruf vom 11. Juni 1945 stand im Zeichen von Antifaschismus und Demokratie.

Wenige Tage danach meldete sich ein „Zentralausschuss der SPD" mit einem Aufruf zur Wiedergründung auch dieser Partei. Im Aufruf hieß es: „Wir wollen den Kampf um die Neugestaltung [Deutschlands] auf dem Boden der *organisatorischen Einheit der deutschen Arbeiterklasse* führen!"

Der „Zentralausschuss" bestand aus wenigen, selbst ernannten Personen. Die alten Mitglieder der 1933 verbotenen SPD standen in der Mehrzahl einer solchen „organisatorischen Einheit der Arbeiterklasse" ablehnend gegenüber. Kurt Schumacher schrieb 1945, die Sozialdemokratie habe keinerlei Veranlassung, für die KPD „den Blutspender abzugeben und auf irgendeinen Annäherungsversuch auch nur andeutungsweise einzugehen".

Genau die Rolle des Blutspenders aber war den Sozialdemokraten der sowjetischen Besatzungszone zugedacht. Sie konnten sich zwar zunächst als Partei neben der KPD organisatorisch ausbreiten. Sehr schnell war aber deutlich, dass die Militärregierung (SMAD: Sowjetische Militäradministration) die KPD in jeder Hinsicht unterstützte. Als dennoch der Zulauf der Menschen ausblieb, setzte ein massiver Druck der Sowjets und der KPD-Führung mit dem Ziel einer Vereinigung beider Parteien ein.

Walter Ulbricht 1946

Im April 1946 führten Funktionäre beider Parteien diese Vereinigung zur *Sozialistischen Einheitspartei Deutschlands* (SED) in Berlin herbei. Ein Händedruck zwischen *Wilhelm Pieck* (1876–1960), dem Vorsitzenden der KPD, und *Otto Grotewohl* (1894–1964), dem Vorsitzenden des „Zentralausschusses der SPD", wurde zum Symbol.

Die Mitglieder waren nicht gefragt worden.

Die westdeutsche SPD unter Kurt Schumacher hatte zuvor eine *Urabstimmung* unter den Mitgliedern der sowjetischen Zone und Berlins gefordert. Sie war mit sowjetischer Hilfe verhindert worden. Lediglich in den

Oben: Der „historische Händedruck" (links Wilhelm Pieck) auf dem Vereinigungsparteitag im April 1946 in Ost-Berlin. Er wurde zum Parteisymbol der SED, schmückte Parteiabzeichen (unten) und Wahlplakate (rechts).

Westsektoren von Berlin konnten die SPD-Mitglieder befragt werden (März 1946), und hier hatten sich 82 % der Abstimmenden gegen diese Vereinigung ausgesprochen.

Nach dem „historischen Händedruck" war der weitere Weg vorgezeichnet. Innerhalb der SED saßen bald die altgedienten Kommunisten an den Schalthebeln der Macht. „Sozialdemokratismus" war hinfort ein Verbrechen, das ins Zuchthaus führen konnte.

Die Blockparteien

Von der Besatzungsmacht zugelassen wurden – ebenfalls noch im Sommer 1945 – eine *Christlich-Demokratische Union Deutschlands* (CDU) und eine *Liberal-Demokratische Partei Deutschlands* (LDPD). Beide hatten einen stärker „bürgerlichen" Zuschnitt. Ihnen folgten noch eine *Nationaldemokratische Partei Deutschlands* (NDPD) und die *Demokratische Bauernpartei Deutschlands* (DBD). Sie alle wurden künftig mit der SED bei Wahlen auf einer Einheitsliste zu einem „Demokratischen Block" zusammengefasst und spielten in der Politik bis zum Ende der DDR kaum mehr als die Rolle von Hilfsorganisationen der SED. Bald bezeichnete der Volksmund ihre Vertreter abschätzig als „Blockflöten".

Arbeitsvorschläge

1. Welche Strategie verfolgten die Sowjetunion und die Führung der KPD in Moskau für die östliche Besatzungszone? Diskutieren Sie bitte die Aussagen Wolfgang Leonhards und Walter Ulbrichts dazu!
2. Analysieren Sie den Gründungsaufruf der KPD vom 11. Juni 1945! – Wie stellte sich die KPD zur demokratischen Tradition Deutschlands seit 1848, wie zur Übernahme des „Sowjetsystems" für Nachkriegsdeutschland? Welche Vorstellungen von einer künftigen politischen Grundordnung sollte er vermitteln?

ER GRUNDBESITZ SOLL SICH IN UNSERER
UTSCHEN HEIMAT AUF FESTE, GESUNDE
PRODUKTIVE BAUERNWIRTSCHAFTEN
ÜTZEN, DIE PRIVATEIGENTUM IHRES
BESITZERS SIND."

URKUNDE

Auf Grund der Verordnung der Provinzialverwaltung Brandenburg über die Bodenreform vom 6. Sept. 1945 wird dem Bauern Wilhelm Schwatlow, jun. wohnhaft in der Gemeinde Börnicke Kreis Osthavelland

ein Grundstück

im Umfang von 11,58 ha. einschließlich Wald

rechtskräftig

zum persönlichen, vererbbaren Eigentum übergeben. Das dem Bauern Schwatlow übergebene Grundstück liegt in der Gemeinde Börnicke und hat laut dem von der Bodenkommission aufgestellten Verteilungsplan die Nummer

Der Bauer Schwallow erhält das Grundstück

schuldenfrei

Diese Urkunde berechtigt zur Eintragung des Grundstücks in das Grundbuch.

Nauen, den 14. Sept. 1951 Kreis Osthavelland

Der Ministerpräsident Der Rat des Kreises

Die Sozialisierung auf dem Lande (Bodenreform)

Die Bodenreform in der östlichen Besatzungszone war eine *Umgestaltung der Besitzverhältnisse* auf dem Lande. Sie wurde etwa gleichzeitig auch in den anderen sowjetisch beherrschten Staaten Osteuropas durchgeführt. Enteignet wurden die Besitzer aller Höfe mit mehr als 100 Hektar Grundbesitz. Aber auch Besitzer kleiner Höfe, denen man vorwarf, aktive Nationalsozialisten gewesen zu sein, verloren ihr Eigentum.

Insgesamt betrug die enteignete Fläche 3,3 Millionen Hektar. Davon wurden 2,2 Millionen an 560 „Bodenempfänger" verteilt: zum größeren Teil an Landarbeiter und Vertriebene, zum Teil auch als Aufstockung des Grundbesitzes von Kleinbauern. Die restlichen 1,1 Millionen Hektar blieben in Staatsbesitz.

Durch die Bodenreform entstanden so 210 000 Neubauernstellen mit einer Durchschnittsgröße von 8 Hektar.

„Junkerland in Bauernhand", „Freie Bauern auf freier Scholle" – so lauteten die Parolen, unter denen die Neubauern auf ihren Besitz zogen. Und feierlich hieß es in den Verleihungsurkunden:

> „Der Grundbesitz soll sich in unserer deutschen Heimat auf feste, gesunde und produktive Bauernwirtschaften stützen, die Privateigentum ihres Besitzers sind."

Oben: Aufteilung des ehemals „königlichen Ritterguts" Helfenberg bei Dresden im September 1945. – Unten: Verleihungsurkunde für den Neubauern Wilhelm Schwatlow junior aus dem Jahr 1951. Analysieren Sie diese Urkunde bitte hinsichtlich ihrer Aussagen, ihrer Schmucksymbolik! Versuchen Sie, den Ausstellungsort zu lokalisieren, vielleicht auch die Gemeinde Börnicke!

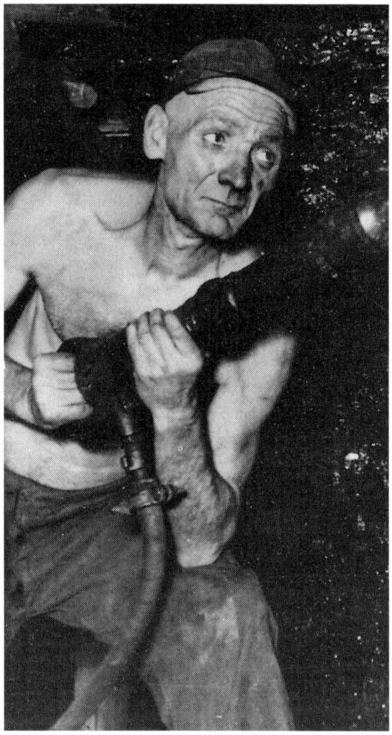

Links: Spruchbänder am Parteihaus der SED in Leipzig 1946. Sie werben für den Volksentscheid zur Enteignung der Industrie. – Rechts: Ein Kumpel, der einer Bewegung seinen Namen gab – Adolf Hennecke (1948)

Die Sozialisierung der Industrie

Auf Befehl der sowjetischen Militärverwaltung waren bereits 1945 die wichtigsten Industrie- und Gewerbebetriebe beschlagnahmt worden. Im Juni 1946 wurde in Sachsen über diese Betriebe ein *Volksentscheid* durchgeführt („Volksentscheid über die entschädigungslose Enteignung der sequestrierten Betriebe der Kriegsverbrecher und aktiven Faschisten"). Von den sächsischen Stimmberechtigten stimmten 78 % mit Ja, 16 % mit Nein, und 6 % enthielten sich der Stimme.

Auf der Grundlage dieser Abstimmung erließen Sachsen und auch die anderen der inzwischen in der östlichen Besatzungszone gebildeten Länder Enteignungsgesetze. Insgesamt 9000 Betriebe (von Kohlengruben und Hüttenwerken bis zu Anlagen von Heilquellen) wurden so enteignet und als *Volkseigene Betriebe* (VEB) weitergeführt.

Aus dem Leben der „Werktätigen"

Um die Arbeiterschaft zu größerer Leistungsbereitschaft anzuhalten und sie zu bewegen, höhere *Arbeitsnormen* zu erfüllen, wurde 1948 die *Aktivistenbewegung* ins Leben gerufen. Der Hauer *Adolf Hennecke* sollte das große Vorbild werden. In einer Sonderschicht im Steinkohlenbergbau bei Zwickau brach er etwa 25 m^3 Kohle und übertraf damit sein Soll fast um das Vierfache. Damit schuf er die Voraussetzungen dafür, dass die SED-Führung neue Leitnormen für alle Bergleute festsetzen konnte.

Nach dem Muster Henneckes wurden auch in anderen Industriezweigen Aktivistenvorbilder aufgebaut, bis Ende 1948 allein 4000.

Das Erbe der „SDAG Wismut": eine Halde aus dem Abraum des Uranbergbaus. Am Fuß dieses strahlenden Hügels liegt die Bergmannssiedlung Schlema.

Die Sowjetunion gab die SAG-Betriebe bis 1954 an die DDR zurück. Lediglich die Wismut-AG wurde in eine „Sowjetisch-Deutsche Aktiengesellschaft" umgewandelt und förderte bis 1989.

Die Wismut-Kumpel

Ein hoher Anteil der Werktätigen arbeitete in den *Sowjetischen Aktiengesellschaften* (SAG) – den Betrieben, die in den Besitz der Besatzungsmacht übergegangen waren. Allein bis zu hunderttausend waren es in der „*Wismut-A.G.*" bei Aue im Erzgebirge. Angelockt durch hohe Prämien oder auch zwangsverpflichtet, schufteten sie hier für die Atombomben Stalins: Nach dem Abwurf der amerikanischen Bomben auf Hiroshima und Nagasaki im August 1945 wollte auch die sowjetische Führung diese „Wunderwaffe" besitzen. Das dazu notwendige, spaltbare Material ist Uran, einer der seltensten Rohstoffe der Welt. Er fand sich im Süden der Besatzungszone in Deutschland. Die erste Atombombe der Sowjetunion konnte 1949 gezündet werden.

Keiner der Wismut-Kumpel hatte von der Gefährlichkeit seiner Arbeit gewusst. Über 5000 sind in den Jahrzehnten seither an Krebs (als Folge der Verstrahlung) elend gestorben. Heute ist die Landschaft zwischen Gera und Chemnitz durch künstliche Seen voller Giftschlamm und Abraumhalden über weite Strecken radioaktiv verseucht.

Die Frauen

Auch in der sowjetischen Besatzungszone waren es vor allem die Frauen, die den Trümmerschutt zu beseitigen hatten. Lange Ketten von Frauen, die von Hand zu Hand Trümmerstücke weiterreichten, wurden nicht nur in Dresden zum gewohnten Straßenbild.

Dresden: Frauen auf einem kleinen Berg aus Trümmerschutt. Sie verlegen die Gleise einer Kleinbahn, mit der weitere Schuttmassen herantransportiert werden.

Die Lager der Besatzungsmacht

Nach dem Einmarsch der Roten Armee übernahm diese die Konzentrationslager und Zuchthäuser des „Dritten Reiches". Sie wurden zu Einrichtungen der sowjetischen Geheimpolizei und füllten sich sehr bald mit Opfern, die aus unterschiedlichsten Gründen verhaftet worden waren.

Eine große Anzahl Jugendlicher wurde wegen „Werwolf-Verdachts" verurteilt: „Werwölfe" hatten nach dem Willen der Machthaber des „Dritten Reiches" als Partisanen im Rücken der einmarschierenden Alliierten tätig werden sollen. Dazu war es kaum gekommen, aber „Werwolf-Verdacht" wurde ein Vorwand für solche Massenverhaftungen.

Für Denunzianten war Tür und Tor geöffnet.

Zwischen 1945 und 1950 bestanden Lager der Besatzungsmacht in oder bei Bautzen, Hohenschönhausen, Buchenwald, Frankfurt an der Oder, Fünfeichen, Jamlitz, Ketschendorf, Mühlberg, Sachsenhausen, Torgau und Weesow. Es wird geschätzt, dass etwa 250 000 Personen eingeliefert wurden, von denen etwa 70 000 durch Krankheit, Hunger oder Misshandlungen umkamen. Sie wurden in den umliegenden Wäldern verscharrt.

Viele Jahre durfte in der DDR über die Lager der Besatzungsmacht nicht gesprochen werden. Erst nach der Wende 1989/90 wurde nach den Massengräbern gesucht, wie hier in einem Wald beim Lager Sachsenhausen durch Soldaten der Nationalen Volksarmee im März 1990.

Als Schüler in Buchenwald

Ich gehörte einer Berliner Schule an, die in den letzten Kriegsmonaten nach Thüringen evakuiert worden war (Dorndorf bei Jena) …

Nach dem Einmarsch der Sowjet-Armee wurden in den Wäldern um Dorndorf Waffen gefunden, die deutsche Soldaten in den letzten Kriegsmonaten weggeworfen hatten. Die sowjetische Geheimpolizei (MWD) vermutete Untergrundtätigkeit und verhaftete in den letzten Monaten des Jahres 1945 drei Lehrer und drei Schüler unter „Werwolf-Verdacht". Als sich trotz schwerer Misshandlungen im MWD-Gefängnis Jena kein Beweis für diesen Verdacht ergab, wurden wir im Mai 1946 ohne Urteil nach Buchenwald gebracht. Die drei Lehrer kamen dort um, ein Schüler und ich wurden im Juli 1948 entlassen, der dritte Mitschüler im Januar 1950.

In Buchenwald (und den anderen Speziallagern) saßen Personen ein, die der Besatzungsmacht hätten gefährlich sein können. Das reichte vom zwölfjährigen Jugendlichen bis zum 80-jährigen Militär, vom einfachen NS-Parteigenossen bis zum Sozialdemokraten (der sich gegen die Sowjetisierung der Sowjetischen Besatzungszone gewandt hatte) …

Die Toten wurden von Beerdigungskommandos im Dunkeln in das umliegende Gelände gefahren und dort in großen Gruben nackt, ohne Sarg, ohne Kennzeichnung vergraben.

(Gerhard Finn, nach: Chronik '90, Dortmund 1990, S. 26)

Der Eiserne Vorhang und die Teilung Berlins

Die deutsch-deutsche Grenze

Nach dem Zusammenbruch 1945 hatten zunächst Holzpfähle und Farbmarkierungen an Bäumen den Verlauf der Demarkationslinie zwischen der westlichen und der östlichen Besatzungszone markiert. Täglich überquerten Unzählige diese noch kaum sichtbare Linie, an der russische Soldaten patroullierten. Vor allem in der Nacht herrschte ein „lautloser Hochbetrieb“: Allein oder in Gruppen schlichen die Wanderer zwischen den Zonen über die Felder, transportierten mit Leiterwagen gerettetes Hab und Gut über holprige Waldwege.

Von 1946 an übernahm eine auf Anordnung der sowjetischen Militärverwaltung gebildete „Deutsche Grenzpolizei“ die Überwachung. Grenzsperren entstanden und wurden immer mehr verstärkt (vgl. S. 154).

Ein Bericht über die Anfänge des Eisernen Vorhangs

1945. In Bockelnhagen am Südrand des Harzes besaß ich ein kleines Einfamilienhaus ... Über Nacht waren die Russen da und unser Dorf zum Grenzort geworden. Die Russen suchten sich schöne große Häuser aus, in denen sie sich einquartierten. Eines war das Haus des Arztes, ein schönes Haus mit vielen großen, hellen Zimmern. Es wurden Frauen bestimmt, die das Haus immer sauber machen mussten. Einmal war ich auch dabei. Es war ekelhaft. In verschiedenen Räumen hatten die Soldaten ihre Notdurft verrichtet. Unsere Viehställe ausmisten ist mir nie so widerlich gewesen.

Dann wurden auch Leute aufgerufen, sich mit Hacke oder Spaten einzufinden, die mussten unter militärischer Aufsicht eine provisorische Grenze ausheben. Ein etwa $\frac{1}{2}$ m breiter und 30 cm tiefer Graben lief quer durch die Wiesen, Rüben- und Kornfelder ...

Durch die Grenzziehung war die Zwinger Feldflur vom Ort abgetrennt. Das Korn war reif und musste geerntet werden. Durch langes Verhandeln mit dem Kommandanten wurde dann gestattet, dass die Bauern ihre Felder bearbeiten durften und die Grenzen passieren konnten ...

Im Zwinger Grenzabschnitt haben auch 5 Menschen den Tod gefunden ... Ein junges Mädchen von Herzberg wollte sich in Zwinge bei einer guten Schneiderin ihr Brautkleid nähen lassen und auch ihren Bruder in Zwinge besuchen. Sie kam mit noch einer älteren Frau an die Grenze. Ein Grenzposten gab ihnen ein Zeichen zum Rüberkommen. Als sie durch den Stacheldraht gekrochen waren, wollte der Russe mit dem jungen Mädchen ins Gebüsch. Er zerrte sie, und sie wehrte sich sehr, die Begleiterin suchte schnell zu entkommen und kroch zurück. Das junge Mädchen wollte auch zurücklaufen. Aber sie kam nur ein paar Schritte, da hat er sie hinterrücks erschossen. Die Leiche warf er dann hinüber auf die westliche Seite. Die Begleiterin hat es mit angesehen.

(A. Hartmann u. S. Künsting, Grenzgeschichten, Frankfurt/Main 1990, S. 21–30)

Nächtliche Überquerung der deutsch-deutschen Grenze bald nach dem 8. Mai 1945

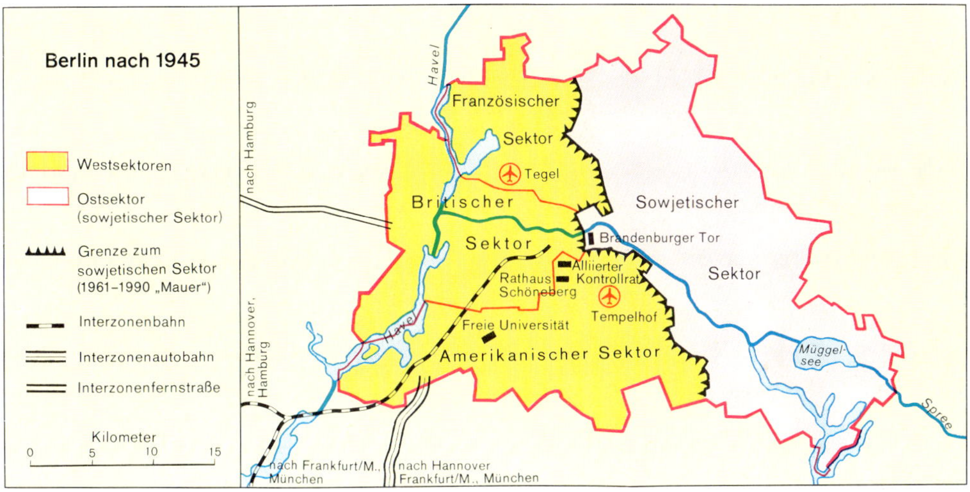

Die Berliner Blockade 1948/49

Die Anwesenheit der Westmächte in Berlin – inmitten der sowjetischen Besatzungszone – war Stalin seit langem ein Dorn im Auge. Einen Streit über die Währungsreform nahm er zum Anlass, die Land- und Wasserwege zwischen den Westzonen und den Westsektoren Berlins zu sperren (24. Juni 1948). Die Aushungerung von 2,2 Millionen West-Berlinern sollte die ehemaligen Verbündeten zum Abzug zwingen.

Diese antworteten mit einer *Luftbrücke*: „Fliegende Festungen“, die im Kriege Bomben über Berlin abgeworfen hatten, transportierten jetzt Lebensmittel und Kohlen in die Stadt.

Pausenlos starteten und landeten die „Rosinenbomber“ auf den Flughäfen West-Berlins. Sie brachten in 11 Monaten über 2 Mill. t Güter in die Stadt, darunter auch ein vollständiges, in Einzelteile zerlegtes Kraftwerk. Tapfer hielten die Berliner bei Trockenkartoffeln und 22 Stunden Stromsperre am Tag durch.

Eine amerikanische Transportmaschine setzt im dicht besiedelten West-Berlin zur Landung an.

Das Luftbrückendenkmal am Flughafen Tempelhof in Berlin

Schließlich gaben die Sowjets im Mai 1949 nach und hoben die Blockade auf. Sie hatten die West-Berliner, die Westdeutschen und die westlichen Alliierten nur noch enger zusammengeführt. Die Berliner Blockade wurde der Anfang einer von Vertrauen getragenen Bindung an die Amerikaner, die diese Luftbrücke vor allem aufrecht erhalten hatten.

Die Teilung Berlins

In der Zeit der Blockade vollzog sich auch die Teilung Berlins, die sich seit 1946 abgezeichnet hatte.

Die Viersektorenstadt bildete nach 1945 neben den Besatzungszonen eine eigene politische Einheit. Wie überall in Deutschland, so hatten auch hier 1946 Wahlen zum Gesamtberliner Parlament, dem *Abgeordnetenhaus*, stattgefunden. Aber nur in Berlin musste sich die SED der Konkurrenz der anderen Parteien einschließlich der SPD stellen. Hier erhielt sie Aufschluss darüber, wie die Bevölkerung über den ein halbes Jahr zuvor erfolgten Zusammenschluss zur Einheitspartei wirklich dachte.

Wahlen zum Abgeordnetenhaus in Berlin am 20. 10. 1946	Wahlbeteiligung in %	in % der gültigen Stimmen			
		SPD	SED	CDU	LDPD
Berlin (gesamt)	92,3	48,7	19,8	22,2	9,3
Sowjetischer Sektor	93,8	43,6	29,9	18,7	7,8
Amerikanischer Sektor	91,8	51,9	12,7	24,8	10,5
Britischer Sektor	90,3	50,8	10,4	27,0	11,8
Französischer Sektor	91,9	52,6	21,2	19,0	7,2

Es war die letzte Wahl innerhalb des Machtbereichs der SED, bei der die Wähler noch freie politische Entscheidungen treffen konnten. Seit diesem Zeitpunkt gab es nur noch Einheitslisten – bis 1990.

Die 1946 frei gewählten Stadtverordneten tagten im Rathaus Berlins, das im Ostsektor der Stadt lag. Ihre Arbeit wurde durch bestellte Störer so behindert, dass sie – mit Ausnahme ihrer SED-Mitglieder – im September 1948 in das Schöneberger Rathaus im Westteil der Stadt umzogen. Neuwahlen in den Westsektoren machten Ernst Reuter (SPD) zum *„Regierenden Bürgermeister"*. Im Ostsektor wurde ein eigener Oberbürgermeister eingesetzt; bald darauf erhielt dieser Teil Berlins die Bezeichnung „Hauptstadt der DDR".

Die politische Spaltung Berlins war damit vollzogen. Bis zum Bau der Mauer am 13. August 1961 aber konnten sich die Menschen über die Sektorengrenzen hinweg frei bewegen.

Wir merken uns

Nach dem Zweiten Weltkrieg wurde Deutschland in vier Besatzungszonen aufgeteilt. Die deutschen Ostgebiete kamen unter polnische Verwaltung. Entnazifizierung, Entmilitarisierung und Demontage bestimmten die Politik der Besatzungsmächte.

Das Zusammenwirken der Besatzungsmächte zerbrach sehr bald. So entwickelten sich auch ihre Besatzungszonen unterschiedlich. Zwischen den drei westlichen und der östlichen Besatzungszone entstand die deutsch-deutsche Grenze.

Die Bundesrepublik Deutschland 1949–1990

Die Gründung der Bundesrepublik Deutschland war zunächst einmal eine Entscheidung der westlichen Besatzungsmächte. Es lag in ihrem Interesse, ein weiteres Vordringen des Kommunismus in Europa zu verhindern. So war ein Wandel ihrer Besatzungspolitik eingeleitet worden, der u. a. durch die Einbeziehung ihrer Zonen in das Hilfsprogramm des Marshall-Plans deutlich wurde.

Mit der Schaffung der Bizone war bereits 1947 der Weg zu einer *wirtschaftlichen* Zusammenfassung des westdeutschen Gebietes beschritten worden. Wenig später schlossen sich auch die Franzosen mit ihrer Besatzungszone an.

Zu dieser Zeit hatten die Besatzungsmächte auch die Weichen zu einer *politischen* Zusammenfassung der drei Westzonen gestellt: Mitte 1948 waren die verantwortlichen deutschen Politiker ermächtigt worden, Vorbereitungen für den Aufbau eines gemeinsamen Staatswesens einzuleiten. An deren Ende stand die Gründung der *Bundesrepublik Deutschland* als eines deutschen Teilstaates, eines „Provisoriums".

Der *Deutsche Bundestag*, das frei gewählte Parlament, wurde zu einem Symbol deutscher Demokratie. Das Bild oben zeigt den Sitzungssaal während der Regierungserklärung von Bundeskanzler Helmut Schmidt am 17. Mai 1974.

Gründung der Bundesrepublik Deutschland
Gorleben soll Leben
1945
1950
1955
1960
1965
1970
1975
1980
1985
1990

Das geteilte Deutschland 1949 - 1990
0 50 100 150 km
Kleiner Grenzverkehr nach dem Grundvertrag von 1973
Grenzübergänge
Kopenhagen
SCHWEDEN
Malmö
DÄNEMARK
Odense
Bornholm (Dän.)
OSTSEE
Fehmarn
Rügen
Helgoland (zu Schlesw.-Holst.)
Kiel
Schleswig-Holstein
Rostock
Hamburg
Mecklenburg
Schwerin
Neubrandenburg
Pommern
Stettin (Szczecin)
POLEN
Groningen
Oldenburg
Bremen
Weser-Ems
Lüneburg
Elbe
Niedersachsen
NIEDER-LANDE
BUNDES-
DEUTSCHE
Oder
Netze
Berlin (West)
Berlin (Ost)
Frankfurt
Ost-Brandenburg
Posen (Poznań)
Warthe
Weser
Hannover
Braunschweig
Potsdam
Brandenburg
Magdeburg
Münster
Detmold
Rhein
Nordrhein-Westfalen
DEMOKRATISCHE
Cottbus
Schlesien
Arnsberg
Düsseldorf
Halle
Leipzig
Neiße
Breslau (Wrocław)
Kassel
REPUBLIK
Köln
REPUBLIK
Erfurt
Thüringen
Sachsen
Dresden
Bonn
Gießen
Hessen
Gera
Karl-Marx-Stadt (Chemnitz)
Suhl
Koblenz
Rheinland-Pfalz
Mosel
Wiesbaden
Unterfranken
Oberfranken
Main
Prag (Praha)
LUX
Lux
Trier
Mainz
Rheinhessen-Pfalz
Darmstadt
Würzburg
Bayreuth
ČSSR
Saarland
Saarbrücken
Neustadt a.d.W.
Mittelfranken
Ansbach
Oberpfalz
Moldau
1946 autonomes Gebiet, seit 1957 Land der Bundesrepublik Deutschland
DEUTSCHLAND
Karlsruhe
Regensburg
FRANK-REICH
Straßburg
Stuttgart
Baden-Württemberg
Bayern
Niederbayern
Donau
Tübingen
Landshut
Augsburg
Schwaben
München
Inn
Freiburg
Oberbayern
Lech
Salzburg
SCHWEIZ
Bern
Vaduz
LIECHTENSTEIN
ÖSTERREICH
Deutsche Staatsgrenzen
Grenze zwischen der Bundesrepublik Deutschland und der DDR
Grenzen Berlins
Grenzen der Länder in der Bundesrepublik Deutschland
Grenzen der Regierungs- und Verwaltungsbezirke in der Bundesrepublik Deutschland und der Bezirke (seit 1952) in der DDR
Ostgrenze des Deutschen Reiches vom 31. 12. 1937
Prag Hauptstädte der Staaten
Kiel Hauptstädte der Bundesländer
Köln Verwaltungssitze der Regierungsbezirke und der Bezirke
Oberpfalz Namen der Regierungsbezirke, die nicht nach dem Hauptort benannt sind

Staatlicher Neubeginn

Der Weg zum Grundgesetz

In den Besatzungszonen der drei westlichen Alliierten erfolgte eine neue Gliederung in einzelne *Länder*. Die Engländer teilten ihre Zone in die Länder Schleswig-Holstein, Niedersachsen, Hamburg und Nordrhein-Westfalen ein. Die Amerikaner gliederten in die Länder Bremen, Hessen, Württemberg-Baden und Bayern auf. In der französischen Zone entstanden die Länder Rheinland-Pfalz, Baden und Württemberg-Hohenzollern.

Stimmverteilung bei den Landtagswahlen 1946 und 1947

CDU/CSU	*38 %*
SPD	*35 %*
KPD	*9 %*
FDP	*9 %*
Sonstige	*9 %*

Auf der *Länderebene* begann das neue staatliche Leben. In den Jahren 1946 und 1947 fanden die Wahlen zu den Parlamenten dieser Länder statt, zu den *Landtagen.*

Am 1. Juli 1948 ermächtigten die westlichen Alliierten die Ministerpräsidenten dieser Länder, eine Kommission einzuberufen, die eine Verfassung für einen deutschen Teilstaat aus diesen Ländern ausarbeiten sollte.

Die Mitglieder der Länderparlamente wählten aus ihrer Mitte den *Parlamentarischen Rat*, einen Kreis von 65 Mitgliedern: je 27 aus CDU/CSU und SPD, fünf aus der FDP, je zwei aus der KPD und zwei kleineren Parteien. Sie sollten an keine Weisungen gebunden sein.

Am 1. September 1948 begann der Parlamentarische Rat seine Arbeit. Sehr schnell war man sich einig, das zu schaffende Werk als *Grundgesetz* zu bezeichnen: eine „Verfassung“ sollte sich erst ein vereinigtes Deutschland geben. Auch der Name für das künftige Staatsgebilde sollte nicht einfach „Deutschland“ oder gar wieder „Deutsches Reich“ sein. Schließlich einigte man sich auf *Bundesrepublik Deutschland.*

Der „Weg nach Bonn“ 1949.
Der Parlamentarische Rat tagte in Bonn, einer stillen Mittelstadt am Rhein, um die herum friedlich Kühe weideten. Bonn wurde dann auch zur vorläufigen Hauptstadt der künftigen Bundesrepublik Deutschland gewählt.

◁ *Die Bundesrepublik Deutschland war ein Zusammenschluss der Länder, die zuvor in den Besatzungszonen gebildet worden waren. Ein Teil von ihnen entstand wieder in den alten Ländergrenzen der Weimarer Republik, wie Bayern. Andere entstanden aus ehemals preußischen Provinzen, wie Nordrhein-Westfalen. – Das Bundesland Baden-Württemberg wurde 1952 aus den 1945 gebildeten Ländern Baden, Württemberg-Baden und Württemberg-Hohenzollern geschaffen, das Saarland 1957 nach einer Volksabstimmung zu einem weiteren Bundesland.*
Auch in der östlichen Besatzungszone war 1945 eine Gliederung in Länder erfolgt: Sachsen, Thüringen und Mecklenburg sowie (aus ehemaligen preußischen Provinzen) Brandenburg und Sachsen-Anhalt. Sie wurden 1952 aufgelöst und durch 14 Bezirke ersetzt, was eine bessere Kontrolle und Lenkung von oben erlaubte.

Die Väter des Grundgesetzes fragten sich, wie es zu Hitler kommen konnte, wo die Schwächen der Weimarer Verfassung lagen, wie es möglich war, dass ein großes Kulturvolk in die Hände eines Diktators fallen konnte. Sie befragten die besten Verfassungen der Welt, wie Freiheit und Recht am besten zu schützen seien.

Dieses Grundgesetz, das wir schufen, ist geboren aus den Leiden und Verirrungen deutscher Geschichte. Dieses Grundgesetz ist eine zutiefst deutsche Verfassung.

Solange dieses Grundgesetz lebendig bleibt, solange sich Volk und Staat an die Werte halten, die in den Grundrechtsartikeln stehen, solange wir bereit sind, für diese Werte nach außen und nach innen einzutreten – so lange erfüllen wir, die Bürger dieses Staates, unsere Verantwortung vor der uns folgenden Generation, ihr einen Rechtsstaat zu hinterlassen, der zu den freiheitlichsten und sozialsten unserer Welt gehört.

(Bundespräsident Walter Scheel am 6. Mai 1975)

Am 8. Mai 1949, genau vier Jahre nach der Kapitulation, war die Arbeit des Parlamentarischen Rates abgeschlossen. Unter der schwarz-rot-goldenen Fahne liegt aufgeschlagen das Original des Grundgesetzes, das von sämtlichen Mitgliedern unterzeichnet wurde. Von ihnen hatten 53 dafür, 12 dagegen gestimmt.

Das Grundgesetz

Noch musste das Verfassungswerk des Parlamentarischen Rates von den drei Militärregierungen und von mindestens zwei Dritteln der Länderparlamente gebilligt werden. Nachdem auch diese Hürden genommen waren, konnte es am 23. Mai 1949 im Bundesgesetzblatt veröffentlicht werden und am 24. Mai 1949 als *Grundgesetz für die Bundesrepublik Deutschland* in Kraft treten.

Im ersten Teil sind die *Grundrechte* festgeschrieben, die Freiheitsrechte des Bürgers gegenüber dem Staat: Glaubens- und Meinungsfreiheit, Versammlungs- und Vereinigungsfreiheit, Freizügigkeit und andere mehr. Jede Gesetzgebung und Rechtsprechung muss sich an ihnen orientieren. Ein Bundesverfassungsgericht kontrolliert ihre Einhaltung. – Der zweite Teil regelt die Verteilung der Aufgaben und Rechte zwischen dem Bund und den Ländern.

Freilich war die Bundesrepublik Deutschland nun noch kein souveräner, in seinen Entscheidungen völlig freier Staat. Ein *Besatzungsstatut* schrieb die Zuständigkeiten fest, die sich die Besatzungsmächte auch weiterhin vorbehielten, zum Beispiel Außenpolitik und Reparationen.

Bundespräsident, Bundestag und Bundesrat, Bundesregierung und Bundesverfassungsgericht sowie die Bundesversammlung sind die Verfassungsorgane der Bundesrepublik Deutschland. Ihr Zusammenspiel zeigt dieses Schaubild.

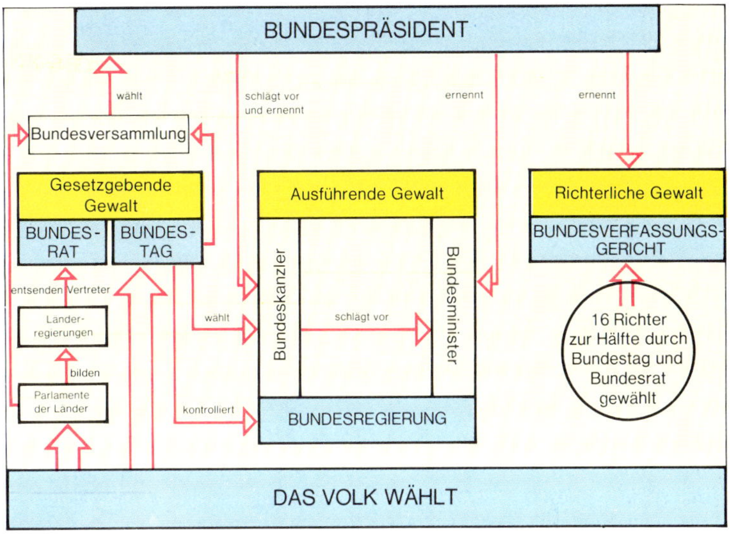

Bundesgesetzblatt

1949	Ausgegeben in Bonn am 23. Mai 1949	Nr. 1

Inhalt: Grundgesetz für die Bundesrepublik Deutschland vom 23. Mai 1949 . . . . Seite 1

Grundgesetz für die Bundesrepublik Deutschland vom 23. Mai 1949.

Präambel

Im Bewußtsein seiner Verantwortung vor Gott und den Menschen,

von dem Willen beseelt, seine nationale und staatliche Einheit zu wahren und als gleichberechtigtes Glied in einem vereinten Europa dem Frieden der Welt zu dienen, hat das Deutsche Volk

. . .

um dem staatlichen Leben für eine Übergangszeit eine neue Ordnung zu geben,

kraft seiner verfassungsgebenden Gewalt dieses Grundgesetz der Bundesrepublik Deutschland beschlossen.

Es hat auch für jene Deutschen gehandelt, denen mitzuwirken versagt war.

Das gesamte Deutsche Volk bleibt aufgefordert, in freier Selbstbestimmung die Einheit und Freiheit Deutschlands zu vollenden.

I. Die Grundrechte

Artikel 1

(1) Die Würde des Menschen ist unantastbar. Sie zu achten und zu schützen ist Verpflichtung aller staatlichen Gewalt.

. . .

II. Der Bund und die Länder

Artikel 20

(1) Die Bundesrepublik Deutschland ist ein demokratischer und sozialer Bundesstaat.

(2) Alle Staatsgewalt geht vom Volke aus. Sie wird vom Volke in Wahlen und Abstimmungen und durch besondere Organe der Gesetzgebung, der vollziehenden Gewalt und der Rechtsprechung ausgeübt.

. . .

Artikel 22

Die Bundesflagge ist schwarz-rot-gold.

Artikel 23

Dieses Grundgesetz gilt zunächst im Gebiete der Länder Baden, Bayern, Bremen, Groß-Berlin, Hamburg, Hessen, Niedersachsen, Nordrhein-Westfalen, Rheinland-Pfalz, Schleswig-Holstein, Württemberg-Baden und Württemberg-Hohenzollern. In anderen Teilen Deutschlands ist es nach deren Beitritt in Kraft zu setzen.

Stimmzettel für die Bundestagswahl des Jahres 1987.

Unten: Die Sitzverteilung im Deutschen Bundestag 1949–1987. Die Berliner Abgeordneten wurden dabei nicht berücksichtigt. Sie waren nicht voll stimmberechtigt. Wiedergegeben ist die Zahl der Mandate jeweils zu Beginn der Wahlperiode. Wahlen zum Deutschen Bundestag finden turnusgemäß alle vier Jahre statt. Wann wurde vorzeitig gewählt? – Welche Entwicklung hinsichtlich der Zahl der im Bundestag vertretenen Parteien lässt sich feststellen? – Welche Partei war offenbar besonderen Schwankungen in der Wählergunst unterworfen? Stellen Sie aus dem nachfolgenden Text fest, welche Koalitionen nach den jeweiligen Wahlen eingegangen worden sind (CDU und CSU bilden im Bundestag eine Fraktion)! – Wie viele Parteien und Gruppierungen haben sich 1987 im Wahlkreis 1 Flensburg-Schleswig zur Wahl gestellt, welche haben auf Bundesebene die „Fünf-Prozent-Hürde" übersprungen?

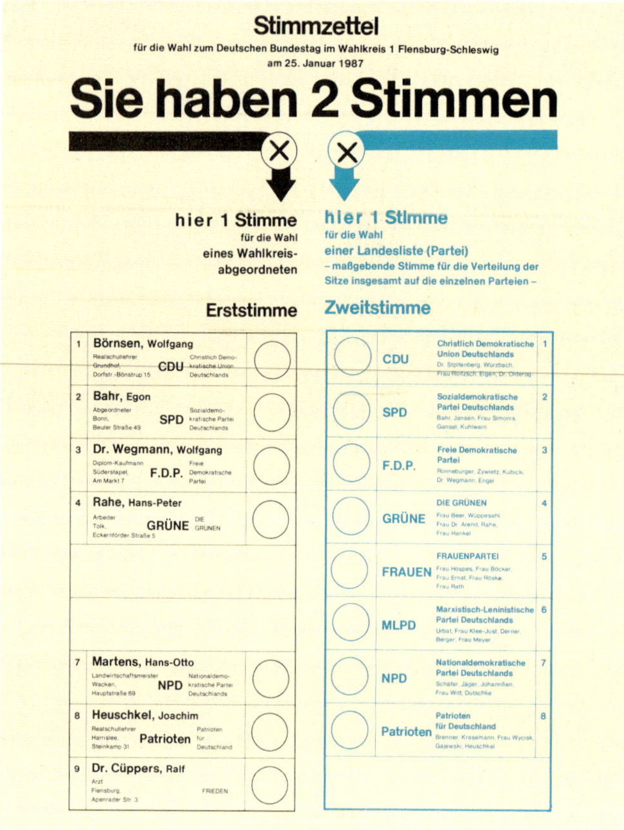

Stimmzettel

für die Wahl zum Deutschen Bundestag im Wahlkreis 1 Flensburg-Schleswig am 25. Januar 1987

Sie haben 2 Stimmen

hier 1 Stimme für die Wahl eines Wahlkreis-abgeordneten

Erststimme

1	**Börnsen, Wolfgang** Realschullehrer Grundhof, Dorfstr.-Bönstrup 15	**CDU** Christlich Demokratische Union Deutschlands	◯
2	**Bahr, Egon** Abgeordneter Bonn, Beuler Straße 49	**SPD** Sozialdemokratische Partei Deutschlands	◯
3	**Dr. Wegmann, Wolfgang** Diplom-Kaufmann Süderstapel, Am Markt 7	**F.D.P.** Freie Demokratische Partei	◯
4	**Rahe, Hans-Peter** Arbeiter Tolk, Eckernförder Straße 5	**GRÜNE** DIE GRÜNEN	◯
7	**Martens, Hans-Otto** Landwirtschaftsmeister Wacken, Hauptstraße 69	**NPD** Nationaldemokratische Partei Deutschlands	◯
8	**Heuschkel, Joachim** Realschullehrer Harrislee, Steinkamp 31	**Patrioten** Patrioten für Deutschland	◯
9	**Dr. Cüppers, Ralf** Arzt Flensburg, Apenrader Str. 3	FRIEDEN	◯

hier 1 Stimme für die Wahl einer Landesliste (Partei) – maßgebende Stimme für die Verteilung der Sitze insgesamt auf die einzelnen Parteien –

Zweitstimme

◯	**CDU**	**Christlich Demokratische Union Deutschlands** Dr. Stoltenberg, Würzbach, Frau Roitzsch, Eigen, Dr. Olderog	1
◯	**SPD**	**Sozialdemokratische Partei Deutschlands** Bahr, Jansen, Frau Simonis, Gansel, Kuhlwein	2
◯	**F.D.P.**	**Freie Demokratische Partei** Ronneburger, Zywietz, Kubicki, Dr. Wegmann, Engel	3
◯	**GRÜNE**	**DIE GRÜNEN** Frau Beer, Wüppesahl, Frau Dr. Arend, Rahe, Frau Hankel	4
◯	**FRAUEN**	**FRAUENPARTEI** Frau Hospes, Frau Böcker, Frau Ernst, Frau Röske, Frau Rath	5
◯	**MLPD**	**Marxistisch-Leninistische Partei Deutschlands** Urbat, Frau Klee-Just, Derner, Berger, Frau Meyer	6
◯	**NPD**	**Nationaldemokratische Partei Deutschlands** Schäfer, Jäger, Johannßen, Frau Witt, Dutschke	7
◯	**Patrioten**	**Patrioten für Deutschland** Brenner, Krasemann, Frau Wycisk, Gajewski, Heuschkel	8

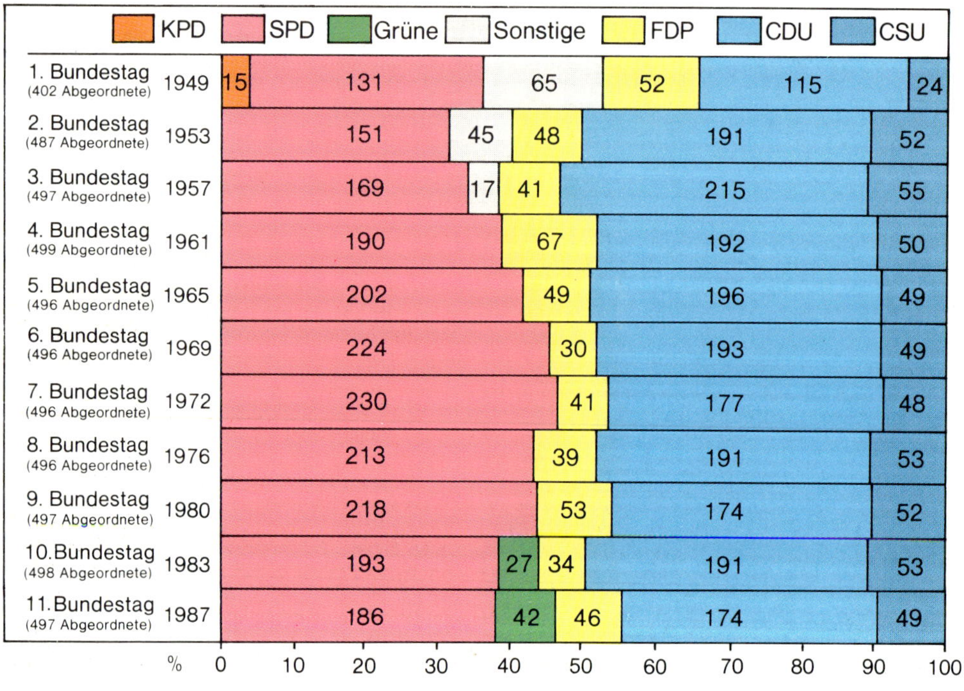

*Die Bundespräsidenten seit 1949. – Obere Reihe: Prof Dr. Theodor Heuss (FDP, 1884–1963), 1949–1959; Heinrich Lübke (CDU, 1894–1972), 1959–1969: Dr. Gustav Heinemann (SPD, 1899–1976), 1969–1974. – Mitte: Walter Scheel (FDP, *1919), 1974–1979. – Untere Reihe: Prof. Dr. Karl Carstens (CDU, 1914–1992), 1979–1984; Dr. Richard von Weizsäcker (CDU, *1920), 1984–1994; Prof. Dr. Roman Herzog (CDU, *1934), seit 1994.*

Arbeitsvorschläge

1. Arbeiten Sie bitte die Schritte vom ersten Zusammenschluss der westlichen Besatzungszonen bis zur Gründung der Bundesrepublik Deutschland heraus!
2. Analysieren Sie die Auszüge aus dem Bundesgesetzblatt vom 23. Mai 1949! – Welches Gesetz wird durch diese Veröffentlichung rechtskräftig? – Wie wird in der Präambel das Ziel dieses Verfassungswerkes umschrieben? – Aus welchem der Artikel geht hervor, dass die Dreiteilung der Gewalten in diesem Staat gegeben ist? – Wann könnte Artikel 23 Bedeutung gehabt haben?
3. Nach Artikel 20 ist die Bundesrepublik Deutschland ein Bundesstaat. – „Der Bundesstaat ist dadurch gekennzeichnet, dass auf demselben Staatsgebiet zwei Staatsgewalten gleichzeitig wirken“ (*W. Thieme*).Erläutern Sie bitte diesen Satz!
4. Erläutern Sie bitte auch das Schaubild S. 91! – Welche Bezeichnung trägt das Staatsoberhaupt, wie erfolgt seine Wahl? – In welche Einrichtungen wählt das Volk seine Abgeordneten? – Welche Organe wirken bei der Gesetzgebung mit? Wie wird der Bundeskanzler gewahlt, durch wen wird er ernannt? Bei welcher Einrichtung liegt die Kontrolle der Bundesregierung? – Welchen Namen trägt das hochste deutsche Gericht, wer bestimmt seine Mitglieder?

Dr. Konrad Adenauer (1876–1967), der erste Bundeskanzler der Bundesrepublik Deutschland. – Konrad Adenauer war von 1917–1933 Oberbürgermeister der Stadt Köln. Nach der Machtübernahme der Nationalsozialisten wurde er aus allen seinen Ämtern entlassen und nach dem 20. Juli 1944 verhaftet. 1945 wirkte er bei der Gründung der CDU, 1948/49 als Präsident des Parlamentarischen Rates bei der Gründung der Bundesrepublik entscheidend mit. Sein Name ist mit der Geschichte der Bundesrepublik Deutschland untrennbar verbunden.

Die Ära Adenauer (1949–1966)

Bundestagswahlen 1949

Am 14. August 1949 wählten die Westdeutschen den ersten Deutschen Bundestag. Der Wahlkampf hatte vor allem im Zeichen der künftigen Wirtschaftsordnung gestanden. Die SPD befürwortete eine stärkere staatliche Planung, die CDU/CSU setzte auf ihr Programm einer *Sozialen Marktwirtschaft* (S. 74). Wie würde die Entscheidung der Wähler ausfallen?

Die CDU/CSU erhielt 31% der Stimmen, die SPD 29,2%, die FDP 11,9% und die KPD 5,7%, der Rest entfiel auf kleinere Gruppierungen. Die Fraktionen der CDU/CSU, der FDP und der Deutschen Partei bildeten eine Koalition und wählten den Vorsitzenden der CDU, *Dr. Konrad Adenauer*, zum ersten Kanzler der Bundesrepublik Deutschland.

In den Bundestagswahlen von 1953 konnte die CDU/CSU ihre Mehrheit ausbauen, 1957 errang sie mit 50,2% der Stimmen sogar die absolute Mehrheit. Die Wähler unterstützten damit eine *Politik der „drei W"*, die Konrad Adenauer vor allem vertrat: Westintegration, Wiederbewaffnung, Wiederaufbau.

Westintegration

In seiner Regierungserklärung am 20. September 1949 nannte Adenauer als ein wichtiges Ziel, „im Einvernehmen mit den drei westlichen Besatzungsmächten unsere Freiheiten und unsere Zuständigkeit Stück für Stück zu erweitern". Noch bestand ja das Besatzungsstatut, war die Bundesrepublik Deutschland kein souveräner Staat. Eine gute und vertrauensvolle Zusammenarbeit mit dem Westen schien Adenauer die beste Garantie für eine schnelle Beseitigung dieses Zustands zu sein. So war sein Ziel ein enger Zusammenschluss mit den westeuropäischen Staaten, der bis zu einer *wirtschaftlichen und politischen Integration* führen sollte.

In Westeuropa sind die führenden Großmächte England und Frankreich. Der nicht von Russland besetzte Teil Deutschlands ist ein integrierender Teil Westeuropas. Wenn er krank bleibt, wird das von schwersten Folgen für ganz Westeuropa, auch für England und Frankreich sein. Es liegt in ihrem eigensten Interesse, ... Westeuropa unter ihrer Führung zusammenzuschließen, den nicht russisch besetzten Teil Deutschlands politisch und wirtschaftlich zu beruhigen und wieder gesund zu machen. Dem Verlangen Frankreichs und Belgiens nach Sicherheit kann auf die Dauer nur durch wirtschaftliche Verflechtung von Westdeutschland, Frankreich, Belgien, Luxemburg, Holland wirklich Genüge geschehen. Wenn England sich entschließen würde, auch an dieser wirtschaftlichen Verflechtung teilzunehmen, so würde man dem doch so wünschenswerten Endziele, Union der westeuropäischen Staaten, ein sehr großes Stück näher kommen.

(Konrad Adenauer, Erinnerungen 1945–1953, Stuttgart 1965, S. 40. – Aus einem Brief Adenauers vom Oktober 1945)

Ein erster wichtiger Schritt auf diesem Wege war der *Deutschland-Vertrag* von 1952, der die Westbindung der Bundesrepublik Deutschland fest verankerte und auch für ein wiedervereinigtes Deutschland vorsah. Wurde aber eine solche Wiedervereinigung durch die Westpolitik nicht unmöglich gemacht? Adenauer sah dies anders:

Es war und ist richtig, dass die Wiedervereinigung in Freiheit nur mit Zustimmung der vier Alliierten, also auch mit Zustimmung Sowjetrusslands erfolgen konnte. Ich war der Auffassung, dass es klug wäre, wenn man sich für diese Politik zunächst die Hilfe von wenigstens drei der vier Großmächte sicherte, wie wir das im Deutschland-Vertrag taten. Ich hoffte, dass es möglich sein würde, im richtigen Augenblick mit Sowjetrussland an den Verhandlungstisch zu kommen, wenn wir die Hilfe dieser drei Mächte hätten. Keiner glaubte wohl ehrlich, dass die Sowjetunion aus sich heraus die Sowjetzone freigeben würde. Ich konnte deswegen in keiner Weise einsehen, dass wir die Chancen einer Wiedervereinigung in Freiheit dadurch, dass wir diese Verträge abschlossen, verschlechterten.

(Konrad Adenauer, Erinnerungen 1945–1953, Stuttgart 1965, S. 548)

Das Ziel, auf dem Weg über die Westintegration die weitgehende staatliche Selbstständigkeit (*Souveränität*) zu gewinnen, erreichte Adenauer 1955 mit den *Pariser Verträgen*. Mit ihnen trat das Besatzungsstatut von 1949 außer Kraft, und gleichzeitig erfolgte der Beitritt der Bundesrepublik zur NATO. Die Bundesrepublik Deutschland war damit ein gleichberechtigter Partner in der westlichen Staatengemeinschaft. Die volle Souveränität war freilich noch immer nicht erreicht: Die westlichen Alliierten behielten sich Rechte in bezug auf Berlin, Rechte im Fall eines Notstands und hinsichtlich ihrer Truppen vor, die jetzt als Verbündete auf deutschem Boden blieben.

Auf wirtschaftlichem Gebiet war bereits 1952 mit der Gründung einer europäischen Gemeinschaft für Kohle und Stahl (*Montanunion*) ein erster Schritt zu einer europäischen Integration getan worden (vgl. S. 161).

Wiederbewaffnung

Der sich verschärfende Ost-West-Konflikt hatte in der NATO schon früh zu Überlegungen geführt, auch die junge Bundesrepublik Deutschland an der eventuellen Verteidigung Westeuropas zu beteiligen. Als dann 1950 der Korea-Krieg ausbrach, setzte sich nun endgültig die Auffassung durch, dass eine Verteidigung Europas ohne eine deutsche *Wiederbewaffnung* nicht möglich sei.

Die Forderung nach einem solchen Verteidigungsbeitrag wurde von der CDU unterstützt, zumal die DDR inzwischen eine halbmilitärische Polizeitruppe aufgestellt hatte (Kasernierte Volkspolizei). Mit 60 000 Mitgliedern war sie einer Armee vergleichbar und verstärkte die Furcht vor einem Angriff. Adenauer ging davon aus, dass nur ein militärisch starkes westliches Bündnis in der Lage sei, dem Frieden und der Freiheit auf Dauer zu dienen.

Über das „W“ der Wiederbewaffnung kam es zu einer tiefen Kluft im deutschen Volk. Vor allem die SPD bekämpfte eine solche Politik aus Sorge um ein anderes „W“: die Wiedervereinigung Deutschlands. Sie suchte lange nach einem Weg *zwischen* den Machtblöcken in Ost und West, nach einer Lösung für ein Gesamtdeutschland in einer atomwaffenfreien Zone in Mitteleuropa.

Mit den Pariser Verträgen fiel 1955 die Entscheidung für einen deutschen Verteidigungsbeitrag unter dem Oberbefehl der NATO.

In den Jahren kurz nach 1945 hatten selbst die Schützenvereine in den Dörfern nur mit hölzernen Armbrüsten schießen dürfen. Jetzt entstand seit 1956 eine neue *Bundeswehr* mit modernen Waffen und einem klaren Verteidigungsauftrag, gegliedert in Heer, Marine und Luftwaffe. Die allgemeine Wehrpflicht wurde eingeführt, jedoch jedem das Recht zugestanden, den Wehrdienst aus Gewissensgründen zu verweigern. Als Ersatz war ein Zivildienst ohne Waffen zu leisten.

Von Anbeginn sollte auch ein neues Bild des Soldaten die Bundeswehr prägen. „Staatsbürger in Uniform“, so lautete die neue Formel, nach der man sich bemühte, die Bundeswehr in die Gesellschaft zu integrieren.

Oben: Wahlplakat der SPD aus dem Jahre 1953 gegen die Wiederaufrüstung. – Mitte: Eines der ersten Werbeplakate für die Bundeswehr. – Rechts: Bundeskanzler Adenauer besucht Anfang 1956 die erste Einheit der Bundeswehr.

Wiederaufbau

Die Hilfe des Marshall-Plans und die Währungsreform 1948 waren wichtige Voraussetzungen für das dritte „W“: den wirtschaftlichen *Wiederaufbau*, für den sich bald das Wort „Wirtschaftswunder“ einbürgerte.

Mit der von Bundeswirtschaftsminister *Prof. Ludwig Erhard* (1897 bis 1977) vertretenen freiheitlichen Wirtschaftspolitik begann eine Aufbauleistung ohnegleichen. Im Rahmen dieser *Sozialen Marktwirtschaft* wuchsen die zerbombten Städte neu empor, entstanden neue, leistungsfähige Fabriken dort, wo alte demontiert worden waren. Alle Westdeutschen trugen diesen Wiederaufbau mit.

Es dauerte keine zehn Jahre, da hatte die Produktion in der Bundesrepublik die Vorkriegsziffern weit hinter sich gelassen. Nach zwanzig Jahren Wiederaufbau war die Bundesrepublik der drittgrößte Industriestaat der Welt (nach den USA und der Sowjetunion).

Wirtschaftsminister Ludwig Erhard

Die Flüchtlinge und Vertriebenen hatten maßgeblichen Anteil am „Wirtschaftswunder“. Die vielen und gut ausgebildeten Arbeitskräfte wurden in den Jahren des Wiederaufbaus dringend gebraucht.

Daher förderte der Staat nicht nur die Privatwirtschaft und den Wettbewerb. Nach Erhards Devise „Wohlstand für alle“ sollten auch diese Menschen Starthilfen erhalten. Das *Lastenausgleichsgesetz* half ihnen dabei: Vermögende Bürger hatten Abgaben zu entrichten, die an die Geschädigten weitergegeben wurden. Es waren Beihilfen und günstige Darlehen zum Wohnungsbau und zur Existenzgründung. Der Lastenausgleich hat wesentlich zur sozialen wie politischen Eingliederung der Flüchtlinge und Vertriebenen beigetragen.

Die Jahre des Wiederaufbaus in kritischer Sicht

Da die Deutschen das Jahr 1945 als „Zusammenbruch“ erlebten (und nicht das Jahr 33), das Kriegsende als „Stunde Null“, konnte es eigentlich nur bergauf gehen.

Und in den fünfziger Jahren ging es stürmisch bergauf. Scheinbar war es ein Start mit totaler Chancengleichheit, da die Währungsreform von 48 alle gleich arm gemacht hatte. Gründerstimmung, Gründeroptimismus lag in der Luft. Man sah das Ziel und konnte deshalb den Weg übersehen.

Fresswelle hieß die erste Etappe: Der Kuchen mit Schlagsahne wurde wiederentdeckt, wiedererobert. Dann warf man sich in Schale: Die Bekleidungswelle rollte. Dann begann man wieder zu reisen, Rudi Schuricke sang die Capri-Fischer, die Deutschen erreichten Kärnten, das Salzkammergut, den Lago Maggiore. Die D-Mark im Visier, konnte man alles Verstörende leicht verdrängen. Hatte man nicht eben in der Nazizeit … ein Übermaß an Politik erlebt? Also zog man sich von der Politik, soweit es die Geschäfte erlaubten, zurück.

Die Außenpolitik, das besorgte ohnehin der große allmächtige Bruder, dessen Korea-Krieg man soeben zähneklappernd überstanden hatte, ängstlich in den Windschatten gedrückt. Die Teilung: Für die konnte man nichts …

Für innere Angelegenheiten hatte man den Übervater Adenauer, der zwar manchmal streng und christlich tat, aber glücklicherweise Rheinländer und Rosenzüchter war und uns, aus privater Liebe zu de Gaulle, mir nichts, dir nichts mit dem Erbfeind aussöhnte. Und er hatte auch noch einen Ludwig Erhard zur Seite, der uns den Konsum als höchste Moral empfahl: Die D-Mark muss rollen …

So konnten die Deutschen wahre Wunder vollbringen … Sie gaben, ganz und gar nicht christlich, einer christlichen Partei die Mehrheit. Sie spielten in einer totalen materiellen und geistigen Trümmerlandschaft nach alten Regeln weiter – als wäre nichts geschehen.

(Hellmuth Karasek in: DER SPIEGEL 14/1978, S. 98)

Arbeitsvorschläge

1. Fassen Sie nach dem Text stichwortmäßig die Stationen der Westintegration der Bundesrepublik Deutschland in den fünfziger Jahren zusammen!
2. Die Frage der Wiederbewaffnung führte zu Kontroversen zwischen den Parteien. Versuchen Sie bitte, mögliche Argumente und Gegenargumente aufzulisten!
3. Wie Sie bereits wissen, bürgerte sich für die Wiederaufbauleistung nach 1945 das Wort „Wirtschaftswunder" ein. War es eigentlich ein „Wunder"?
4. Der Verfasser des vorstehenden Textes über die Jahre des Wiederaufbaus ist mit dem Urteil über das Verhalten der Westdeutschen nach 1945 nicht zimperlich. Er gibt eine überspitzte Darstellung, um das für ihn Wesentliche hervortreten zu lassen: das politische Verhalten der Bürger.
   a) Welchen Hauptvorwurf erhebt er – ganz deutlich am Ende der Ausführungen?
   b) Welche Verhaltensweisen rügt er im Einzelnen – politische wie unpolitische?
   c) Wie zeichnet er das deutsch-amerikanische Verhältnis dieser Zeit, wie Adenauer, wie Erhard?

   Welche Argumente könnte man ihm wohl entgegenhalten?

Das Verhältnis zur Sowjetunion

Für Adenauer war das Verhältnis zur Sowjetunion bestimmt von der Sorge um eine sowjetische Expansion über die Elbe hinweg nach Westen.

Im Frühjahr 1952 unterbreitete Stalin ein Angebot zur Wiedervereinigung Deutschlands. Er schlug den Westmächten vor, die Bundesrepublik Deutschland und die DDR zu vereinigen und aus den Machtblöcken in West und Ost auszuklammern, also zu *neutralisieren.* Die Besatzungstruppen sollten abgezogen, ein Friedensvertrag mit diesem vereinigten Deutschland abgeschlossen werden.

Die meisten Westdeutschen sahen in diesem Vorstoß einen Schachzug Stalins, um die Bundesrepublik auf dem Wege der Neutralisierung in den Macht- und Einflussbereich der Sowjetunion hinüberzuziehen. Was Stalin wirklich beabsichtigte, ist bis heute ungeklärt und in der Forschung umstritten. Die Westmächte (wie auch Adenauer) gingen auf das Angebot nicht ein.

Die Friedensglocke im Grenzdurchgangslager Friedland bei Göttingen: Symbol der Hoffnung für ungezählte Flüchtlinge, Vertriebene und Russlandheimkehrer

Andererseits suchte Adenauer ein reibungsfreies Verhältnis zur Sowjetunion. So reiste er nach Stalins Tod – im September 1955 – zu einem Staatsbesuch nach Moskau. Gesprächsthemen waren die *Aufnahme diplomatischer Beziehungen* – der Austausch von Botschaftern – und die Freilassung der letzten deutschen Kriegsgefangenen aus den Lagern der Sowjetunion. Nach diesem Besuch wurden Botschaften in Moskau und Bonn errichtet, konnten etwa 10 000 Gefangene als „Spätheimkehrer" die UdSSR verlassen.

Im Alter von 86 Jahren trat Konrad Adenauer 1963 zurück. Das Amt des Bundeskanzlers übernahm der bisherige Bundeswirtschaftsminister *Ludwig Erhard.* Eine Koalition von CDU/CSU und FDP bildete – wie auch seit langem unter Adenauer – die Regierung.

Mit der Regierung Erhard ging die Ära Adenauer ihrem Ende zu. Es begann eine Übergangszeit, in der *wirtschaftspolitisch* das scheinbar unbegrenzte Wachstum endete, *parteipolitisch* ein Erstarken rechtsradikaler Tendenzen in der Bevölkerung erkennbar wurde und *gesellschaftspolitisch* vor allem Teile der studentischen Jugend gegen die Situation in der Bundesrepublik aufbegehrten.

Das Zwischenspiel der Großen Koalition (1966–1969)

Die Rezession 1966

Im Herbst 1966 kam es erstmals zu einer wirtschaftlichen Krise, die sich vor allem in Nordrhein-Westfalen stark auswirkte. Immer mehr wurde Erdöl in der Wirtschaft und in den Haushalten verbraucht, die Kohle aus dem Ruhrgebiet fand immer weniger Abnehmer. Die Kohlenhalden wuchsen, viele Kohlenzechen mussten stillgelegt werden. Die Zahl der Arbeitslosen stieg auf 700 000; das war etwa jeder 40. Arbeitnehmer in der Bundesrepublik. Auch in anderen Wirtschaftszweigen ging die Produktion zurück, es setzte eine allgemeine *Rezession* ein.

Die Große Koalition

Unter dem Eindruck dieser Krise trat Bundeskanzler Erhard 1966 zurück, verlassen auch von seiner Partei, die ihm Führungsschwäche vorwarf.

Im Dezember 1966 schlossen sich CDU/CSU und SPD zur *Großen Koalition* zusammen. Das war ein Zusammengehen der beiden großen Parteien, eine „Elefanten-Hochzeit", wie manche spotteten. Neuer Bundeskanzler wurde *Dr. Kurt Georg Kiesinger* (CDU, 1904–1988), Vizekanzler *Willy Brandt* (SPD, 1913–1992). Dieser Regierung gelang es, die Krise recht bald zu überwinden.

Das Jahr 1968

Plakat des Sozialistischen Deutschen Studentenbundes (SDS) aus dem Jahr 1968

Wirtschaftskrise und Große Koalition blieben nicht ohne politische Folgen. – Bei den Landtagswahlen 1966 und 1967 zog die *rechtsradikale Nationaldemokratische Partei* (NPD), bisher eine unbedeutende Partei, in die Parlamente mehrerer Bundesländer ein. – Das Fehlen einer starken Opposition im Bundestag – nur die kleine FDP stand gegen die Regierung – trug dazu bei, dass sich eine „außerparlamentarische Opposition" (APO) formierte. Sie wurde vor allem von Studenten getragen. Demonstrationen richteten sich in der ersten Zeit besonders gegen die *Notstandsgesetzgebung*, die 1968 verabschiedet wurde. Sie sieht u. a. Einschränkungen in den Grundrechten in dem Fall vor, dass ein Angriff auf die Bundesrepublik Deutschland droht und der Bundestag diesen Sachverhalt mit Zweidrittelmehrheit feststellt.

Daneben wurden bald andere Inhalte, wie die deutsche Bildungspolitik oder auch der Krieg in Vietnam, zum Anlass für Demonstrationen und Protestaktionen der Jugend. Schließlich rückte die politische Grundordnung der Bundesrepublik selbst ins Zentrum dieser immer stärker marxistisch beeinflussten Kritik.

Demonstration gegen den Vietnam-Krieg in Hamburg am Ende der sechziger Jahre

Die Zeit der Sozialliberalen Koalition (1969–1982)

Neue Schwerpunkte

Nach den Bundestagswahlen 1969 löste eine Koalition von SPD und FDP (*Sozialliberale Koalition*) die bisherige Große Koalition ab.

Die neue Regierung mit *Willy Brandt* als Bundeskanzler und *Walter Scheel* (FDP, *1919) als Vizekanzler stellte sich als eine „Regierung der inneren Reformen" vor: Reformen an den Hochschulen, im Schulwesen, im Gesundheitswesen, in der Versorgung der Rentner, in der Bundeswehr, im Städtebau, im Umweltschutz, im Bereich der Arbeitswelt (Betriebsverfassung). „Mehr Demokratie wagen" war ein anderer Leitsatz dieser Regierung. So wurde das Wahlalter von 21 auf 18 Jahre herabgesetzt.

Neue Ostpolitik

Die Bundesrepublik Deutschland hatte bislang den Anspruch erhoben, dass nur sie für alle Deutschen sprechen könne: Im Gegensatz zur DDR war die Regierung aus freien Wahlen hervorgegangen. Sie hatte auch die Auffassung vertreten, dass die 1945 verlorenen Ostgebiete zu Deutschland gehörten und erst ein Friedensvertrag die endgültigen Grenzen bestimmen müsste.

Der *Alleinvertretungsanspruch* ließ sich in der Praxis allerdings immer schwerer durchsetzen. Angesichts der neuen Entspannungspolitik zwischen den USA und der UdSSR war es auch fraglich, ob die Westmächte diesen Standpunkt weiterhin kompromisslos unterstützen würden. So suchte die Brandt-Scheel-Regierung nun den Ausgleich mit dem Osten.

Das wichtigste Ergebnis stellten die *Ostverträge* mit der Sowjetunion und Polen dar. Am 12. August 1970 unterzeichneten Ministerpräsident Kossygin und Bundeskanzler Brandt den *Moskauer Vertrag*. Ein ähnlicher Vertragsabschluss erfolgte Ende 1970 in Warschau (*Warschauer Vertrag*, vgl. S. 116). Die wichtigsten Punkte waren Gewaltverzicht und die Anerkennung der bestehenden Grenzen. Ausdrücklich wurden hierbei die Oder-Neiße-Grenze als polnische Westgrenze sowie die Grenze zwischen der Bundesrepublik Deutschland und der DDR erwähnt.

Die Unterzeichnung des Moskauer Vertrages 1970 durch Bundeskanzler Brandt und Ministerpräsident Kossygin. Hinter Brandt steht der Generalsekretär des Zentralkomitees der KPdSU, Leonid Breschnew, der damals mächtigste Mann der Sowjetunion.

Arbeitsvorschläge

1. Welche unterschiedlichen Koalitionen bildeten zwischen 1949 und 1972 die Bundesregierung? Welche Vorteile hat eine große Koalition, zum Beispiel bei der Bewältigung von Krisen? Welche möglichen Gefahren für die Demokratie aber können Sie erkennen?
2. Willy Brandt hat zu den Ostverträgen erklärt: „Wir haben nichts verschenkt, was nicht schon längst verloren war." – Nehmen Sie bitte Stellung!
3. Warum hatte sich die Bundesrepublik Deutschland geweigert, die DDR als Staat anzuerkennen?
4. Lesen Sie bitte jetzt bereits einmal den Text des Warschauer Vertrages auf S. 116!
5. Die neue Ostpolitik der Soziallliberalen Koalition fiel weltpolitisch in die Zeit der Entspannung zwischen den Großmächten. Orientieren Sie sich bitte noch einmal auf S. 52!

Das Berlin-Abkommen 1971

Die verbesserten Beziehungen zwischen der Bundesrepublik Deutschland und der UdSSR brachten auch für *West-Berlin* eine Verbesserung seiner Lage. Seit der Blockade war die Insellage der Berliner immer spürbarer geworden. Immer wieder brachen *Berlin-Krisen* aus: Sperrungen und Behinderungen der Zugangswege, der Bau der Mauer (vgl. S. 130), erst Einschränkung, dann schließlich Aufhebung der Besuchsmöglichkeiten in Ost-Berlin und der DDR für die West-Berliner.

In der geteilten Stadt hatten die vier Siegermächte noch immer wichtige politische Rechte. Sie schlossen am 3. September 1971 das *Viermächte-Abkommen über Berlin* ab. Es sicherte die Möglichkeit für die West-Berliner zu Besuchen im Ostteil der Stadt und in der DDR, die Anerkennung der Zugehörigkeit West-Berlins zur Grundordnung der Bundesrepublik Deutschland sowie die Verbesserung der Zugangsregelung für Personen und Waren.

Der Grundvertrag 1972

Am 12. Dezember 1972 unterschrieb der Staatsekretär *Egon Bahr* im Gebäude des Ministerrats der DDR in Ost-Berlin einen „Vertrag über die Grundlagen der Beziehungen zwischen der Bundesrepublik Deutschland und der Deutschen Demokratischen Republik" – den sogenannten *Grundvertrag* (auch „Grundlagenvertrag" genannt). Damit sollte das Nebeneinander von *zwei* auf deutschem Boden bestehenden deutschen Staaten geregelt werden. Damit wurde aber auch die deutsche Teilung vertraglich anerkannt. Eine italienische Zeitung schrieb dazu: „Das Deutsche Reich ist 101 Jahre nach seiner Taufe und 27 Jahre nach der Hitler-Katastrophe mit schmuckloser Einfachheit beerdigt worden."

Die Ostverträge und der Grundvertrag blieben zwischen der Sozialliberalen Koalition und der CDU umstritten. Die Regierung war der Ansicht, dass die Aufgabe des Alleinvertretungsanspruchs und die Anerkennung der bestehenden Grenzen nur eine längst vorhandene Tatsache besiegeln würden. Auch machte sie die Erleichterungen im Reiseverkehr mit der DDR geltend. Die CDU-Opposition hielt diese Fortschritte für zu gering im Vergleich mit den aufgegebenen Rechtspositionen. Nach ihrer Meinung waren unverzichtbare Ansprüche ohne Gegenleistungen preisgegeben worden.

Die folgenden Stellungnahmen zur Ostpolitik verdeutlichen diese gegensätzlichen Standpunkte.

Aus einer Rede des Vorsitzenden der CDU/CSU-Fraktion im Bundestag, Karl Carstens, im Februar 1973:

„Die Bundesregierung hat ... die wichtigsten bis dahin von uns allen gemeinsam und von unseren westlichen Verbündeten vertretenen deutschlandpolitischen Positionen preisgegeben. Sie hat die DDR als zweiten deutschen Staat anerkannt. Sie hat auf das Recht der Bundesrepublik Deutschland, in gewissen Fragen für ganz Deutschland zu sprechen, verzichtet, hat die Grenzen anerkannt, sowohl die Westgrenze Polens als auch die innerdeutsche Grenze als Staatsgrenze. Sie hat der Aufnahme der DDR in die UNO zugestimmt, und sie hat grünes Licht dafür gegeben, dass die DDR weltweit anerkannt wurde. Damit erfüllte die Bundesregierung die von der Sowjetunion und der DDR seit vielen Jahren erhobenen Forderungen, ohne sich überhaupt irgendeine Gegenleistung verbindlich zusagen zu lassen ...

Die Bundesregierung sagt nun weiter, sie habe nichts weggegeben, was nicht schon vorher verloren gewesen sei. Aber auch diese Behauptung ist falsch. Als die Regierung Brandt/Scheel 1969 ihr Amt antrat, war die deutschlandpolitische Position der Bundesrepublik im wesentlichen intakt; die Bemühungen der DDR um weltweite Anerkennung ... waren erfolglos geblieben."

Aus der Antwort der Bundesregierung vom 5. 12. 1975 auf eine Große Anfrage der CDU/CSU-Fraktion:

„Die gegenwärtige Deutschlandpolitik, die in dem Grundlagenvertrag ihren Ausdruck findet, entspricht der Lage, so wie sie sich seit dem Ende des Zweiten Weltkrieges in der Welt, in Europa und besonders in Deutschland entwickelt hat. Dazu gehört auch das Entstehen von zwei Staaten mit unterschiedlicher Gesellschaftsordnung auf deutschem Boden. Im Hinblick darauf ist die Vertragspolitik gegenüber der DDR entwickelt worden. Die Trennung in zwei Staaten und gegensätzliche Gesellschaftsordnungen gingen der Vertragspolitik voraus ...

Wesentliches Ziel der Vertragspolitik der Bundesregierung ist es, zwischen den beiden Staaten auf deutschem Boden zum Wohle der Menschen zu praktischen Verbesserungen zu gelangen. Tatsächlich hat sich die Gesamtsituation durch die Vertragspolitik der Sozialliberalen Koalition in relativ kurzer Zeit verändert und verbessert ..."

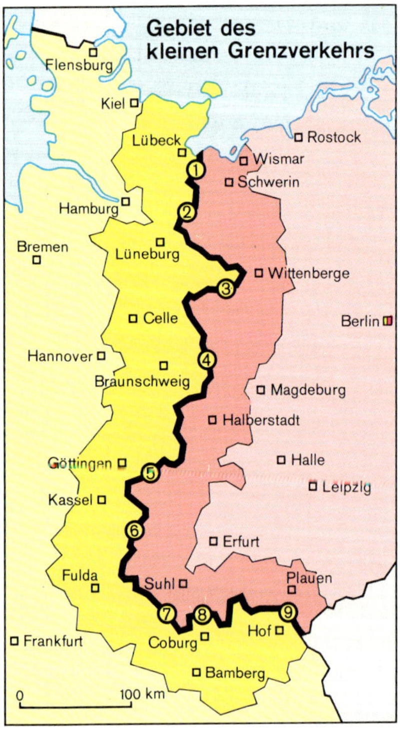

Der kleine Grenzverkehr, ein Ergebnis des Grundvertrages

„Für 6 1/2 Millionen Einwohner der Bundesrepublik aus 56 Kreisen, die in der Nähe der Grenze zur DDR liegen, werden besondere Reisemöglichkeiten in ein entsprechendes Gebiet von 54 Kreisen in der DDR eröffnet. Im Rahmen von 30 Tagen im Jahr können sie zusätzlich zu den bisherigen Reisemöglichkeiten auf einen Antrag hin neunmal im Vierteljahr zu Tagesaufenthalten in das vereinbarte Gebiet der DDR fahren, zu touristischen Zwecken oder um Verwandte und Freunde zu besuchen. Dies entspricht der Regelung der ‚Sofortbesuche', die seit einigen Monaten für die West-Berliner in Kraft ist.

(Aus: Bulletin der Bundesregierung vom 8. November 1972)

Die Karte zeigt das Gebiet des kleinen Grenzverkehrs, für das die im Bulletin der Bundesregierung näher bezeichneten Regelungen galten. Übergangsstellen waren:

1. *Lübeck-Schlutup/Selmsdorf*
2. *Lauenburg/Horst*
3. *Uelzen/Salzwedel*
4. *Helmstedt/Marienborn*
5. *Duderstadt/Worbis*
6. *Herleshausen/Wartha*
7. *Bad Neustadt/Meiningen*
8. *Coburg/Eisfeld*
9. *Hof/Hirschberg*

Links: Ein Sonntagsfahrverbot für die Autofahrer im November 1973 bewirkte nicht nur leere Autobahnen, sondern auch einen völlig neuen Anblick der Innenstädte – und neue Möglichkeiten für die Radfahrer.
*Rechts: Bundeskanzler Helmut Schmidt (SPD, *1918). Er übernahm das Amt des Bundeskanzlers 1974 nach dem Rücktritt von Willy Brandt. Die Bundestagswahlen von 1976 und 1980 bestätigten den in der ganzen Welt geachteten Staatsmann in seinem Amt.*

Die Ölkrise 1973

Im Oktober 1973 wurde jeder Bundesbürger von einer Entwicklung betroffen, die über Monate andauerte: *der Ölkrise.* Im Jom-Kippur-Krieg gegen Israel (vgl. S. 43) beschlossen die Erdöl fördernden Länder der arabischen Welt, das Öl als Waffe einzusetzen. Sie drosselten die Förderung, erhöhten die Preise und schlossen einzelne israelfreundliche Länder ganz von der Belieferung aus. Sparmaßnahmen der Regierungen waren weltweit die Folge. In der Bundesrepublik wurden Geschwindigkeitsbeschränkungen und ein viermaliges Sonntagsfahrverbot für die Autofahrer angeordnet. Leere Autobahnen und nachts nur notdürftig beleuchtete Städte machten den Bürgern klar, dass *hohe Industrialisierung allein keinen Wohlstand garantiert.*

Kanzlerwechsel und Wirtschaftsflaute 1974

Der Ende 1972 erneut zum Bundeskanzler gewählte SPD-Vorsitzende *Willy Brandt* regierte nur noch 509 Tage. Er erklärte seinen Rücktritt, nachdem ein enger persönlicher Mitarbeiter, Günter Guillaume, als Spion der DDR entlarvt worden war. Der bisherige Finanzminister *Helmut Schmidt* übernahm sein Amt. Die neue Bundesregierung konzentrierte ihre Arbeit auf die Wirtschaftspolitik.

Das freilich war auch notwendig geworden. Seit der Ölkrise machte sich immer deutlicher eine neue Wirtschaftsflaute bemerkbar, die bald noch die Rezession des Jahres 1966 übertraf. Besonders die Textilindustrie, die Bauwirtschaft und die Automobilproduktion waren davon betroffen. Autohalden und Bauruinen wurden für einige Zeit sichtbare Zeugnisse einer veränderten Lage. Auch sonst empfand die Gesellschaft manche Probleme deutlicher als bisher: Probleme des Umweltschutzes und des Einsatzes von Kernenergie vor allem.

Ermordung des Generalbundesanwalts Buback und seiner Begleiter in Karlsruhe am 7. April 1977. – Von einem Motorrad aus wurde mit einer Maschinenpistole in das Dienstfahrzeug geschossen, als es an einer Verkehrsampel halten musste.

Der Terrorismus

Aus den Demonstrationen der außerparlamentarischen Opposition (APO) entwickelten sich Terroraktionen einzelner linksradikaler Splittergruppen. Sie suchten mit den Mitteln der Gewalt und des bewaffneten Kampfes auf einen Umsturz unserer freiheitlich demokratischen Grundordnung hinzuarbeiten. Sie begannen mit Brandstiftungen in Kaufhäusern (1968) und gingen zu Bombenanschlägen gegen Militärgebäude, Polizeistationen und Verlagshäuser über (1972). Sie ermordeten mit *Günter von Drenkmann* einen hohen Berliner Richter (1974).

Der *Terrorismus* erreichte seinen Höhepunkt in den späten siebziger Jahren: die Ermordung des Generalbundesanwalts *Siegfried Buback* und seiner Begleiter auf offener Straße, die Ermordung des Bankiers *Jürgen Ponto* bei einem Entführungsversuch, die Entführung des Arbeitgeberpräsidenten *Hanns Martin Schleyer* und schließlich die Entführung einer Lufthansa-Maschine durch palästinensische Terroristen nach Somalia markieren ihn (April bis Oktober 1977).

Hanns Martin Schleyer war am 5. September 1977 in Köln auf offener Straße entführt worden; seine vier Begleiter wurden erschossen. Die Terroristen forderten die Auslieferung von elf inhaftierten Gesinnungsgenossen als Preis für die Freilassung, was der Krisenstab aus Vertretern der Bundesregierung und der Opposition letztlich ablehnte. Die Suche nach dem Versteck des Entführten blieb ohne Erfolg; am 19. Oktober wurde Schleyer ermordet bei Mülhausen (Elsass) aufgefunden.

Anlässlich der Beisetzung am 25. Oktober 1977 hielt Bundespräsident *Walter Scheel* in der St. Eberhard-Kirche in Stuttgart diese auszugsweise wiedergegebene Ansprache.

Wenn wir unsere eigenen Gefühle prüfen, dann fallen uns die Worte ein, die in den letzten Tagen schon sehr häufig ausgesprochen wurden, Worte wie: Zorn, Wut, Empörung, Abscheu …

Ich möchte ein Wort hinzufügen: die Scham. In unserer Gesellschaft geschehen Dinge von einer Schändlichkeit, dass man ihren Anblick kaum erträgt, Dinge, die einen mit furchtbarer Deutlichkeit wieder auf etwas hinstoßen, was man so gerne vergessen mag: wie böse der Mensch sein kann. Ich schäme mich für die Bosheit dieser jungen verirrten Menschen. Sie selbst können sich wohl nicht mehr schämen.

Es gibt wohl kaum noch etwas, was diese jungen Menschen achten, was sie ehren, was ihnen heilig ist. Sie lachen über solche Worte. Sie sind stolz darauf, dass sie morden, rauben, erpressen können, … frei von jedem Tabu. Sie haben alle Werte einer 2000-jährigen Kultur auf den Müll gekippt …

Die Zerstörung, die Verwirrung, Angst und Schrecken – das heißt ja Terror –, das wollen sie. Und all dem liegt ein tiefer Hass auf die Welt und auf sich selbst zu Grunde. Sie sind nicht nur Feinde der Demokratie – sie sind die Feinde jeder menschlichen Ordnung …

Uns allen ist bekannt, dass die Terroristen ihre Verbrechen nur ausführen können, weil es Menschen gibt, die ihnen helfen. Für diese Helfer ist das Wort „Sympathisanten" in Umlauf gekommen. Doch die Grenzen dieses Wortes haben sich verwischt. Das ist nicht gut, denn gerade hier kommt es darauf an, dass wir sorgfältig unterscheiden.

Da sind zunächst diejenigen, die die Terroristen direkt unterstützen, ihnen Wohnungen verschaffen, Autos, Waffen, falsche Pässe und so weiter zur Verfügung stellen. Es mag sein, dass die Terroristen ihre Helfer nicht in alle Einzelheiten ihrer Vorhaben einweihen, ja, dass die Helfer häufig gar nicht wissen, zu welchem Zweck diese oder jene Hilfeleistung verlangt wird. Es sollte mittlerweile jedoch allen Bürgern klar geworden sein, wozu sie mit solcher Hilfe beitragen können. Die Entschuldigung, „davon habe ich nichts gewusst – das habe ich nicht gewollt", gilt nicht mehr.

Wer solche Hilfe leistet, ist schuldig.

Dann gibt es die Gruppe derer, die sich jetzt wieder im In- und Ausland betätigen, indem zum Beispiel sie die Terroristen unterstützende Parolen an die Wände schmieren. Sie helfen den Boden bereiten, auf dem die böse Saat aufgehen kann.

Auch sie sind deshalb mitschuldig …

Dann gibt es die Menschen, die ihre blinde Abneigung gegen die Demokratie dazu führt, die Ziele der Terroristen – was eigentlich sind diese Ziele? – in Wort und Schrift öffentlich zu unterstützen, wenn sie selbst auch die Anwendung von terroristischer Gewalt für ihre eigene Person missbilligen. Es sollte inzwischen klar geworden sein, dass die Ziele der Terroristen von der gleichen kalten Menschenverachtung sind wie ihre Methoden. Das eine ist vom anderen nicht zu trennen.

Auch diese Gruppe ist, so meine ich, mitschuldig.

Menschen, die sich in den beschriebenen Weisen verhalten, müssen mit allen rechtsstaatlichen Mitteln bekämpft werden …

Der Tod Hanns Martin Schleyers ist, so meine ich mit nachdenklichen Menschen in unserem Land, ein Einschnitt in der Geschichte der Bundesrepublik Deutschland. Wir müssen ihn als Einschnitt begreifen. Von dieser Stunde der Trauer und der Besinnung muss eine verwandelnde Kraft ausgehen. Wir dürfen nicht zulassen, dass sein Tod sinnlos wird.

Das sind wir Hanns Martin Schleyer schuldig.

Arbeitsvorschläge

1. Arbeiten Sie bitte die Rede von Bundespräsident Scheel durch!
   Wie umreißt Walter Scheel seine Einstellung gegenüber den Terroristen? Wie charakterisiert er den Terrorismus? Welche Gruppen von Sympathisanten unterscheidet der Bundespräsident? Welche Forderung stellt er?
2. Auch in den achtziger und neunziger Jahren wurden immer wieder Menschen zu Opfern von Terroristen, Prominente und Sicherheitsbeamte. Welche „Schaltstellen der Staatsmacht" sollen durch diese Aktionen getroffen werden? Warum ist es in einem Rechtsstaat schwierig, terroristische Gewalt wirksam zu verhindern?
3. Nach 1990 wurde allgemein bekannt, dass Terroristen vom Staatssicherheitsdienst der DDR ausgebildet worden waren. Der SED-Staat hatte sie zudem mit gefälschten Papieren versorgt und ihnen ein Untertauchen in der DDR ermöglicht. Diskutieren Sie bitte dieses Verhalten, auch im Hinblick auf die Ausführungen Walter Scheels zum Sympathisantentum!

Wirtschaftsmacht und Sozialstaat

Nach der weltweiten Konjunkturflaute von 1973 bis 1975 erholte sich die deutsche Wirtschaft in den folgenden Jahren. Unübersehbar war die Bundesrepublik Deutschland in die Spitzengruppe der Industriestaaten eingezogen. Sie hatte eine der stabilsten Währungen, exportierte mehr Waren als die USA und war die viertgrößte Industriemacht der Welt (nach den USA, der Sowjetunion und Japan). Aber auch sonst spielte sie eine bedeutende Rolle in der Weltpolitik, und Gipfeltreffen ohne den deutschen Bundeskanzler waren nicht mehr recht vorstellbar.

Insgesamt ging es den Bürgern der Bundesrepublik wirtschaftlich so gut wie nie zuvor: Ausbau der Sozialleistungen, Verringerung der Wochenarbeitszeit, Verlängerung des Jahresurlaubs – die meisten profitierten davon. Freilich: Die Einführung neuer Technologien verdrängte ganze Berufsgruppen, erzwang Umschulung oder auch Arbeitslosigkeit.

Das „soziale Netz“ wurde immer dichter geknüpft. Niemand sollte mehr durch die Maschen dieses Netzes fallen können! Dadurch wurden aber auch die Schulden des Staates immer höher.

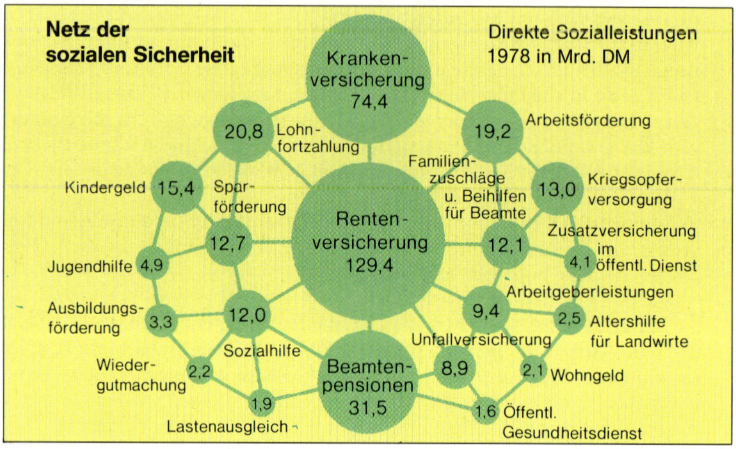

In den Jahren zwischen 1967 und 1977 verbesserte sich der Lebensstandard beträchtlich. Das Schaubild zeigt vier ausgewählte Beispiele.

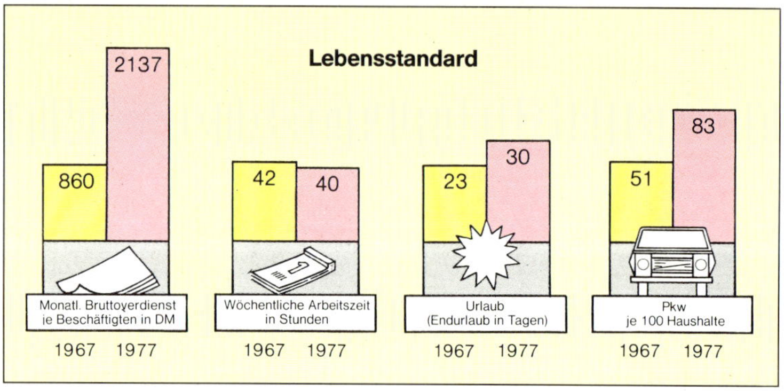

Das Ende der Sozialliberalen Koalition

Am 17. September 1982 brach das Regierungsbündnis zwischen SPD und FDP auseinander. Unterschiedliche Auffassungen über den richtigen Kurs in der Wirtschafts-, Sozial- und Finanzpolitik – vor allem über die hohe Staatsverschuldung – waren hierfür ausschlaggebend geworden. Die vier Minister der FDP traten zurück; FDP und CDU/CSU einigten sich darauf, den Kanzler Helmut Schmidt durch ein *konstruktives Misstrauensvotum* zu stürzen. An seine Stelle trat der bisherige Oppositionsführer *Dr. Helmut Kohl* (*1930).

Zu Beginn der achtziger Jahre veränderte sich die Parteienlandschaft in fast allen deutschen Länderparlamenten: Die neue Gruppierung der „Grünen“ erreichte bei den Landtagswahlen auf Anhieb mehr als 5% der Stimmen und zog 1983 auch erstmals in den Bundestag ein.

Der Sozialstaat ist krank. Durch die Milliardenkosten für das soziale Netz aufgebläht, kann er das Gleichgewicht nicht mehr halten. Karikatur aus dem Jahre 1980

Bilder aus den siebziger Jahren der Bundesrepublik: Arbeitskämpfe in der Druckindustrie gegen den fortschreitenden Computereinsatz im März 1978 (oben). „Weltwirtschaftsgipfel" in Bonn im Juli 1978 (Mitte). – Bild unten: Bauern auf einer Demonstrationsfahrt gegen die atomare Wiederaufbereitungsanlage bei Gorleben (Niedersachsen) im März 1979

Am Kurvenbild der Arbeitslosenzahlen kann man die Wirtschaftslage nicht direkt ablesen. So entstanden zwischen 1986 und 1990 – einer Zeit hoher Konjunktur – mehr als eine Million Arbeitsplätze neu. Die Zahl der Arbeitslosen – vor allem Ältere und Ungelernte – aber sank nicht entsprechend, weil viele Zuwanderer ein Arbeitsverhältnis aufnahmen.

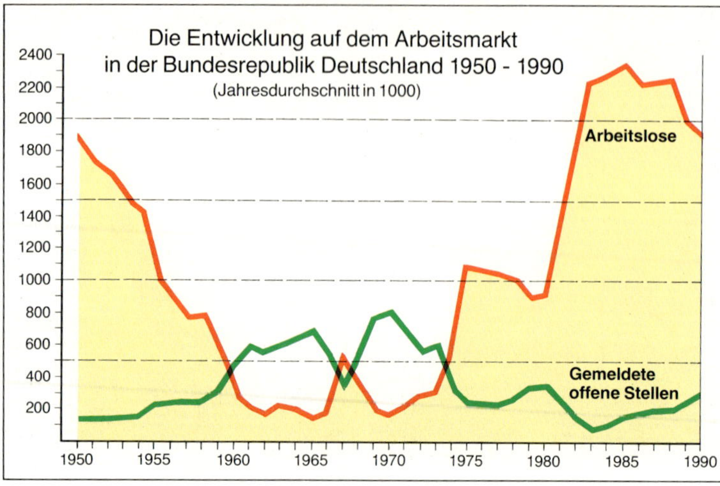

Die Bundesrepublik Deutschland 1982–1990

Themen der Politik

Der technische Wandel, die Bevölkerungsentwicklung, die Integration der Zuwanderer und der Schutz der Umwelt waren einige der ständigen Probleme, vor denen die Politik in den achtziger Jahren stand, und die auch in die Zukunft hineinragen.

Technischer Wandel und Bevölkerungsentwicklung

In der *Wirtschaft* verstärkte sich mit den neuen Technologien (Mikroelektronik, Prozessoren und Computer) ein Strukturwandel, eine neue Industrielle Revolution. Sie führte dazu, dass immer weniger menschliche Arbeitskraft für eine immer weiter steigende Produktion benötigt wird (*Automatisierung*).

Problematisch blieb die *Bevölkerungsentwicklung*. Durch eine höhere Lebenserwartung und die stark gesunkene Geburtenzahl wird der Anteil der Alten an der Bevölkerung immer größer. Das zwang und zwingt zu Umgestaltungsprozessen, vor allem auf dem Arbeitsmarkt, im Bildungswesen, im Bereich des Renten- und Versicherungssystems.

Nach Berechnungen von Wissenschaftlern (1982) hätte die Bevölkerungsentwicklung in den „alten" Bundesländern bis zum Jahre 2030 etwa so verlaufen können wie auf diesem Schaubild. Wie entwickelt sich danach der Anteil der Kinder an der Bevölkerung, wie derjenige der Alten und Ausländer? Welche Probleme werden erkennbar?

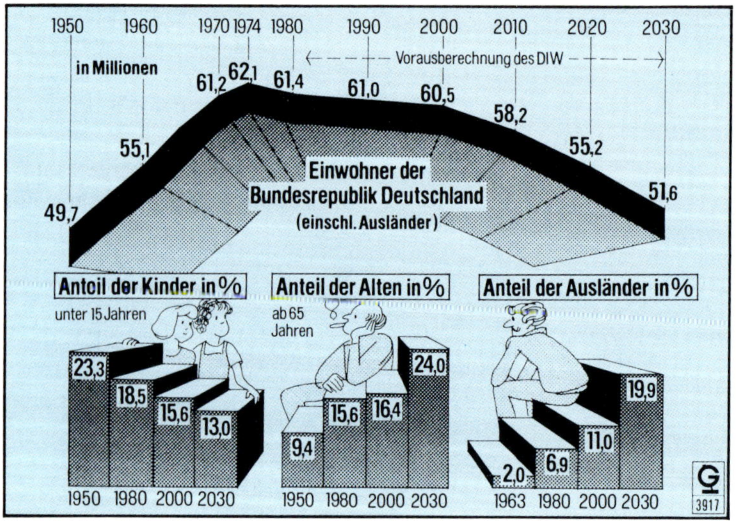

Links: Von den Gewerkschaften wurde 1984 erstmals die Forderung nach einer 35-Stunden-Woche erhoben. Um den „Einstieg" durchzusetzen, begannen Streikaktionen, wie hier von Metallarbeitern in Stuttgart (Mai 1984). – Rechts: Das Baumsterben als Thema der Weihnachtsausgabe eines Nachrichtenmagazins (1984)

Zuwanderer

Andere Schwierigkeiten ergaben sich durch die hohe Zahl von *Zuwanderern*, von Ausländern und deutschstämmigen Aussiedlern aus osteuropäischen Ländern, die in die Bundesrepublik strömten. Nahezu 5 Millionen Ausländer lebten 1990 hier, unter ihnen mehr als 1,5 Millionen Türken. Viele kamen, weil sie sich bessere Lebensbedingungen als in ihrer Heimat erhofften. Andere baten um *Asyl*, weil sie aus politischen oder religiösen Gründen zu Hause verfolgt wurden. Sie alle suchten Unterkunft und Arbeit. Zudem gibt es Sprachbarrieren, stoßen kulturelle Unterschiede aufeinander, ergeben sich Probleme bei der Eingliederung. Schwere ausländerfeindliche Ausschreitungen lassen seit 1990 das Anwachsen eines neuen Rechtsradikalismus in Deutschland befürchten.

Umweltzerstörung

Es war vor allem das Waldsterben, das seit Beginn der achtziger Jahre das *Umweltbewusstsein* der Bürger in der Bundesrepublik wachrüttelte. Jeder zweite Baum ist inzwischen krank, betroffen sind vor allem die Nadelwälder. Aber auch die Laubbaumbestände sind in zunehmendem Maße gefährdet. Der Kampf gegen die Luftverschmutzung – als Hauptursache des Waldsterbens – hat begonnen. Kraftwerke mit hohem Schwefeldioxidausstoß erhalten nach und nach Filteranlagen; Kraftfahrzeuge werden zunehmend mit Katalysatoren ausgerüstet, um die Schadstoffmengen in den Abgasen zu senken. Für den Hausbrand werden Schadstoff-Höchstgrenzen festgesetzt. Die Parteien haben erkannt, dass die *Bewahrung der Umwelt vor weiterer Zerstörung* eine ihrer vorrangigen Aufgaben sein muss. Und die Luftverschmutzung ist nur ein Bereich der Umweltzerstörung in unserer Gegenwart!

Arbeitsvorschläge

1. Welche von der Automatisierung betroffenen Industriezweige sind Ihnen bekannt?
2. Welche Bereiche der Umweltzerstörung heben sich neben der Luftverschmutzung heraus?
3. Seit 1984 haben die Gewerkschaften erste Schritte auf dem Weg zur 35-Stunden-Woche durchsetzen können. – Verfolgen Sie bitte Meldungen über Schwerpunkte gewerkschaftlicher Forderungen in den Medien!

Von der „alten“ zur „neuen“ Bundesrepublik 1990

Die Ausgangslage

Wir wissen: Am 9. November 1989 öffnete die damalige DDR ihre Grenze nach Westen, trafen sich Menschen aus Ost und West auf der Mauer vor dem Brandenburger Tor in Berlin (S. 56/57). Spätestens seit diesem Tage gab es wieder eine wirkliche Chance für eine Vereinigung der beiden deutschen Staaten.

Wie haben die politisch Verantwortlichen in der Bundesrepublik Deutschland darauf reagiert? Was konnten und mussten sie tun, um die Zustimmung der Siegermächte des Zweiten Weltkriegs zu einer solchen Vereinigung zu erreichen?

Die Reaktion der Bundesregierung

Die Bundesregierung in Bonn hat diese Chance schnell und entschlossen als geschichtliche Herausforderung begriffen und aufgenommen. Am 28. November 1989 legte Bundeskanzler Kohl dem Deutschen Bundestag einen *Zehn-Punkte-Plan* für die Entwicklung der beiden deutschen Staaten vor. Es war der Stufenplan einer Zusammenarbeit auf ein Zusammenwachsen hin. Im zehnten Punkt hieß es dann ganz klar: „Die Wiedervereinigung, das heißt, die Wiedergewinnung der staatlichen Einheit Deutschlands, bleibt das politische Ziel der Bundesregierung.“

Es war eine Planung für einen längeren Zeitraum, und er fand die Unterstützung fast aller Parteien im Bundestag.

Die Verhandlungen mit der Sowjetunion

Um die Jahreswende 1989/90 wurde immer deutlicher, dass die Führung der Sowjetunion zu dieser Zeit bereit war, die Mitgliedstaaten des Warschauer Pakts die Wege gehen zu lassen, die sie mit der friedlichen Revolution 1989 beschritten hatten (S. 48–51). Nirgendwo erhielten sowjetische Panzer den Befehl, die Zwangsgemeinschaft mit Moskau wiederherzustellen, wie 1953 in Berlin, 1956 in Budapest und 1968 in Prag.

Bot sich hier auch die Möglichkeit, die deutsche Vereinigung mit der Zustimmung der Sowjetunion sehr viel schneller zu erreichen, als bisher geplant?

Zweimal verhandelte Bundeskanzler Kohl mit Staats- und Parteichef Gorbatschow, in Moskau und im Kaukasus.

Bei den Verhandlungen in *Moskau* (Februar 1990) gestand Gorbatschow den Deutschen das Recht zu, in eigener Verantwortung über ihre Zukunft zu entscheiden. Damit gab er den Weg zur deutschen Einheit grundsätzlich frei. Noch aber blieben wichtige Fragen offen. Durfte ein solches, aus West und Ost zusammengefügtes Deutschland Mitglied der NATO bleiben? Konnte ein solches größeres Deutschland nicht seine Stärke ausnutzen, um die 1945 verlorenen Ostgebiete wiederzugewinnen? Was sollte mit den sowjetischen Armeen in der DDR werden – 380 000 Mann?

Im Juli 1990 trafen sich Gorbatschow und Kohl in einem Landhaus im *Kaukasus*. Dieses zweite Spitzengespräch brachte den Durchbruch.

Gorbatschow gab sein Einverständnis zur Mitgliedschaft auch eines vereinigten Deutschlands in der NATO, Kohl sagte eine drastische Verminderung der deutschen Streitkräfte zu (S. 55) und stellte hohe wirtschaftliche Leistungen für die Sowjetunion in Aussicht. Der Abzug der sowjetischen Besatzungstruppen und ihrer Familien sollte bis 1994 erfolgen.

Spaziergang im Kaukasus (Juli 1990). Bei einer dreitägigen Begegnung zwischen Staats- und Parteichef Gorbatschow und Bundeskanzler Kohl gelang es, den wichtigsten Durchbruch im Vorfeld der deutsch-deutschen Vereinigung zu erzielen. Neben Gorbatschow seine Frau Raissa Gorbatschowa.

Für ihre Stationierung auf dem Territorium der UdSSR (Wohnungsbau) erklärte sich die Bundesrepublik zur Zahlung hoher Milliardensummen bereit. Und Gorbatschow sagte zu, dass – gleichzeitig mit der Vereinigung – Deutschland seine volle Souveränität erhalten sollte!

Michail Gorbatschow am 17. Juli 1990

Ich möchte die beiden letzten Tage charakterisieren mit einem deutschen Ausdruck: Wir haben Realpolitik gemacht ... Ich halte diese Begegnung für eine der größten, der wichtigsten Begegnungen, die in unserer Zeit stattgefunden haben. Wir gehen davon aus, dass wir durch die Verabschiedung des Schlussdokuments den Prozess der Beendigung der Vier-Mächte-Rechte einleiten. Das vereinte Deutschland wird volle Souveränität erhalten; es wird seine Wahl treffen sowohl über seine innere Entwicklung als auch seine äußere Entwicklung; die Frage, welchem Bündnis es angehören möchte, mit wem es zusammengehen möchte. Dies ist eine Frage der vollen Souveränität, die dieser Staat erhalt.

(Nach: Frankfurter Rundschau vom 18. Juli 1990)

Der Vertrag über die deutsche Souveränität 1990

Damit konnte das Kapitel der deutschen Nachkriegsgeschichte, das mit der Konferenz von Potsdam 1945 begonnen hatte, nach 45 Jahren zu einem Abschluss kommen. Auch die westlichen Siegermächte stimmten der Vereinigung zu und verzichteten auf ihre Rechte und Verantwortlichkeiten gegenüber Deutschland.

Am 12. September 1990 unterzeichneten die Außenminister der vier ehemaligen Siegermächte und der beiden deutschen Staaten in Moskau den *Vertrag über die deutsche Souveränität*. Festgeschrieben wurde darin außerdem die Verminderung der Stärke der Bundeswehr, aber auch der Verzicht des vereinten Deutschlands auf Gebietsansprüche gegenüber Polen. Damit waren international die Hürden genommen, die einer Vereinigung noch im Wege gestanden hatten. Der Weg war frei für die deutsche Einheit, deren Vollzug auf den 3. Oktober 1990 festgesetzt wurde.

Moskau, 12. September 1990: Die Außenminister der Siegermächte des Zweiten Weltkriegs und der beiden deutschen Staaten unterzeichnen den Vertrag über die deutsche Souveränität – Voraussetzung der deutschen Einheit. – Von links: James Baker (USA), Douglas Hurd (Großbritannien), Eduard Schewardnadse (Sowjetunion), Roland Dumas (Frankreich), Lothar de Maizière (Ministerpräsident und Außenminister der DDR), Hans-Dietrich Genscher (Bundesrepublik Deutschland).

Der 3. Oktober 1990

Berlin wurde zum Schauplatz einer Feier, die Hunderttausende aus Ost und West vor dem Reichstag vereinte. Um Mitternacht hissten junge Menschen eine 60 m^2 große Bundesflagge. Dies war der symbolische Vollzug der deutschen Einheit. Eine kurze Ansprache des Bundespräsidenten, die dritte Strophe des Deutschlandliedes, ein Feuerwerk in den ersten Minuten des 3. Oktober – die Nacht der Vereinigung verlief ungleich verhaltener als die Nacht des 9. November 1989, und das war gewiss gut so.

Millionen Menschen verfolgten das Geschehen an den Fernsehschirmen: in der „alten“ Bundesrepublik, in der von diesem Augenblick an „ehemaligen“ DDR, aber auch in den Staaten Europas und der Welt.

3. Oktober 1990: die Minuten nach Mitternacht vor dem Reichstagsgebäude in Berlin

Die fünf neuen Länder

Noch vor der Vereinigung war von der DDR-Regierung die Auflösung der vierzehn Bezirke beschlossen worden. Mit Wirkung vom 14. Oktober 1990 sollten die *fünf Länder* wieder entstehen, in die das Territorium der DDR bis 1952 gegliedert war. Gleichzeitig sollten an diesem Tage Wahlen für die Parlamente dieser Länder stattfinden.

Die Landtagswahlen ergaben in vier Ländern Regierungen unter der Führung der CDU. Nur im Bundesland Brandenburg konnte die SPD den Ministerpräsidenten stellen.

Das *Bundesland Berlin* erhielt durch die Vereinigung mit dem bisherigen Ost-Berlin eine neue Struktur. Hier fanden Neuwahlen am 2. Dezember 1990 statt. Sie brachten einen klaren Wahlsieg der CDU.

Bundestagswahlen 1990

Am 2. Dezember 1990 fanden die ersten gesamtdeutschen Bundestagswahlen statt, und zwar in zwei getrennten Wahlgebieten. So sollte es möglich werden, dass die Fünf-Prozent-Klausel für das Gebiet der ehemaligen DDR getrennt angewendet werden konnte. Denn es bestanden Parteien, die nur hier über eine nennenswerte Anhängerzahl verfügten, zum Beispiel das „Bündnis 90", aber auch die aus der SED hervorgegangene „Partei des Demokratischen Sozialismus" (PDS). Bei einem einheitlichen Wahlgebiet wären ihre Stimmen untergegangen. Die Wahlgebiete *West* und *Ost* sollten somit einer größeren Wahlgerechtigkeit dienen.

Bundestagswahlen 1990			
Wahlgebiet West		Wahlgebiet Ost	
CDU/CSU	44,3	CDU	41,8
SPD	35,7	SPD	24,3
FDP	10,6	FDP	12,9
GRÜNE	4,8	Bündnis 90/Grüne	6,0
PDS	0,3	PDS	11,1
Republikaner	2,3	Republikaner	1,3
Sonstige	2,0	Sonstige	2,6

In den Deutschen Bundestag zogen jetzt 662 Abgeordnete ein (127 aus den fünf neuen Ländern): 319 für die CDU/CSU, 239 für die SPD, 79 für die FDP; dazu – nur aus dem Wahlgebiet Ost – 17 für die PDS und 8 für „Bündnis 90/Grüne". Damit waren klare Mehrheitsverhältnisse geschaffen, die Koalition von CDU/CSU und FDP konnte fortgeführt werden.

Dieser erste gesamtdeutsche Bundestag fällte im Juni 1991 die Entscheidung für Berlin als Sitz von Bundesregierung und Parlament.

Arbeitsvorschläge

1. Welche Gründe gab es 1990 für die Wiederherstellung der Länder in der DDR?
2. Analysieren Sie die Ergebnisse der Bundestagswahl 1990 in den beiden Wahlgebieten! Welche Parteien haben im Wahlgebiet *West* den Einzug in das Parlament nicht geschafft? Welche Parteien konnten durch die Schaffung eines eigenen Wahlgebiets *Ost* in den Bundestag einziehen?

Um Verständigung und Versöhnung

Deutsche und Franzosen

Ein Blick in die Geschichte

Erinnern wir uns:

Dreimal innerhalb von 75 Jahren waren Franzosen und Deutsche gegeneinander in den Krieg gezogen: 1870/71, dann 1914–1918, schließlich 1939–1945. Millionen junger Männer hatten dabei ihr Leben verloren, die Bevölkerungspyramiden beider Völker tiefe Einschnitte bekommen.

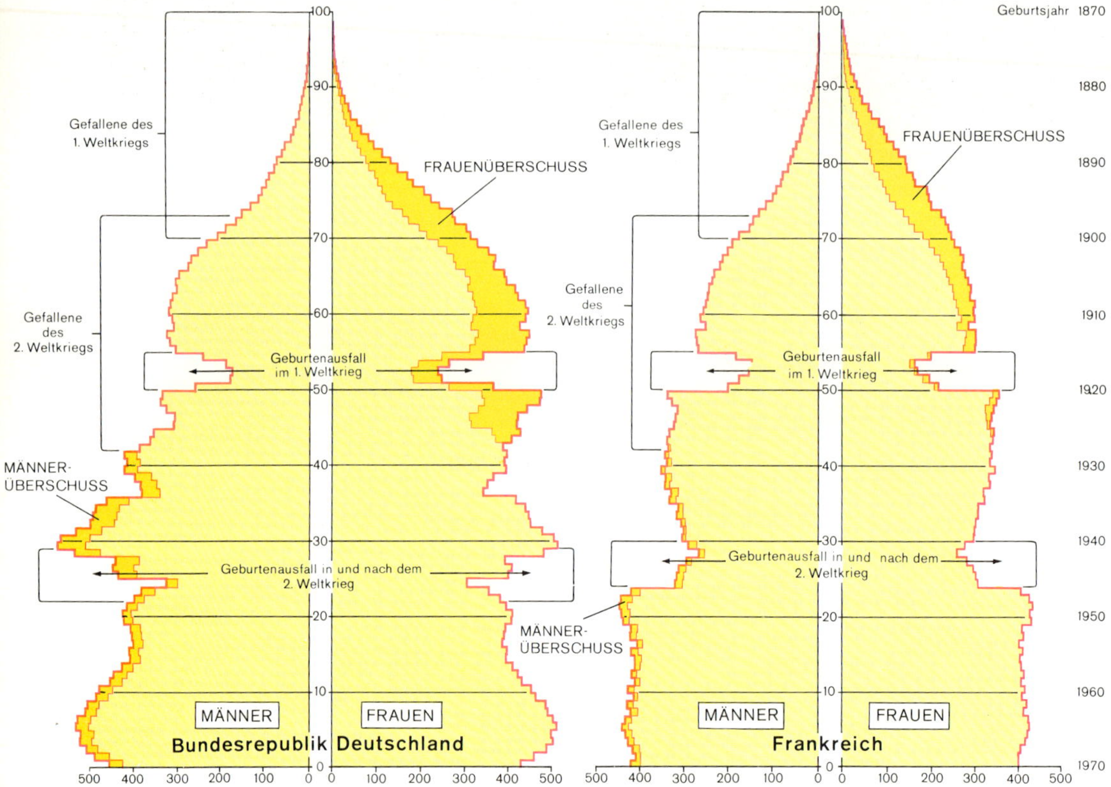

Altersaufbau der deutschen und der französischen Bevölkerung 1970 (Tausend je Altersjahr)

Wie schon 1918 Stresemann und Briand und andere einsichtige Männer, so erhoben nach 1945 Tausende auf beiden Seiten leidenschaftlich ihre Stimme: *Nie wieder Krieg zwischen diesen beiden Völkern!* Es waren Politiker und Diplomaten, Studenten und Schüler, Angestellte und Arbeiter, Professoren und Lehrer, die sich dieser Aufgabe der Verständigung und Versöhnung stellten.

Arbeitsvorschlag

Untersuchen Sie die Bevölkerungspyramide genau:
Wie haben sich die Kriege im Einzelnen auf Bevölkerungszahl und -zusammensetzung des Jahres 1970 ausgewirkt? Wie ist das Verhältnis der männlichen zur weiblichen Bevölkerung in den einzelnen Altersjahren? Wie ist das Verhältnis der Erwerbstätigen (15–65) zu den Nichterwerbstätigen? Worauf führen Sie die Abnahme der Geburten nach 1965 zurück?

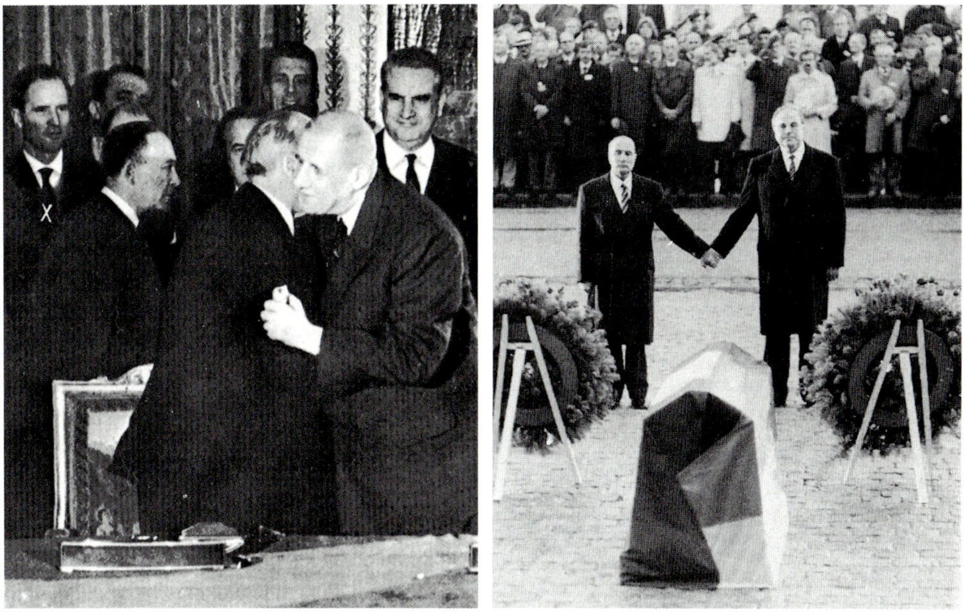

Politikergesten der Aussöhnung: Konrad Adenauer und Charles de Gaulle umarmen sich nach der Unterzeichnung des deutsch-französischen Freundschaftsvertrages am 22. Januar 1963 in Paris (im Hintergrund X der spätere Bundespräsident Carstens). Das rechte Bild zeigt Staatspräsident Mitterrand und Bundeskanzler Kohl bei einer Gedenkfeier in Verdun am 22. September 1984.

Aussöhnung mit Frankreich

„Man bekämpft sich, weil man sich hasst, und man hasst sich, weil man sich nicht kennt!", so hat es einmal ein französischer Politiker gesagt. Die Regierungen beider Völker haben daraus die Lehre gezogen: auf französischer Seite der langjährige Außenminister *Robert Schuman* (1886–1963) und später auch Staatspräsident *Charles de Gaulle* (1890–1969), auf deutscher Seite vor allem *Konrad Adenauer*, der beständig den Weg der Aussöhnung gegangen ist.

Ein Höhepunkt dieses gemeinsamen Strebens war der *deutsch-französische Freundschaftsvertrag* am 22. Januar 1963. Er begründete einmal eine *Zusammenarbeit der Regierungen*: Durch ständige Kontakte und Begegnungen sollte die Politik beider Staaten aufeinander abgestimmt werden, vor allem in der Außen-, der Wirtschafts- und der Verteidigungspolitik. Mindestens ebenso wichtig aber waren die Vereinbarungen über die *Zusammenführung der Menschen*. Durch Verstärkung des Unterrichts in der jeweils anderen Sprache sollte die Verständigung verbessert, durch Städtepartnerschaften die Möglichkeit zu vielfältigen zwischenmenschlichen Kontakten gefördert werden. Vor allem aber wurde das *Deutsch-Französische Jugendwerk* durch den Vertrag geschaffen. Schüler- und Studentenaustausch, Praktika für junge Landwirte und Handwerker, Sommerkurse für junge Chöre und Orchester, gemeinsame Ferienlager – es wurden jährlich mehrere tausend Veranstaltungen gefördert und über vier Millionen junge Menschen bisher zusammengeführt.

In der „großen Politik" hat der nationale Eigennutz häufig die angestrebte Zusammenarbeit überschattet oder scheitern lassen. Die Völker aber sind einander näher gekommen.

Vertrag zwischen der Bundesrepublik Deutschland und der Volksrepublik Polen über die Grundlagen der Normalisierung ihrer gegenseitigen Beziehungen

Die Bundesrepublik Deutschland und die Volksrepublik Polen

IN DER ERWÄGUNG, dass mehr als 25 Jahre seit Ende des Zweiten Weltkrieges vergangen sind, dessen erstes Opfer Polen wurde und der über die Völker Europas schweres Leid gebracht hat,
EINGEDENK DESSEN, dass in beiden Ländern inzwischen eine neue Generation herangewachsen ist, der eine friedliche Zukunft gesichert werden soll,
IN DEM WUNSCHE, dauerhafte Grundlagen für ein friedliches Zusammenleben und die Entwicklung normaler und guter Beziehungen zwischen ihnen zu schaffen,
IN DEM BESTREBEN, den Frieden und die Sicherheit in Europa zu festigen,
IN DEM BEWUSSTSEIN, dass die Unverletzlichkeit der Grenzen und die Achtung der territorialen Integrität und der Souveränität aller Staaten in Europa in ihren gegenwärtigen Grenzen eine grundlegende Bedingung für den Frieden sind,
SIND wie folgt übereingekommen:

Artikel I

(1) Die Bundesrepublik Deutschland und die Volksrepublik Polen stellen übereinstimmend fest, dass die bestehende Grenzlinie, deren Verlauf im Kapitel IX der Beschlüsse der Potsdamer Konferenz vom 2. August 1945 von der Ostsee unmittelbar westlich von Swinemünde und von dort die Oder entlang bis zur Einmündung der Lausitzer Neiße und die Lausitzer Neiße entlang bis zur Grenze mit der Tschechoslowakei festgelegt worden ist, die westliche Staatsgrenze der Volksrepublik Polen bildet.
(2) Sie bekräftigen die Unverletzlichkeit ihrer bestehenden Grenzen jetzt und in der Zukunft und verpflichten sich gegenseitig zur uneingeschränkten Achtung ihrer territorialen Integrität.
(3) Sie erklären, dass sie gegeneinander keinerlei Gebietsansprüche haben und solche auch in Zukunft nicht erheben werden.

Artikel II

(1) Die Bundesrepublik Deutschland und die Volksrepublik Polen werden sich in ihren gegenseitigen Beziehungen sowie in Fragen der Gewährleistung der Sicherheit in Europa und in der Welt von den Zielen und Grundsätzen, die in der Charta der Vereinten Nationen niedergelegt sind, leiten lassen.
(2) Demgemäß werden sie entsprechend den Artikeln 1 und 2 der Charta der Vereinten Nationen alle ihre Streitfragen ausschließlich mit friedlichen Mitteln lösen und sich in Fragen, die die europäische und internationale Sicherheit berühren, sowie in ihren gegenseitigen Beziehungen der Drohung mit Gewalt oder der Anwendung von Gewalt enthalten.

Artikel III

(1) Die Bundesrepublik Deutschland und die Volksrepublik Polen werden weitere Schritte zur vollen Normalisierung und umfassenden Entwicklung ihrer gegenseitigen Beziehungen unternehmen, deren feste Grundlage dieser Vertrag bildet.
(2) Sie stimmen darin überein, dass eine Erweiterung ihrer Zusammenarbeit im Bereich der wirtschaftlichen, wissenschaftlichen, wissenschaftlich-technischen, kulturellen und sonstigen Beziehungen in ihrem beiderseitigen Interesse liegt.

Artikel IV

Dieser Vertrag berührt nicht die von den Parteien früher geschlossenen oder sie betreffenden zweiseitigen oder mehrseitigen internationalen Vereinbarungen.

Artikel V

Dieser Vertrag bedarf der Ratifikation und tritt am Tage des Austausches der Ratifikationsurkunden in Kraft, der in Bonn stattfinden soll.*

* Dieser Vorgang erfolgte am 3. Juni 1972.

ZU URKUND DESSEN haben die Bevollmächtigten der Vertragsparteien diesen Vertrag unterschrieben.

GESCHEHEN zu Warschau am 7. Dezember 1970 in zwei Urschriften, jede in deutscher und polnischer Sprache, wobei jeder Wortlaut gleichermaßen verbindlich ist.

Für die Bundesrepublik Deutschland

Willy Brandt
Walter Scheel

Für die Volksrepublik Polen

Jóseph Cyrankiewicz
Stefan Jedrychowski

Deutsche und Polen

Der Warschauer Vertrag 1970 und seine Vorgeschichte

Vielleicht erinnern Sie sich an die Teilungen Polens 1772, 1793 und 1795, von denen in einem früheren Band dieses Geschichtsbuchs berichtet wurde. Damals hatte der polnische Staat aufgehört zu bestehen.

Das polnische Volk lebte dreigeteilt unter der Herrschaft Russlands, Österreichs und Preußens. In keinem der drei Teilungsgebiete aber hat es sich mit dieser Tatsache abgefunden. „Noch ist Polen nicht verloren" – das wurde die trotzige Nationalhymne dieses Volkes.

Am Ende des Ersten Weltkrieges stand schließlich die lang ersehnte staatliche Einheit Polens. Wo aber sollte die Westgrenze verlaufen? Deutsche und Polen lebten ja in weiten Gebieten nebeneinander! Es gab Kämpfe und Abstimmungen, Spannungen und Gegensätze. Unter ihnen litt die deutsche Minderheit, die jetzt in Polen lebte.

Mit dem Überfall Hitlers im September 1939 begann ein entsetzlicher Leidensweg für das polnische Volk. Es musste nicht nur am längsten eine deutsche Besetzung über sich ergehen lassen, es wurde vor allem auch das Opfer der nationalsozialistischen „Lebensraum"-Politik. Polen sollte deutsche Kolonie werden. Die polnischen Menschen wurden darum „rassisch gesiebt", in „blutlich Wertvolle und Nichtwertvolle" eingeteilt, – die einen für „eindeutschungsfähig" befunden, die anderen als „minderwertig" für künftige Sklavenarbeit vorgesehen. Millionen wurden „umgesiedelt", enteignet, in deutsche Konzentrations- oder Arbeitslager gebracht. Von den 36 Millionen Menschen, die 1939 im polnischen Staatsgebiet lebten, kamen fast 6 Millionen um, das heißt: jeder Sechste! Unter ihnen waren nahezu alle polnischen Juden – ursprünglich drei Millionen.

Gegen diese Unterjochung kämpfte die polnische Widerstandsbewegung. Große Aufstände erfolgten 1943 und 1944 in Warschau. Sie wurden von den Deutschen blutig niedergekämpft, Warschau schließlich völlig zerstört.

Nach den Beschlüssen der Konferenzen von Jalta und Potsdam 1945 sollte die polnische Westgrenze hinfort von den Flüssen Oder und Neiße gebildet werden. Polen wurde „nach Westen verschoben". Nun begann die Ausweisung von Millionen Deutschen. Sie mussten Heimat und Besitz aufgeben, wurden häufig innerhalb weniger Stunden vertrieben (S. 64/65). Ungezählte von ihnen hatten jetzt unter Misshandlungen und Racheakten der Polen zu leiden.

So stand 1945 ein Berg von Hass und Leid zwischen den Menschen beider Völker. Aber auch hier haben Männer und Frauen auf beiden Seiten geduldig daran gearbeitet, nun endlich einen Schlussstrich unter die leidvolle Vergangenheit zu ziehen. 25 Jahre später bildete der *Warschauer Vertrag* (vgl. auch S. 100) die Chance eines neuen Anfangs.

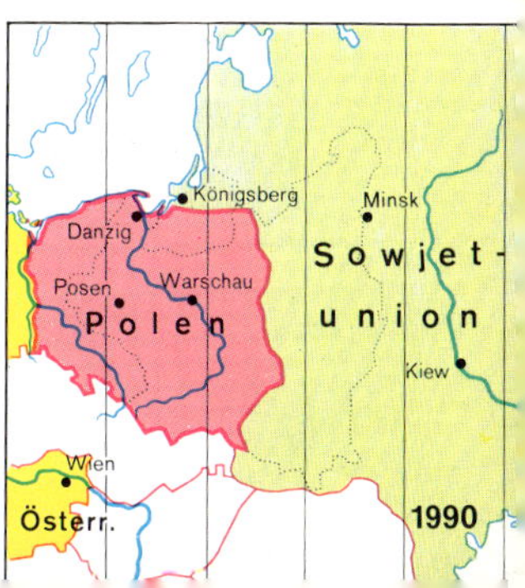

Arbeitsvorschläge

1. Ordnen Sie bitte die Aussagen des vorstehenden Textes stichwortmäßig nach Zeiträumen: nach 1795, nach 1918, nach 1945! Ergänzen Sie diese durch die Ausführungen über Flucht und Vertreibung in früheren Kapiteln!
2. Der Warschauer Vertrag ist hier als Beispiel einer zwischenstaatlichen Vereinbarung vollständig abgedruckt worden.
   a) Unterscheiden Sie: Präambel – Artikelfolge – Schlussformeln!
   b) Wie werden in der Präambel Begründungen und Absichten für diesen Vertrag umschrieben?
   c) Geben Sie für jeden der Artikel eine knappe Zusammenfassung!
   d) Was wird in den Schlussformeln ausgesagt?
   e) In welchen Abschnitten empfinden Sie die Sprache als besonders feierlich oder altertümlich?

Deutsche und Polen nach 1990

Für die deutsche Einheit hatten die Siegermächte des Zweiten Weltkriegs ganz besonders *eine* Bedingung gestellt: Deutschland muss auf Gebietsansprüche gegenüber seinen Nachbarn ein für alle Mal verzichten! Entsprechend hieß es im Souveränitätsvertrag vom 12. September 1990 gleich in Artikel 1: „Das vereinte Deutschland hat keinerlei Gebietsansprüche gegen andere Staaten und wird solche auch nicht in Zukunft erheben."

Am 17. Juni 1991 unterschrieben der deutsche und der polnische Regierungschef in feierlicher Form den Vertrag *über die deutsch-polnische Nachbarschaft und freundschafliche Zusammenarbeit.* Damit sollte eine endgültige Aussöhnung der Völker eingeleitet werden. So enthält der Vertrag neben den üblichen Bestimmungen über Zusammenarbeit von Regierungen und Behörden auch Regelungen für die deutsche Minderheit in Polen, vor allem etwa eine halbe Million Schlesier, die 1945 nicht vertrieben worden waren. – Gleichzeitig wurde ein *Jugendwerk* gegründet, das – ähnlich wie bei seinem deutsch-französischen Vorläufer – junge Menschen aus beiden Völkern zusammenführen soll.

Der Nachbarschaftsvertrag löste den Warschauer Vertrag von 1970 ab, aber auch die *Warschauer Deklaration vom 6. Juni 1950.* Mit diesem Abkommen hatte die DDR bereits im ersten Jahr ihres Bestehens die Oder-Neiße-Linie als endgültige Grenze anerkannt. Die Beziehungen zum „sozialistischen Bruderstaat" freilich waren eine Angelegenheit der Funktionäre, der Vorbehalt der Menschen blieb über 40 Jahre bestehen.

Deutsche und Juden

Arbeitsvorschlag

Orientieren Sie sich auf S. 42/43 noch einmal über den neuen Staat Israel!

Versuch einer Wiedergutmachung

Die Bundesrepublik Deutschland hat nach 1945 zunächst versucht, wenigstens die wirtschaftlichen Schäden wiedergutzumachen, die jüdischen Menschen in ganz Europa zwischen 1933 und 1945 zugefügt worden waren. Umfangreiche Zahlungen und Warenlieferungen sind nach Israel gegangen und haben zum Aufbau des neuen Staates beigetragen; etwa 3,5 Milliarden DM bis 1966 – damals eine erhebliche Summe. Hinzu kommen Zahlungen in Milliardenhöhe an einzelne Überlebende, die Opfer des Nationalsozialismus geworden waren.

Aus der Regierungserklärung von Bundeskanzler Adenauer am 27. September 1951

„Die Bundesregierung und mit ihr die große Mehrheit des deutschen Volkes sind sich des unermesslichen Leides bewusst, das in der Zeit des Nationalsozialismus über die Juden in Deutschland und in den besetzten Gebieten gebracht wurde. Das deutsche Volk hat in seiner überwiegenden Mehrheit die an den Juden begangenen Verbrechen verabscheut und hat sich an ihnen nicht beteiligt. Es hat in der Zeit des Nationalsozialismus im deutschen Volk viele gegeben, die mit eigener Gefährdung aus religiösen Gründen, aus Gewissensnot, aus Scham über die Schändung des deutschen Namens ihren jüdischen Mitbürgern Hilfsbereitschaft gezeigt haben. Im Namen des deutschen Volkes sind aber unsagbare Verbrechen begangen worden, die zur moralischen und materiellen Wiedergutmachung verpflichten, sowohl hinsichtlich der individuellen Schäden, die Juden erlitten haben, als auch des jüdischen Eigentums, für das heute individuell Berechtigte nicht mehr vorhanden sind …

Die Bundesregierung wird für den baldigen Abschluss der Wiedergutmachungsgesetzgebung und ihre gerechte Durchführung Sorge tragen …"

(Archiv der Gegenwart, Wien 1951, S. 3135)

Versuch der Normalisierung

Der Überfall eines palästinensischen Terrorkommandos auf die israelischen Teilnehmer an der Olympiade 1972 in München ließ viele Deutsche wieder über das Verhältnis von Deutschen und Juden nachdenken. Im Verlauf dieses Überfalls kamen elf israelische Sportler ums Leben.

Die Ausstrahlung des amerikanischen Fernsehfilms „Holocaust" 1979 brachte schließlich das Problem der Judenvernichtung im Dritten Reich in die Wohnzimmer der Westdeutschen. Sie führte zu einer leidenschaftlichen Diskussion zwischen den Generationen über den Völkermord an den Juden im „Dritten Reich" – viel heftiger, als alle Geschichtsbücher dies zuvor vermocht hatten.

Von einer Normalisierung des Verhältnisses zwischen Juden und Deutschen kann auch 45 Jahre nach dem Ende der Judenvernichtung durch Deutsche nicht gesprochen werden. Deutsche, die nach Israel reisen, werden freundlich aufgenommen. Aber dennoch beobachtet die Öffentlichkeit dort aufmerksam und besorgt die immer wieder aufflackernden Erscheinungen von Judenfeindschaft in Deutschland: das Zerstören jüdischer Friedhöfe, das Beschmieren von Wänden mit antisemitischen Parolen, allgemein das Auftreten von Rechtsradikalen und Neonazis.

Einen schweren Rückschlag hat das Bemühen um Normalisierung durch den Golfkrieg 1991 erlitten. In diesem Krieg ließ der irakische Diktator Saddam Hussein Raketen auch auf Israel abfeuern, von denen nicht sicher war, ob sie mit Giftgas gefüllte Sprengköpfe trugen. Bald stellte sich heraus, dass es westdeutsche Unternehmen gewesen waren, die den Irak mit Fabriken und Geräten zur Giftgasproduktion beliefert hatten, und die Erinnerung an die Vergasung der Juden wurde in schrecklicher Weise lebendig.

Wenn es im vereinigten Deutschland noch Spuren des Antisemitismus gibt, so ist dies eine Judenfeindschaft ohne Juden: Etwa 35 000 lebten 1990 insgesamt in beiden deutschen Staaten, das ist die Einwohnerzahl einer Stadt wie Meißen. Viele von ihnen sind die letzten Überlebenden der Hitlerzeit.

Bild links: Titelseite des SPIEGEL anlässlich der Ausstrahlung der Fernsehserie „Holocaust" 1979. – Bild rechts: Mit aufgesetzter Gasmaske demonstriert ein junger Israeli im Januar 1991 vor der deutschen Botschaft. Sein Plakat zeigt eine Karikatur des irakischen Diktators, einen Raketensprengkopf in den Armen. (Mit dem Gas „Cyclon B" war in Vernichtungslagern wie Auschwitz gemordet worden.)

Datenliste zur Geschichte der Bundesrepublik Deutschland 1945–1990

	Daten zur Vorgeschichte der Bundesrepublik Deutschland
8. Mai 1945	Bedingungslose Kapitulation Deutschlands
Juli 1945	Konferenz von Potsdam: Aufteilung Deutschlands, Entmilitarisierung. Entnazifizierung, Demontagen, Reparationen, Abtrennung von Gebieten. Alliierter Kontrollrat
1945	Beginn des Zustroms von mehr als sechs Millionen Zwangsaussiedlern aus den ehemals deutschen Ostgebieten
Ende 1945	Zulassung von politischen Parteien
Ende 1945	Bildung von *Ländern* unter alliierter Kontrolle
Ende 1945	Neuaufbau der Gewerkschaften
1945/46	Nürnberger Kriegsverbrecherprozess
Sept. 1946	Beginn der Wende in der amerikanischen Deutschlandpolitik (Byrnes-Rede)
Nov. 1946	Erste Landtagswahlen
Juni 1947	Verkündung des Marshall-Plans
Juni 1948	Währungsreform (DM-West)
Juni 1948	Beginn der Blockade West-Berlins (Ende Mai 1949)
Sept. 1948	Erster Zusammentritt des Parlamentarischen Rates
Mai 1949	Verkündung des Grundgesetzes
	Daten zur Zeit der CDU-Führung und der Großen Koalition
August 1949	Wahlen zum ersten Deutschen Bundestag
Sept. 1949	Theodor Heuss erster Bundespräsident, Konrad Adenauer erster Bundeskanzler der Bundesrepublik Deutschland
Sept. 1949	Besatzungsstatut zur Regelung der Beziehungen zwischen Besatzungsmächten und Bundesrepublik
1950	Beginn der wirtschaftlichen Aufwärtsentwicklung („Wirtschaftswunder")
1951	Montanunion: Beginn einer europäischen Wirtschaftsgemeinschaft (S. 161)
Mai 1952	Deutschland-Vertrag: Westbindung der Bundesrepublik festgeschrieben
1952	Stalin-Note zur Neutralisierung Deutschlands
1952	Aus den Ländern Baden, Württemberg-Baden und Württemberg-Hohenzollern entsteht das Bundesland Baden-Württemberg
1952	Wiedergutmachungsabkommen mit Israel
Mai 1955	Pariser Verträge: Aufhebung des Besatzungsstatuts von 1949, Souveränität über innere und äußere Angelegenheiten, Beitritt zur NATO
Sept. 1955	Adenauer in Moskau (Aufnahme diplomatischer Beziehungen, Rückkehr der letzten Kriegsgefangenen vereinbart)
1956	Beginn des Aufbaus der Bundeswehr, Gesetz über allgemeine Wehrpflicht
Jan. 1957	Rückgliederung des Saargebiets als weiteres Bundesland
März 1957	Gründung der Europäischen Wirtschaftsgemeinschaft – EWG (S. 161)
Jan. 1963	Deutsch-französischer Freundschaftsvertrag
Okt. 1963	Rücktritt Konrad Adenauers. Ludwig Erhard Bundeskanzler
Mai 1965	Aufnahme diplomatischer Beziehungen zu Israel
Herbst 1966	Rückgang der Hochkonjunktur: erstmals Rezession
Dez. 1966	Große Koalition: Kurt Georg Kiesinger (CDU) Bundeskanzler, Willy Brandt (SPD) Außenminister
1967	Gründung der Europäischen Gemeinschaft – EG (S. 161)
Mai 1968	Verabschiedung der Notstandsverfassung im Bundestag
1968	Beginn von Protestdemonstrationen in den westdeutschen Großstädten (APO)

	Daten zur Zeit der Soziallliberalen Koalition (1969–1982)
Okt. 1969	Wahlen zum 6. Deutschen Bundestag. Sozialliberale Koalition: Willy Brandt Bundeskanzler
März 1970	Brandt in Erfurt (S. 152)
Aug. 1970	Moskauer Vertrag
Dez. 1970	Warschauer Vertrag
Sept. 1971	Viermächte-Abkommen über Berlin (Berlin-Abkommen)
Aug. 1972	XX. Olympische Spiele in München
Dez. 1972	Unterzeichnung des Grundvertrages in Ost-Berlin
Sept. 1973	Aufnahme der Bundesrepublik Deutschland in die Vereinten Nationen (gleichzeitig mit der Deutschen Demokratischen Republik)
Winter 1973/74	Ölkrise
1974	Krise in der Textil-, Bau- und Autoindustrie
April 1974	DDR-Agent Günter Guillaume, Mitarbeiter Willy Brandts, verhaftet
Mai 1974	Rücktritt von Bundeskanzler Brandt. Helmut Schmidt Bundeskanzler
Juni 1974	Herabsetzung der Volljährigkeit auf 18 Jahre
Juni 1974	Einrichtung „Ständiger Vertretungen" der Bundesrepublik und der DDR in Ost-Berlin und in Bonn
April 1977	Ermordung des Generalbundesanwalts Siegfried Buback und seiner Begleiter
Juli 1977	Ermordung des Bankiers Jürgen Ponto
Sept. 1977	Entführung und Ermordung des Arbeitgeberpräsidenten Hanns Martin Schleyer
Okt. 1977	Entführung der Lufthansa-Maschine „Landshut", Befreiung durch eine Grenzschutztruppe (GSG 9) in Mogadischu/Somalia
Juli 1978	„Weltwirtschaftsgipfel" in Bonn
Juni 1979	Erste Direktwahl zum Europäischen Parlament (S. 167)
Dez. 1981	Über 1,5 Mill. Arbeitslose in der Bundesrepublik Deutschland
Sept. 1982	Bruch der Soziallliberalen Koalition
	Daten zur Geschichte der Bundesrepublik Deutschland 1982–1990
Okt. 1982	Helmut Kohl (CDU) durch ein konstruktives Misstrauensvotum gegen Bundeskanzler Schmidt zum Bundeskanzler gewählt. Eine Koalition aus CDU/CSU und FDP löst die Sozialliberale Koalition ab
März 1983	Wahlen zum 10. Deutschen Bundestag. Regierung Kohl bestätigt
Okt. 1983	Höhepunkt von Massenprotesten gegen weitere Rüstung
Mai 1984	Mehrwöchiger Streik für die 35-Stunden-Woche
Sommer 1984	Verstärkte Umweltdiskussion in der deutschen Öffentlichkeit
Dez. 1984	Über 2,3 Mill. Arbeitslose in der Bundesrepublik Deutschland
April 1986	Die Reaktor-Katastrophe in Tschernobyl weitet die Diskussion um die friedliche Nutzung der Kernenergie aus
Sept. 1987	Staats- und Parteichef Erich Honecker besucht die Bundesrepublik (S. 137)
Sommer 1989	Fluchtwelle von mehr als 40 000 DDR-Bürgern über Ungarn und die Botschaften in Prag und Warschau in die Bundesrepublik Deutschland
9. Nov. 1989	Fall der Berliner Mauer, danach Öffnung der deutsch-deutschen Grenze
28. Nov. 1989	Zehn-Punkte-Programm zur deutschen Einheit von Bundeskanzler Kohl
15. Juli 1990	Begegnung von Staats- und Parteichef Gorbatschow und Bundeskanzler Kohl im Kaukasus: Durchbruch in der Frage einer vollen Souveränität des künftig vereinten Deutschlands
12. Sept. 1990	Unterzeichnung des Vertrags über die deutsche Souveränität in Moskau
3. Okt. 1990	Beitritt der Deutschen Demokratischen Republik zur Bundesrepublik Deutschland. „Tag der deutschen Einheit"
3. Dez. 1990	Erste gesamtdeutsche Wahlen zum Deutschen Bundestag. Weiterhin Regierungskoalition aus CDU/CSU und FDP

Arbeitsvorschläge

1. Arbeiten Sie die vorstehende Datenliste zur Geschichte der Bundesrepublik Deutschland bitte durch! Stellen Sie fest, welche der genannten Ereignisse im vorausgegangenen Text des Geschichtsbuches näher behandelt worden sind!
2. Für einige Ereignisse finden Sie erst im nachfolgenden Text weiter gehende Informationen. Lesen Sie auf den entsprechenden Seiten nach!
3. Versuchen Sie, die aufgeführten Ereignisse tabellarisch zu ordnen, indem Sie diese den Spalten „Innenpolitik“, „Gesellschaftspolitik“, „Wirtschaftspolitik“, „Außenpolitik“, „Deutschlandpolitik“ und „Allgemeines“ zuordnen!

Wir merken uns

Aus den drei westlichen Besatzungszonen entstand 1949 die Bundesrepublik Deutschland. Ihre verfassungsmäßige Grundlage bildet das „Grundgesetz für die Bundesrepublik Deutschland“ vom 23. Mai 1949. Erster Bundespräsident wurde Theodor Heuss (1949–1959), erster Bundeskanzler Konrad Adenauer (1949–1963).

In der Zeit Adenauers schloss sich die Bundesrepublik eng den westeuropäischen Staaten an (Westintegration). Damit verbunden war die Wiederbewaffnung durch die Schaffung einer Bundeswehr (1956). Mit Hilfe des Marshall-Plans und der Politik der Sozialen Marktwirtschaft gelang ein rascher Wiederaufbau.

In den Jahren der Sozialliberalen Koalition (1969–1982) stand in der Außenpolitik zunächst die Politik des Ausgleichs mit den osteuropäischen Staaten im Vordergrund. Moskauer Vertrag und Warschauer Vertrag bildeten 1970 wichtige Grundlagen. Der Grundvertrag von 1972 leitete eine Politik der Entspannung mit der Deutschen Demokratischen Republik ein.

In der Politik seit 1982 waren zunächst Probleme des Strukturwandels (Automatisierung und Bevölkerungsentwicklung, Zuwanderung und Umweltzerstörung) zentrale Themen. Seit Mitte 1989 trat die sich plötzlich abzeichnende Möglichkeit einer Vereinigung der beiden deutschen Staaten in den Vordergrund. Hierfür schuf die Regierung unter Bundeskanzler Kohl die Voraussetzungen, vor allem durch Verhandlungen mit der Sowjetunion (Gorbatschow).

Am 3. Oktober 1990 trat die DDR der Bundesrepublik Deutschland bei. Damit endete die Teilung Deutschlands, die 1945 begonnen hatte.

In den Jahren nach 1945 war die Versöhnung mit dem französischen Volk und die Aussöhnung mit den Juden ein vordringliches Ziel der deutschen Politik, vor allem unter Bundeskanzler Adenauer. In der Zeit der Sozialliberalen Koalition wurde die Aussöhnung auch mit den östlichen Nachbarn Teil der Friedenspolitik, vor allem unter Bundeskanzler Brandt.

Am 7. Oktober 1989 wurde der 40. Jahrestag der Gründung der DDR noch einmal mit viel Aufwand gefeiert. So fand auf der Karl-Marx-Allee in Ost-Berlin eine große Militärparade statt. In der Mitte der Ehrentribüne sind Michail Gorbatschow, Staats- und Parteichef der Sowjetunion, und Erich Honecker, Staats- und Parteichef der DDR, zu erkennen. – An diesem Tage formulierte Gorbatschow seinen berühmt gewordenen Satz: „Wer zu spät kommt, den bestraft das Leben.“

Die Feiern vom 6.–8. Oktober 1989 wurden zur letzten großen Heerschau der Herrschenden des SED-Staates. Während der Festreden und Paraden in abgesperrten Bereichen demonstrierte bereits das Volk in anderen Teilen der Stadt, drangen die Rufe Tausender, „Gorbi, hilf!“, in feierliche Versammlungen, wurden 1047 Männer und Frauen in Berlin verhaftet und danach mit Schlagstöcken verprügelt. – Elf Tage nach der Parade musste Honecker zurücktreten.

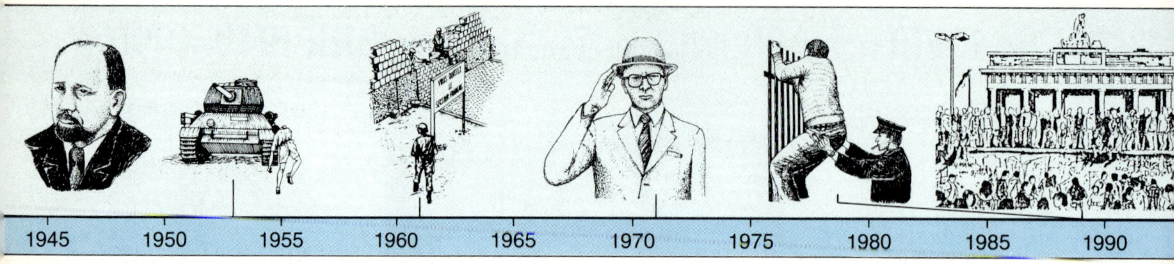

Die Aufbauphase (1949–1961)

Im Zeichen Stalins

Die Deutschlandpolitik Stalins nach dem Ende des Zweiten Weltkriegs war darauf gerichtet gewesen, Deutschland als einheitliches Staatsgebilde zu erhalten. So suchte er einen möglichst über die sowjetische Besatzungszone hinausgehenden Einfluss zu gewinnen, besonders im Ruhrgebiet. Hinter dieser Politik stand die Hoffnung, dass die USA sich sehr bald aus Europa zurückziehen würden und Deutschland als Ganzes alsdann in seinen Machtbereich eingegliedert werden könnte. Im Rahmen dieser Politik hatte Stalin zwar die Umgestaltung seiner Besatzungszone nach sowjetischem Vorbild einleiten lassen (Bodenreform, Enteignung der Großindustrie, vgl. S. 80–81). Darüber hinaus aber ließ er die SED-Führung eine Politik betreiben, die auf ganz Deutschland gerichtet war:

- Die Gründung einer „Deutschen Wirtschaftskommission“ (Juli 1947) sollte die Vorstufe einer *gesamtdeutschen Zentralregierung* bilden.
- Die Gründung eines „Deutschen Volkskongresses“ (Dezember 1947) mit „Eingeladenen“ auch aus den westlichen Besatzungszonen sollte die Vorstufe eines *gesamtdeutschen Parlaments* bilden.

Diese Rechnung ging nicht auf:

- Mit dem Marshall-Plan machten die USA deutlich, dass sie Europa – und Westdeutschland – nicht seinem Schicksal überlassen wollten.
- Mit dem Stimmzettel machten die Deutschen in den westlichen Besatzungszonen deutlich, dass sie eine kommunistische Herrschaft ablehnten: Bei den Wahlen zum Deutschen Bundestag 1949 wählten 5,7 % die Kom-

Im Jahre 1949 erklang zum ersten Male die Nationalhymne der DDR. Als in den siebziger Jahren ihr Text dann nicht mehr in die politische Linie der SED-Führung passte, wurde bei feierlichen Anlässen nur noch die Melodie gespielt. Ihr Text durfte weder gesungen noch weiter in Lehrbüchern abgedruckt werden.

Die „Deutsche Nationalhymne“ der DDR

Auferstanden aus Ruinen
und der Zukunft zugewandt,
lass uns dir zum Guten dienen,
Deutschland, einig Vaterland.
Alle Not gilt es zu zwingen,
und wir zwingen sie vereint,
denn es muss uns doch gelingen,
dass die Sonne schön wie nie
über Deutschland scheint.

Glück und Friede sei beschieden
Deutschland, unserm Vaterland.
Alle Welt sehnt sich nach Frieden,
reicht den Völkern eure Hand.
Wenn wir brüderlich uns einen,
schlagen wir des Volkes Feind!
Lasst das Licht des Friedens scheinen,
dass nie eine Mutter mehr
ihren Sohn beweint.

Lasst uns pflügen, lasst uns bauen,
lernt und schafft wie nie zuvor,
und der eignen Kraft vertrauend,
steig ein frei' Geschlecht empor.
Deutsche Jugend, bestes Streben
unsres Volks in dir vereint,
wirst du Deutschlands neues Leben,
und die Sonne schön wie nie
über Deutschland scheint.

Text: Johannes R. Becher, Melodie: Hanns Eisler

munistische Partei Deutschlands, bei den Wahlen 1953 nur noch 2,2 % (das waren 600 000 Wähler).

Nach der Gründung der Bundesrepublik Deutschland ließ Stalin auch in der östlichen Besatzungszone einen deutschen Teilstaat zu: die *Deutsche Demokratische Republik* (DDR). Am 7. Oktober 1949 wurde sie im Ostsektor von Berlin ausgerufen. Dieser Teil Berlins war künftig „Hauptstadt der DDR".

Die DDR bis 1953

An die Spitze des zweiten deutschen Staates trat *Wilhelm Pieck* als *Staatspräsident. Otto Grotewohl* wurde *Ministerpräsident* und damit Regierungschef. Das sah, wie es Walter Ulbricht 1945 formuliert hatte, „demokratisch" aus. In Wirklichkeit lag die Macht beim *Generalsekretär des Zentralkomitees der SED*, und dieser hieß *Walter Ulbricht.*

Wichtigstes Anliegen in diesen von Stalin bestimmten Jahren war es, den *unbedingten Führungsanspruch* der SED durchzusetzen und abzusichern. Dazu gehörte innerparteilich die Ausschaltung derjenigen ehemaligen Sozialdemokraten, die als unzuverlässig galten. Die Partei wurde „gesäubert", ein Kreis von etwa 150 000 Mitgliedern ausgeschlossen. Innerparteilich, aber auch in Staat und Wirtschaft, wurde ein straffes *Funktionärssystem* eingeführt, das der Kontrolle des Politbüros unterstand. „Ebenso wie in der Regierung übernahmen im gesamten Staats- und Wirtschaftsapparat erfahrene und im Klassenkampf bewährte Mitglieder der SED die entscheidenden Positionen" (so das 1975 in Ost-Berlin erschienene Buch „DDR – *Werden und Wachsen*"). Der *Personenkult um Stalin* (vgl. S. 33) war ein weiteres Element dieses Stalinisierungsprozesses.

Bis 1952 blieb die DDR freilich ein „Staat auf Abruf". Stalin war bereit, sie in der Bundesrepublik aufgehen zu lassen, wenn diese *neutralisiert* würde. So jedenfalls beteuerte er es immer wieder.

Erst als diese Politik 1952 gescheitert war, durfte die SED den eingeleiteten Sowjetisierungsprozess weiter treiben, den „Aufbau des Sozialismus zur grundlegenden Aufgabe" machen:
- An die Stelle der fünf Länder traten 14 *Bezirke*, die sich leichter zentral beherrschen ließen.
- Die Grenze zum Westen wurde mit Sperranlagen versehen.
- Der Klassenkampf wurde verschärft, vor allem gegen die evangelische Kirche. Der damalige Vorsitzende der Freien Deutschen Jugend bezeichnete die Junge Gemeinde als „Tarnorganisation für Kriegshetze, Sabotage und Spionage im amerikanischen Auftrag". Er hieß *Erich Honecker.*
- Die Unterdrückungs- und Überwachungsinstrumente wurden nach sowjetischen Vorbildern ausgebaut. Aufgabe der *Gerichte* war es, Waffe gegen „Klassenfeinde" zu sein und abschreckende Urteile zu fällen. Ein eigenes *Ministerium für Staatssicherheit*, 1950 eingerichtet, sicherte fortan die Herrschaft der Partei über die Bevölkerung ab.

Im Zeichen der Stalinisierung wurde auch die SED selbst Gegenstand eines Kultes. Dazu gehörte dieses 1950 entstandene Gedicht (und Lied).

Die Partei, die Partei, die hat
immer Recht!
Und Genossen, es bleibe dabei;
Denn wer kämpft für das Recht,
Der hat immer Recht
Gegen Lügen und Ausbeuterei.
Wer das Leben beleidigt,
Ist dumm oder schlecht.
Wer die Menschheit verteidigt,
Hat immer Recht.
So, aus Leninschem Geist,
Wächst, von Stalin geschweißt,
Die Partei, die Partei, die Partei!

Von der Staatsgründung 1949 bis Ende 1952 verließen rund 700 000 Menschen diesen Staat in Richtung Westen.

Stalin starb 1953. Der Stalinist Ulbricht aber hielt weiterhin alle Macht in seinen Händen.

Volksaufstand am 17. Juni 1953. Sowjetische Panzer rollen durch Ost-Berlin. Es gab noch andere Ereignisse, bei denen sowjetische Panzer den Ausgang von Volksaufständen entschieden. Lesen Sie die entsprechenden Berichte in diesem Buch bitte noch einmal nach!

17. Juni 1953: der Volksaufstand

Ende Mai 1953 beschloss die Regierung, die Arbeitsnormen, die von den Arbeitern in den Betrieben täglich zu leisten waren, um 10% zu erhöhen bei gleich bleibendem Lohn. Die Arbeiter protestierten, und die Regierung sah sich zunächst genötigt, die angekündigten Maßnahmen zu widerrufen. Zeitungsmeldungen brachten wieder andere Erklärungen.

Am 16. Juni zog ein Demonstrationszug von Bauarbeitern von der Ost-Berliner Stalinallee zum Haus der Ministerien. Sie forderten Auskunft, ob die Regierung auf der Erhöhung der Arbeitsnormen bestehe oder nicht. Aber sie erhielten wiederum nur unklare Antworten.

Losungen der Bauarbeiter und Demonstranten am 16. Juni 1953: „Kollegen, reiht euch ein – wir wollen freie Menschen sein!“ „Spitzbart, Bauch und Brille [= Ulbricht, Pieck und Grotewohl] sind nicht des Volkes Wille!“ „Wir fordern freie Wahlen!“

Diese Losungen machen deutlich, dass es bei dem Volksaufstand am 17. Juni 1953 nicht nur um die Erhöhung der Arbeitsnormen ging.

Am folgenden Tag, dem 17. Juni 1953, kam es zu Massenkundgebungen am Haus der Ministerien in der Leipziger Straße, auf dem Potsdamer Platz und Unter den Linden. Schließlich waren über 50 000 Berliner auf dem großen freien Platz des Lustgartens versammelt.

Kommunistische Propagandasäulen, aufgestellte Transparente, Zonengrenzschilder und Baracken der Volkspolizei wurden angezündet und zerstört. Vom Brandenburger Tor holte ein junger Arbeiter die rote Fahne herunter. Sie war im Nu in hundert Stücke zerrissen. Inzwischen hatte man die Hilfe der Besatzungsmacht angerufen. Nun rollten sowjetische Panzer heran. Sie suchten die aufgebrachte Menge zu zerstreuen und in Seitenstraßen abzudrängen. Mit Steinen, Holzstücken und Eisenträgern gingen die Berliner gegen sie los.

Um 13 Uhr wurde vom sowjetischen Stadtkommandanten der Ausnahmezustand in Ost-Berlin verhängt. Am Abend war der Aufruhr niedergeschlagen. Doch er war inzwischen auf das gesamte mitteldeutsche Industriegebiet übergesprungen. In 272 Orten, besonders in Bitterfeld, Leipzig, Halle, Merseburg, Magdeburg, aber auch in Brandenburg und Görlitz hatte sich die Bevölkerung erhoben. Aller Welt wurde damit offenbar, dass die Herrschaft der SED-Regierung eine Zwangsherrschaft war, die sich nur auf die Panzer und Gewehre der Besatzungsmacht stützte.

Die Lösung

Nach dem Aufstand des 17. Juni
Ließ der Sekretär des Schriftstellerverbands
In der Stalinallee Flugblätter verteilen
Auf denen zu lesen war, dass das Volk
das Vertrauen der Regierung verscherzt habe
Und es nur durch verdoppelte Arbeit
Zurückerobern könne. Wäre es da
Nicht doch einfacher, die Regierung
Löste das Volk auf und
Wählte ein anderes?

Bertolt Brecht

Der Aufstand vom 17. Juni 1953 in Berlin hatte auch auf Leipzig übergegriffen. Vor dem alten Rathaus brennt ein Zeitungskiosk (Bild links). – Nach dem Aufstand schrieb Bert Brecht, der in Ost-Berlin lebende Dramatiker von weltweitem Ruf, das Gedicht „Die Lösung", das damals freilich nicht veröffentlicht wurde.

Arbeitsvorschläge

1. Versuchen Sie bitte, die Vorgänge um den 17. Juni 1953 unter den Begriffen „Anlass" und „Ursache" zu erläutern!
2. Welche Einstellung Brechts zur SED-Herrschaft unter Ulbricht lässt sich nach dem Gedicht „Die Lösung" vermuten?

Die fünfziger Jahre

Unter *Hilde Benjamin*, der nach dem Aufstand vom 17. Juni 1953 neu eingesetzten und als „rote Hilde" gefürchteten Justizministerin, gingen die Gerichte mit großer Härte gegen Beteiligte vor. In mindestens 1400 Fällen wurden Freiheitsstrafen ausgesprochen, in mindestens 38 Fällen Todesurteile vollstreckt – zumeist durch sowjetische Standgerichte.

Hammer und Zirkel im Ährenkranz auf schwarz-rot-goldenem Hintergrund: die „Nationalfahne" der DDR 1959–1990

Insgesamt hatte der Verlauf des Aufstands die Herrschaft Walter Ulbrichts gefestigt. Gefestigt wurde auch die DDR als Staatsgebilde. Nach Stalins Tod ging der neue Herr im Kreml, *Nikita Chruschtschow*, entschlossen den Weg der deutschen Zweistaatlichkeit: Bei der Gründung des Warschauer Pakts im Mai 1955 wurde auch die DDR Mitglied. Anfang 1956 entstand offiziell die *Nationale Volksarmee* (NVA), die unter dem Namen Kasernierte Volkspolizei bereits seit längerem existiert hatte.

Der „Aufbau des Sozialismus" wurde zügig vorangetrieben. Die Sozialisierung, die „Umwandlung in Volkseigentum", ergriff bald die ganze Wirtschaft und den gesamten Handel. Die Bezeichnung VEB („Volkseigener Betrieb") stand hinter fast allen Firmen, und die Läden, in denen der Bürger einkaufte, gehörten einer staatlichen „Handelsorganisation", der HO.

Fünfjahrespläne sollten die Steigerung der industriellen Produktion bestimmen. Häufig schlugen sie fehl; das Erreichte blieb hinter den Planziffern zurück. Vor allem blieb die Versorgung der Bevölkerung mit Verbrauchsgütern – den Dingen des täglichen Bedarfs – dürftig. Lebensmittelkarten gab es bis 1958.

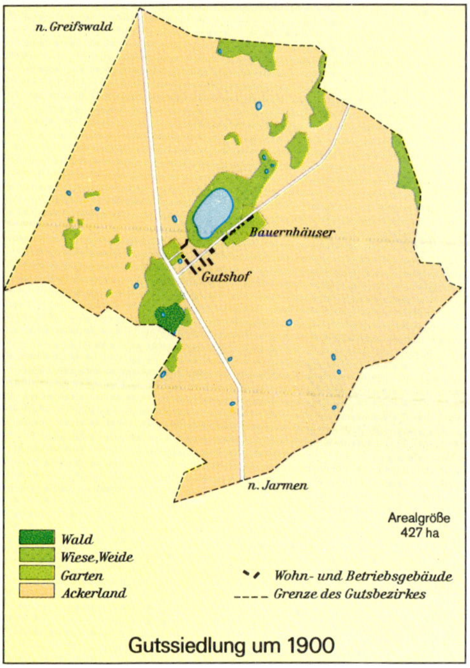

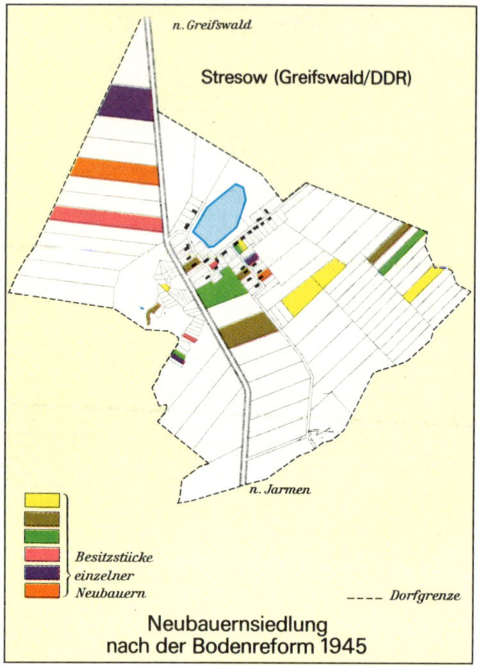

Die Kollektivierung der Landwirtschaft

Wir erinnern uns: Bereits 1945 war in der damaligen sowjetischen Besatzungszone eine Bodenreform durchgeführt, Großgrundbesitz enteignet und an Neubauern verteilt worden.

Fünfzehn Jahre später waren diese Neubauern ebenso wie alle übrigen Bauern der DDR in *Landwirtschaftliche Produktionsgenossenschaften* (LPG) hineingezwungen. In einer staatlichen Begründung für diese scheinbar widersprüchliche Politik hieß es:

> „Zunächst sahen die werktätigen Bauern und Landarbeiter in der Landzuteilung durch die Bodenreform die Erfüllung ihres Strebens nach selbstständigem, freiem Wirtschaften auf eigener Scholle. Diese Entwicklungsstufe des gesellschaftlichen Bewusstseins der Bauern konnte und durfte nicht übergangen werden; denn nur so war das enge Bündnis der Arbeiterklasse mit der werktätigen Bauernschaft zu schaffen und zu festigen."
>
> *(Nach: H.-H. Hartwich, Politik im 20. Jahrhundert, ^{3}1968, S. 323).*

Mit solchen Schildern an den Ortseingängen wurde die Kollektivierung häufig eingeleitet.

Ein geflüchteter Bauer berichtet, mit welchen Methoden er zum Eintritt gezwungen werden sollte:

> „Täglich kamen 6–8 Mann und verlangten … den Eintritt in die LPG. Oft kamen sie täglich zwei- bis dreimal oder blieben bis nachts zwei Uhr. Unter den Werbern befanden sich Polizei, SED-Funktionäre … Mein Sohn studierte an der TH in Dresden, und sie äußerten sich dahingehend, dass mein Sohn im Falle einer Weigerung von der TH entlassen würde …"
>
> *(Nach: Die Zwangskollektivierung des selbstständigen Bauernstandes ..., Bonn-Berlin 1960, S. 36).*

Schließlich konnten die Parteifunktionäre ihre Erfolgsmeldungen nach Ost-Berlin senden:

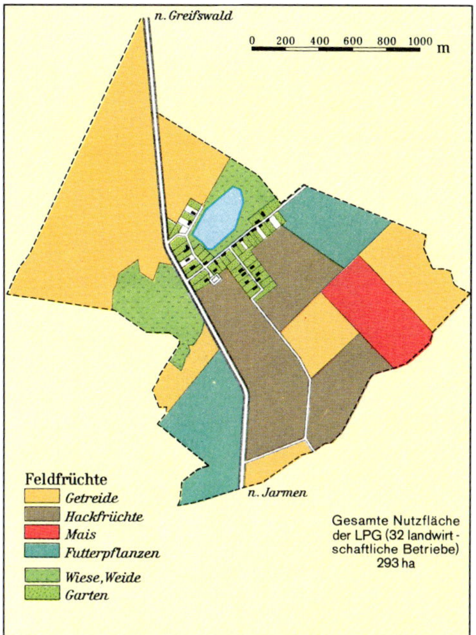

Vollgenossenschaftliches Dorf (LPG) 1970

Die Kartenfolge links verdeutlicht die Schritte der Bodenreform und Kollektivierung am Beispiel eines Gutshofes in der Nähe von Greifswald (Bezirk Rostock). Solche Gutshöfe, zu denen in der Regel einige Gutsarbeiterhäuser gehörten, lagen zumeist inmitten der zugehörigen Ackerflächen.

Dieser – inzwischen etwas verkleinerte – Gutsbezirk wurde 1945 enteignet und an Neubauern verteilt. Die Neubauern erhielten verstreute Besitzstücke (Parzellen) an den einzelnen Ackerflächen.

Bis 1960 wurden nach und nach alle Neubauern zum Eintritt in die 1952 gegründete LPG gezwungen. Von nun an wurden die Besitzstücke zu großen Ackerflächen zusammengelegt, einheitlich bestellt und gemeinsam bewirtschaftet.

Bestand wohl von vornherein die Absicht, den Neubauern ihr Eigentum wieder zu nehmen? Was wissen Sie noch über die bäuerlichen Eigentumsverhältnisse in der Sowjetunion? Wo sehen Sie Parallelen?

Meldung des Bezirks Neubrandenburg vom 15. März 1960

„Werter Genosse Walter Ulbricht!

Wir sind sehr erfreut, Ihnen mitteilen zu können, dass sich nunmehr alle Bauern im Bezirk Neubrandenburg entschlossen haben, den Schritt vom Ich zum Wir zu tun und gemeinschaftlich zu arbeiten …

Durch die nach der Zerschlagung des Hitler-Faschismus möglich gewordene demokratische Bodenreform erfolgte der erste entscheidende Schritt, das böse Erbe der unseligen Vergangenheit abzuwerfen.

Durch den jetzigen Zusammenschluss aller bisher einzelbäuerlichen Betriebe zu landwirtschaftlichen Produktionsgenossenschaften beginnt eine neue, höhere Stufe der Entwicklung für alle Bauern unseres Bezirkes … Damit erhält auch der Bezirk Neubrandenburg ein neues Gesicht, geprägt von einer schönen sozialistischen Perspektive.

Gegenwärtig sind unsere Genossenschaftsbauern, unterstützt durch die in der Nationalen Front des demokratischen Deutschland zusammengeschlossenen patriotischen Kräfte und den Staatsapparat, dabei, mit großem Schwung die Frühjahrsbestellung in Angriff zu nehmen …“

(Nach: Ernst Deuerlein, DDR 1945–1970, München 1971, S. 211 f.)

Die Zwangskollektivierung der Landwirtschaft verstärkte noch einmal die Fluchtbewegung und verschlechterte die Versorgungslage. Die Folge war der Bau der Mauer – der tiefste Einschnitt in der Geschichte der DDR.

Arbeitsvorschlag

Bitte prüfen Sie, warum es für die Bauern praktisch unmöglich war, der Zwangskollektivierung einen geschlossenen Widerstand entgegenzusetzen! Welche Folgen, vielleicht auch Vorteile, hatte die Mitgliedschaft in der LPG für den einzelnen Bauern?

Eine Antwort der SED auf den 17. Juni 1953 war der Aufbau von „Kampfgruppen der Arbeiterklasse“ aus besonders zuverlässigen Mitgliedern gewesen. Sie wirkten auch bei der Abriegelung West-Berlins am 13. August 1961 mit. – Das Bild oben zeigt die symbolische Übergabe von Gewehren durch Freiberger Arbeiter an uniformierte Kollegen, Mitglieder ihrer „Betriebskampfgruppe“.

Bild rechts: Der Bau der Mauer. In der Nacht zum 13. August waren zunächst Stacheldrahtverhaue entlang der Sektorengrenze aufgestellt worden. In den Tagen danach mussten Bauarbeiter unter Bewachung die eigentliche Mauer errichten. Die Bausteine wurden später durch Betonplatten ersetzt.

13. August 1961: die Mauer

Zwischen 1952 und 1961 waren die Sicherungen an der „Staatsgrenze West“, wie die deutsch-deutsche Grenze in der DDR bald genannt wurde, immer stärker ausgebaut worden. Ein Stacheldrahtzaun markierte sie, dem ein 5 km tiefes Sperrgebiet in die DDR hinein vorgelagert war. Stolperdrähte, Hundelaufanlagen und ein 10 m breiter, von allem Bewuchs befreiter Kontrollstreifen direkt am Zaun sollten jede „Republikflucht“ unmöglich machen. Für die Grenzsoldaten – inzwischen eine bis zu 50 000 Mann starke Sondertruppe – bestand der Befehl, „Grenzverletzer“ aufzuspüren, festzunehmen oder zu vernichten.

Bis 1961 aber gab es ein Loch in der Absperrung, denn in Berlin konnte man sich noch frei zwischen den Sektoren bewegen. In diesem Jahr gab Chruschtschow dem Drängen Ulbrichts nach, diese Lücke zu schließen. In der Nacht zum 13. August 1961 wurde die innerstädtische Sektorengrenze abgesperrt, schließlich eine Mauer quer durch Berlin (und um West-Berlin herum) errichtet. Sie erhielt in der DDR die offizielle Bezeichnung „Antifaschistischer Schutzwall“.

Nach dem Mauerbau gelang nur noch wenigen die Flucht. Mindestens 200 Männer und Frauen aus der DDR aber starben zwischen 1949 und 1989 bei dem Versuch, die Grenze oder die Mauer zu überwinden.

Die Berliner Mauer: Bilder, die um die Welt gingen

Bild oben: Flucht eines Bewachers am 15. August 1961. Der Sprung über den Stacheldrahtverhau glückte dem Unteroffizier Conrad Schumann von der NVA. Einem zufällig anwesenden Fotografen gelang diese Aufnahme. – Bild rechts: in einem Teilstück der Bernauer Straße gehörten die Häuser zum Ostsektor, die Straße davor aber zu den westlichen Sektoren. Hier wirft ein Vater seinen vierjährigen Sohn in das Sprungtuch der Westberliner Polizei und springt dann selbst aus dem dritten Stock hinterher. Wenige Tage später wurden die Fenster zugemauert, 1965 diese Häuser abgerissen.

Bild unten: Ein Jahr nach dem Mauerbau, am 17. August 1962, versucht Peter Fechter, ein junger Ost-Berliner, über die inzwischen fertige Mauer zu klettern. Grenzsoldaten schießen auf ihn und verletzen ihn schwer. Er fällt zwischen die Mauer und den alten Stacheldrahtverhau, noch auf DDR-Gebiet. Hunderte von Westberlinern hören fast eine Stunde lang seine Schreie, dann ist er verblutet. Erst seine Leiche wird von den Grenzbewachern der DDR geborgen. Wie Peter Fechter starben an der Berliner Mauer mindestens 80 Menschen, der letzte, Chris Gueffroy, am 5. Februar 1989.

Bereits in der Zeit zwischen 1945 und der Gründung der DDR hatten viele hunderttausend Menschen die östliche Besatzungszone verlassen.

Von September 1949 an wurden in der Bundesrepublik diese Flüchtlinge statistisch erfasst. Es waren bis zum Mauerbau fast 2,7 Millionen Menschen. Diese Zahl entsprach der Einwohnerzahl der in der Karte eingetragenen elf Großstädte der Bundesrepublik im Jahre 1961! –
Auch dieser Vergleich macht das Ausmaß sichtbar: Die Zahl der Flüchtlinge entspricht ziemlich genau der Einwohnerzahl eines der neuen Bundesländer Brandenburg (2,6 Mill.), Thüringen (2,7 Mill.) oder Sachsen-Anhalt (2,9 Mill.)!

Es waren vor allem Menschen im arbeitsfähigen Alter, die die DDR verließen, unter ihnen besonders viele Fachkräfte und Spezialisten: Ärzte und Apotheker, Professoren und Lehrer, Ingenieure und Techniker, Facharbeiter, Handwerker, Bauern. Das bedeutete für die Wirtschaft der DDR schwere Einbußen.

Die Zeit der Stabilisierung (1961–1987)

Die Entwicklung nach dem Mauerbau

Nach dem Ende der großen Fluchtbewegung und damit der Abwanderung von qualifizierten Arbeitskräften konnte die DDR-Führung sicherer planen als zuvor. In den nachfolgenden Jahren wurden Wirtschaftsreformen durchgeführt, begann ein großzügiger Ausbau ausgewählter Städte und Stadtzentren. Insgesamt erreichte die DDR den höchsten Lebensstandard der Staaten des Ostblocks und erhob um 1970 für sich den Anspruch, den zehnten Rang unter den Industriestaaten der Welt einzunehmen.

Bis 1961 war die DDR der einzige Staat in Europa mit einer rapide zurückgehenden Bevölkerungszahl gewesen. In den sechziger Jahren stabilisierte sich diese bei etwa 17 Millionen, erst in den siebziger Jahren sank sie wieder kontinuierlich ab.

Es waren nur noch wenige, die nach 1961 fliehen konnten – unter oft abenteuerlichen Bedingungen: mit Schlauchbooten und selbst gebastelten Ballons, durch Tunnelbauten oder Verstecke in Autos und Schiffen. Wer nicht hinaus konnte, trug mit seiner Arbeitsleistung zwangsläufig zum Aufschwung der DDR bei. Das Bewusstsein jedoch, eingemauert zu sein, wurde mit fortschreitender Zeit von den Menschen der DDR immer bedrückender empfunden.

Seit dem Mauerbau verbesserten sich die Lebensverhältnisse – langsam, aber gleichmäßig. Die langlebigen Verbrauchsgüter in den Haushalten

Alltag am Alexanderplatz. – Der Alexanderplatz im Zentrum Berlins wurde völlig neu gestaltet und mit seinen Hochhäusern und der Weltzeituhr im Vordergrund einer der Repräsentationsplätze der DDR.

nahmen zu, wenn auch ihre Qualität zu wünschen übrig ließ. Im wirtschaftlichen Wettbewerb mit der Bundesrepublik freilich war die DDR der beständige „zweite Sieger", die Lebensbedingungen blieben insgesamt eher bescheiden. Vor allem die langen Wartezeiten auf ein Auto, etwa auf den seit 1959 vom Band laufenden *Trabant*, verärgerten die Menschen.

Bestand ausgewählter Verbrauchsgüter (Stück je 100 Haushalte)	*DDR*		*Bundesrepublik*
	1960	*1969*	*1969*
Personenkraftwagen	5	14	47
Krafträder, Motorroller	·	40	7
Rundfunkempfänger	90	92	91
Fernsehempfänger	17	66	73
Elektrische Kühlschränke	6	48	84
Elektrische Waschmaschinen	6	48	61

(Nach: Chr. Kleßmann, Zwei Staaten, eine Nation, Göttingen 1988, S. 335)

Der bevorzugte Ausbau Ost-Berlins erfolgte freilich auf Kosten der großen und kleinen Städte in der Provinz. Altbauten verfielen, für Neubauten fehlte es an Maschinen und Material. Hinter den Renommierbauten wurde in fast allen Städten ein Blick wie dieser möglich (Halle, Augustastraße, 1990)).

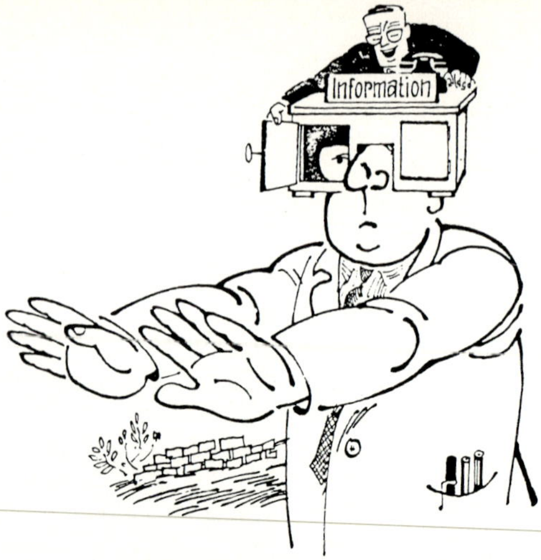

„Weltniveau" sollte in der DDR-Wirtschaft erreicht werden, so lautete eine oft beschworene Formel der SED-Führung. Das war in der Bevölkerung häufig Anlass bitteren Spotts. „Geduld – das Weltniveau ist greifbar nahe." – Diese Karikatur erschien 1965 in der satirischen Zeitschrift „Eulenspiegel". Sie zeigt, dass die Grenzen dessen, über das gelacht werden durfte, in der Spätzeit Ulbrichts etwas ausgeweitet waren.

Der Augenöffner dürfte Karl-Eduard von Schnitzler sein, Leiter der Sendung „Der schwarze Kanal" im Fernsehen der DDR.

Goldmedaillen und Weltniveau

Gegenüber den Ärgernissen des Alltags und den wirtschaftlichen Rückschlägen sollte die von Partei und Staat über Jahrzehnte hin betriebene *Förderung des Spitzensports* einen Ausgleich schaffen. Während die Städte zerfielen, war für das systematische Training auf Spitzenleistung nichts zu teuer. Hier ist in der Tat „Weltniveau" erreicht worden – im Radsport und Eiskunstlauf, vor allem in einer Reihe von olympischen Disziplinen. So wurde die DDR „olympische Weltmacht" – gleich hinter den USA und der Sowjetunion.

Im Stolz auf solche Spitzenleistungen entwickelte sich ein „Wir-Bewusstsein" der Bürger, das dem Staat und seiner führenden Partei zu Gute kam. Und das sollte so sein.

> „Wir sind der Ansicht, dass ein Spitzensportler für unseren Arbeiter- und Bauernstaat mehr leistet und dessen Ansehen mehr hebt, wenn er sich mit Hilfe der Förderung durch Partei und Staat auf hohe sportliche Leistungen vorbereiten kann, als wenn er an seinem Arbeitsplatz einer von vielen ist."
>
> *(Walter Ulbricht 1966)*

Der Sturz Ulbrichts

Nach dem Tode Wilhelm Piecks 1960 war das Amt des Staatspräsidenten durch ein „kollektives Staatsoberhaupt" ersetzt worden, den *Staatsrat*. Dessen Vorsitz hatte ebenfalls Walter Ulbricht übernommen, der damit seine Macht weiter ausbauen konnte.

Durch den Mauerbau war die DDR innenpolitisch abgesichert, kaum jemand konnte noch davonlaufen. Jetzt wuchs Ulbricht in die Rolle eines „Übervaters" hinein. Der große Erzieher seines Volkes – das wollte er sein. Ein neuer DDR-Mensch sollte heranwachsen, der glücklich und zufrieden in seiner sozialistischen Gemeinschaft lebte, in einem selbstständigen und von Moskau möglichst unabhängigen Land. Entsprechend diesem Selbstbewusstsein förderte er den Kult um seine Person.

Walter Ulbricht (1893–1973) um 1970

Der alte Mann an der Spitze von Partei und Staat vereinsamte dabei. Die Funktionäre im Politbüro sammelten sich hinter *Erich Honecker* und bereiteten sorgfältig ein Komplott vor. Voraussetzung für einen Sturz aber war die Zustimmung Moskaus. Am 21. Januar 1971 ging ein von 14 Mitgliedern und Kandidaten des Politbüros unterschriebener Brief an Staats- und Parteichef Breschnew und das Politbüro der KPdSU.

Aus einem Schreiben des Politbüros der SED vom 21. Januar 1971

Teure Genossen! ... Nicht nur in der Innenpolitik, sondern auch in unserer Politik gegenüber der BRD verfolgt Genosse Walter Ulbricht eine persönliche Linie, an der er starr festhält. Damit wird ständig der zuverlässige Ablauf des zwischen der KPdSU und der SED koordinierten Vorgehens und der getroffenen Vereinbarungen gegenüber der BRD gestört ...

Wir sehen die Ursachen für die zunehmenden Schwierigkeiten, die für unsere Partei durch die Handlungsweise des Genossen Walter Ulbricht entstehen, auch im Zusammenhang mit seinem hohen Alter. Hier geht es sicherlich um ein menschliches und biologisches Problem. Wir verstehen – und jeder in unserer Partei wird verstehen –, dass es im Alter von 78 Jahren äußerst kompliziert ist, den großen Umfang von Arbeiten und Verpflichtungen wahrzunehmen, die sich aus der Funktion des Ersten Sekretärs des Zentralkomitees der SED und des Vorsitzenden des Staatsrates der DDR ergeben ...

Wir können mit voller Verantwortung sagen, dass wir alles getan haben, um Genossen Walter Ulbricht zu helfen. Wir schätzen auch seine Verdienste in der Vergangenheit hoch ein. Leider können wir nicht umhin festzustellen, dass sich bei Genossen Walter Ulbricht in der letzten Zeit bestimmte negative Seiten seines auch ohnehin schwierigen Charakters immer mehr verstärken. In dem Maße, in dem er sich vom wirklichen Leben der Partei, der Arbeiterklasse und aller Werktätigen entfremdet, gewinnen irreale Vorstellungen und Subjektivismus immer mehr Herrschaft über ihn. Im Umgang mit den Genossen des Politbüros und mit den anderen Genossen ist er oft grob, beleidigend und diskutiert von einer Position der Unfehlbarkeit ... Aus vielen Bemerkungen und manchem Auftreten geht hervor, dass sich Genosse Walter Ulbricht gern auf einer Stufe mit Marx, Engels und Lenin sieht. Genosse Walter Ulbricht betrachtet es als eine seiner wesentlichsten Aufgaben, den Marxismus-Leninismus auf den verschiedenen Gebieten „schöpferisch weiterzuentwickeln".

Seine Haltung gipfelt in einer Behauptung im Politbüro, dass er „unwiederholbar" sei. Die übertriebene Einschätzung seiner Person überträgt er auch auf die DDR, die er immer wieder in eine „Modell-" und „Lehrmeisterrolle" hineinmanövrieren will ... In der Haltung und im öffentlichen Auftreten von Genossen Walter Ulbricht liegen ernste Gefahren für die Beziehungen unserer Partei zur Kommunistischen Partei der Sowjetunion und zu den Bruderparteien.

(Nach: Peter Przybylski, Tatort Politbüro. Die Akte Honecker, Berlin 1991, S. 297–300)

Der Brief schloss mit dem Satz: „Wir erwarten Ihre Antwort und Hilfe." Diese Hilfe leistete Breschnew, der Ulbricht in Moskau wenige Wochen später den Rücktritt als Parteiführer abverlangte. Am 3. Mai 1971 kam dieser der Aufforderung nach, blieb bis zu seinem Tode 1973 jedoch noch Staatsratsvorsitzender. *Damit endete die „Ära Ulbricht", in der die DDR ihre grundlegende Prägung erfahren hatte.*

Das Zentralkomitee wählte geschlossen *Erich Honecker* zum neuen Ersten Sekretär der SED – den Mann, der für seinen Griff zur Macht zunächst die Mehrheit des Politbüros hinter sich gebracht und sich dann Rückendeckung in Moskau verschafft hatte.

Arbeitsvorschlag

Analysieren Sie bitte das vorstehende Schreiben! Welche Vorwürfe werden gegen Ulbricht persönlich, welche gegen seine Politik erhoben? Welche der Anschuldigungen berühren die Vormachtstellung der Sowjetunion im „sozialistischen Lager" unmittelbar?

Erich Honecker (1912–1994) in seiner Lieblingspose: auf einer Ehrentribüne beim Vorbeimarsch fahnentragender Kolonnen. – Der neue „starke Mann" der SED war schon früh der KPD beigetreten. In den Jahren 1930/31 von seiner Partei zur politischen Ausbildung nach Moskau delegiert, wurde er dort zum gläubigen Stalinisten für sein ganzes Leben. Von 1935 bis 1945 war er im Zuchthaus Brandenburg inhaftiert, lernte Anfang Mai 1945 in Berlin Ulbricht kennen und machte von Anbeginn in der SED Karriere, zunächst als FDJ-Vorsitzender.

Honeckers Politik

Drei Ziele bestimmten Honeckers Politik vor allem: Gewinnung und Erhaltung der persönlichen Macht, innenpolitisch die Bindung der DDR-Bevölkerung an das sozialistische Gesellschaftssystem, außenpolitisch die weltweite Anerkennung der DDR als eines zweiten, gleichberechtigten deutschen Staates.

Das erste Ziel hatte Honecker spätestens 1976 erreicht, als er auch die Funktion des Staatsoberhaupts übernahm. Stärker aber noch als Ulbricht gelang es ihm, das Politbüro als mitbestimmendes Gremium auszuschalten und alle wichtigen Entscheidungen selbstständig zu treffen. Dazu gehörte vor allem die Personalpolitik in Partei und Staat, die Arbeit der Staatssicherheit und die der Medien. Kritiker aus den eigenen Reihen warfen ihm vor, dass er die „Diktatur eines einzigen Mannes", einen *sozialistischen Absolutismus* aufgebaut hätte.

Dem zweiten Ziel suchte er durch sozialpolitische Maßnahmen näher zu kommen. Förderung des Wohnungsbaus, Verlängerung der Urlaubszeit, Ausbau des Gesundheitswesens, Unterstützung berufstätiger Mütter („Babyjahr") und junger Familien – das sind einige dieser Maßnahmen. Die Jugend durfte die bisher verpönten Jeans tragen, die Älteren ihre Fernsehantennen auf den Empfang von Westprogrammen einstellen. Das Güterangebot in den Läden wuchs erkennbar an. Nicht nur immer *leisten* zu müssen, wie unter Ulbricht, sondern besser *leben* zu dürfen – das schien für die Bevölkerung die neue Politik zu sein. Und die Menschen dankten es ihm. Westliche Beobachter stellten fest, dass ihre Bindung an den Staat offensichtlich zunahm.

„Irgendeiner ist immer dabei
von der ganz leisen Polizei
irgendeiner macht immer 'n Strick
und wenn du's nicht bist, bin's ick.
So macht uns keiner unsern Sozialismus kaputt
wir bewachen ihn gut,
wir bewachen ihn gut
und halten ihn geheim bei Tag und bei Nacht,
sonst hätt' ihn uns der Westen längst nachgemacht.
Irgendeiner ist immer dabei
von der ganz leisen Polizei ..."

(Aus dem Text eines Liedes, das der Sänger Kurt Demmler am 4. November 1989 auf dem Alexanderplatz in Berlin vortrug)

Gleichzeitig aber wurde unter Honecker ein mächtiges Werkzeug weiter ausgebaut: der *Staatssicherheitsdienst*. Er überzog das Land im Laufe der Jahre mit einem perfekten Überwachungssystem, das bis in die Wohnungen und Betriebe reichte. Spitzel beobachteten jeden politisch nur irgendwie Verdächtigen, geheime Kommandozentralen hörten Telefongespräche ab, öffneten die Post und sammelten „staatsfeindliche" Äußerungen für die Personalakte. Nach 1989 wurde bekannt, dass dem Minister für Staatssicherheit, *Erich Mielke*, 85 000 feste Mitarbeiter und 110 000 Spitzel und Zuträger, sogenannte *Inoffizielle Mitarbeiter*, unterstanden hatten – eine ungeheure Zahl für die kleine DDR.

Ein Greifertrupp der Staatssicherheit (im Volk als „Stasi" oder „VEB Horch und Greif" bezeichnet) in Aktion: Verhaftung eines jungen Mannes in Leipzig. In den Computern des Ministeriums für Staatssicherheit waren Angaben über fünf Millionen Bürger der DDR gespeichert. Das war nahezu die Hälfte der Wahlberechtigten.

Bundeskanzler Brandt hatte 1970 Erfurt besucht und war von der Bevölkerung begeistert empfangen worden. Um eine Wiederholung auszuschließen, wurde Bundeskanzler Schmidt bei seinem Besuch in Güstrow 1981 durch eine von Staatssicherheit, Armee und Polizei vollständig abgeriegelte Geisterstadt geleitet.

Das Streben nach internationaler Anerkennung

Das dritte Ziel konnte Honecker fast ohne Anstrengung erreichen. Im Zeichen der weltweiten Entspannung war es für die Bundesrepublik immer schwieriger geworden, den Alleinvertretungsanspruch aufrecht zu erhalten. Schließlich wurde er unter Bundeskanzler Brandt ganz aufgegeben. Innerhalb weniger Jahre wurde die DDR jetzt von mehr als hundert Staaten diplomatisch anerkannt. Die Aufnahme in die UNO erfolgte 1973, zeitgleich mit der Aufnahme der Bundesrepublik. Auf der KSZE-Konferenz in Helsinki 1975 (S. 54) saß Honecker zwischen US-Präsident Ford und Bundeskanzler Schmidt. Auf zahlreichen Auslandsreisen erlebte der Staatsratsvorsitzende die internationale Anerkennung der DDR persönlich und mit erkennbarer Genugtuung.

Vielleicht war der Staatsbesuch in Bonn am 7. September 1987 der Höhepunkt in Honeckers politischer Laufbahn. Die letzten Forderungen freilich wurden auch hier nicht durchgesetzt: Umwandlung der *Ständigen Vertretungen* beider Staaten in Botschaften und Anerkennung einer eigenen DDR-Staatsbürgerschaft durch die Bundesrepublik Deutschland.

Erster offizieller Besuch eines Staatsoberhaupts der DDR in Bonn im September 1987. Honecker wurde mit allen üblichen Ehrungen empfangen. Die DDR-Hymne erklang, die Flagge der DDR wurde aufgezogen. Mit Bundeskanzler Kohl schritt er eine Ehrenformation der Bundeswehr ab.

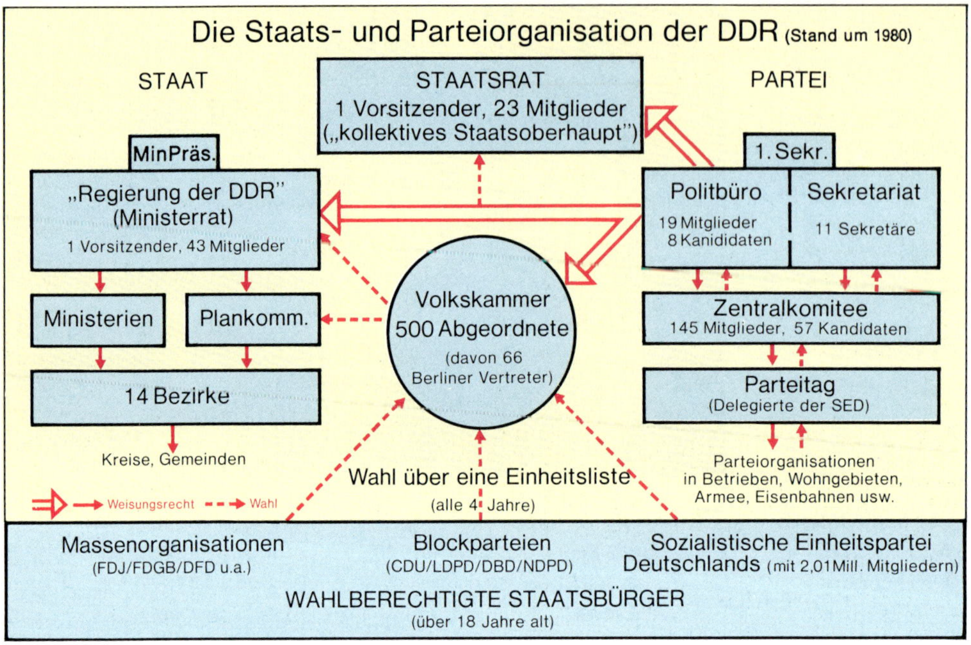

Die Staatsstruktur

Kennzeichnend für die Staatsstruktur der DDR blieb die Verflechtung von Staat und Partei. Formal hatte die DDR ein parlamentarisches Regierungssystem: die *Volkskammer* stand optisch im Mittelpunkt, und scheinbar standen fünf Parteien zur Wahl. Tatsächlich war sie ein Einparteienstaat, und der *Erste Sekretär (oder Generalsekretär) der SED bestimmte, was in Staat und Partei zu geschehen hatte.* Niemand wurde ohne seine Zustimmung Ministerpräsident, niemand neuer Kandidat des Politbüros!

Bei Wahlen konnte nur einer Einheitsliste zugestimmt werden. Der Wahlzettel war lediglich zu falten und in die Wahlurne zu werfen. „Falten gehen" nannten die Menschen in der DDR diesen Wahlakt.

Die Volkskammer tagte im Durchschnitt nur an vier Tagen im Jahr (im Deutschen Bundestag gab es 1984 allein 67 Plenarsitzungen). Schon aus diesen Zahlen wird deutlich, dass sie bei der politischen Willensbildung praktisch keine Rolle spielte.

Neben den Blockparteien spielten die Massenorganisationen eine wichtige Rolle. Von der SED dirigiert, erfassten sie den größten Teil der Bevölkerung und entsandten über die Einheitsliste sogar eigene Vertreter in die Volkskammer.

Blockparteien	*Mitglieder um 1980*
Christlich-Demokratische Union Deutschlands	125 000
Liberal-Demokratische Partei Deutschlands	82 000
National-Demokratische Partei Deutschlands	91 000
Demokratische Bauernpartei Deutschlands	103 000

Massenorganisationen	*um 1960*	*um 1980*
Freie Deutsche Jugend	1 740 000	2 193 000
Pionierorganisation „Ernst Thälmann"	1 669 000	1 740 000
Freier Deutscher Gewerkschaftsbund	6 200 000	7 973 000
Demokratischer Frauenbund Deutschlands	1 323 000	1 400 000
Deutscher Kulturbund	184 000	209 000
Kammer der Technik	100 000	202 000
Verband Deutscher Konsumgenossenschaften	3 728 000	4 100 000
Gesellschaft für Deutsch-Sowjetische Freundschaft	3 547 000	5 500 000
Volkssolidarität	1 418 000	1 930 000

> **„Das haben wir nicht gelernt"**
>
> Vor vierzehn Tagen, nach einer Lesung in einer mecklenburgischen Kleinstadt, beschwor ein Arzt die Anwesenden, … jeder solle jetzt an seinem Platz wenigstens offen und deutlich seine Meinung sagen, sich nicht einschüchtern lassen und nichts gegen sein Gewissen tun. In die Stille nach seinen Worten sagte leise und traurig eine Frau: „Das haben wir nicht gelernt." Zum Weitersprechen ermuntert, erzählte sie von dem politisch-moralischen Werdegang ihrer Generation der heute knapp Vierzigjährigen – in diesem Land: Wie sie von kleinauf dazu angehalten wurde, sich anzupassen, ja nicht aus der Reihe zu tanzen, besonders in der Schule sorgfältig die Meinung zu sagen, die man von ihr erwartete, um sich ein problemloses Fortkommen zu sichern, das ihren Eltern so wichtig war … Nun, sagte diese Frau, könne sie doch nicht auf einmal „offen reden", ihre „eigene Meinung sagen". Sie wisse ja nicht einmal, was ihre eigene Meinung sei.
>
> Ein erschütternder, wenn auch nicht überraschender Befund …
>
> *(Die Schriftstellerin Christa Wolf in der „Wochenpost" Nr. 43/1989)*

Der junge Mensch, der es in seiner Ausbildung gelernt hat, doppelzüngig zu reden, das zu sagen, was man von ihm erwartete, der dafür mit lauter „Einsern" im Zeugnis belohnt wurde – ist er das Sinnbild der unter der SED-Herrschaft aufgewachsenen Generation? Aber er ist es auch, der 1989 „Bääh!" sagt. – Diese Karikatur erschien 1990 in der DDR-Zeitschrift „Eulenspiegel". Vergleichen und diskutieren Sie bitte die Bildaussage und den Text von Christa Wolf!

Alltag in der DDR

Die Gesellschaft der DDR: eine „Nischengesellschaft"?

Ein westdeutscher Diplomat, lange Jahre in Ost-Berlin lebend, hat die Menschen in der DDR als eine „Nischengesellschaft" bezeichnet. Der Durchschnittsbürger, so meint er, bringt gerade so viel an gesellschaftspolitischem Engagement auf, dass er nicht negativ auffällt. Im Übrigen kümmert er sich nicht um das Gerede vom „neuen Menschen im Sozialismus", sondern vollzieht – wann immer es geht – den Rückzug ins Private, in seine „Nische". Hat der Beobachter damit den Kern des Sicheinrichtens im „sozialistischen Alltag" getroffen?

> Also: Was ist eine Nische in der Gesellschaft der DDR? Es ist der bevorzugte Platz der Menschen drüben, an dem sie Politiker, Planer, Propagandisten, das Kollektiv, das große Ziel, das kulturelle Erbe – an dem sie das alles einen guten Mann sein lassen, Gott einen guten Mann sein lassen und mit der Familie und unter Freunden die Topfblumen gießen, das Automobil waschen, Skat spielen, Gespräche führen, Feste feiern. Und überlegen, mit wessen Hilfe man Fehlendes besorgen, organisieren kann, damit die Nische noch wohnlicher wird … Eine der schönsten Nischen ist die eigene Datsche, wie man – mit „e" am Ende – das russische Wort „datscha" gewöhnlich ausspricht: die Weiterentwicklung der Gartenlaube zum Sommerhaus am Waldrand oder Seeufer, möglichst winterfest ausgebaut …
>
> Eine besonders wichtige tiefe Nische sind der Freundeskreis und die Gespräche, die in ihm geführt werden …
>
> *(Nach: Günter Gaus, Wo Deutschland liegt, Hamburg 1983, S. 160, 164, 165)*

*Seit 1945 mühte sich die SED, die nachwachsende Generation für ihre Ziele zu gewinnen. Die Sechsjährigen wurden in der „Pionierorganisation Ernst Thälmann" (Junge Pioniere) zusammengefasst, die Vierzehnjährigen in der „Freien Deutschen Jugend" (FDJ). Ernst Thälmann (*1886) war 1925 bis 1933 Vorsitzender der KPD und wurde 1944 im Konzentrationslager Buchenwald ermordet.*
Auf unserem Bild küssen „Junge Pioniere" die Fahne mit der Aufschrift „Immer bereit".

Jugendalltag

Der überwiegende Teil der Kinder und Jugendlichen gehörte den politischen Jugendorganisationen der DDR an. Daneben gab es nur noch die kirchliche Jugendgruppe der „Jungen Gemeinde".

An die Stelle der Konfirmation trat für die meisten Vierzehnjährigen die *Jugendweihe*, eine Feierstunde des Staates. Mit ihr wurden die Jugendlichen in das „aktive gesellschaftliche Leben" aufgenommen, hier gelobten sie den Einsatz für die „edle Sache des Sozialismus". Sich der Teilnahme zu entziehen, konnte Folgen für das berufliche Fortkommen haben.

Was die Jugend gelobte

Gelöbnis der Thälmann-Pioniere (um 1970)

„Ernst Thälmann ist mein Vorbild.
Ich gelobe zu lernen, zu arbeiten und zu kämpfen, wie es Ernst Thälmann lehrt.
Ich will nach den Gesetzen der Thälmann Pioniere handeln.
Getreu unserem Gruß bin ich
für Frieden und Sozialismus immer bereit."

Die Gesetze der Thälmann-Pioniere

„Wir Thälmann-Pioniere
lieben unser sozialistisches Vaterland,
die Deutsche Demokratische Republik.
Wir Thälmann-Pioniere
lieben und achten unsere Eltern.
Wir Thälmann-Pioniere
lieben und schützen den Frieden und hassen die Kriegstreiber.
Wir Thälmann-Pioniere
sind Freunde der Sowjetunion und aller sozialistischen Brudervölker und halten Freundschaft mit allen Kindern der Welt."

Gelöbnis zur Jugendweihe (um 1970)

Frage: Liebe junge Freunde!
Seid ihr bereit, als treue Söhne und Töchter unseres Arbeiter- und Bauernstaates für ein glückliches Leben des ganzen deutschen Volkes zu arbeiten und zu kämpfen, so antwortet mir!
Antwort: Ja, das geloben wir!
Frage: Seid ihr bereit, mit uns gemeinsam eure ganze Kraft für die große und edle Sache des Sozialismus einzusetzen, so antwortet mir!
Antwort: Ja, das geloben wir!
Frage: Seid ihr bereit, für die Freundschaft der Völker einzutreten und mit dem Sowjetvolk und allen friedliebenden Menschen der Welt den Frieden zu sichern und zu verteidigen, so antwortet mir!
Antwort: Ja, das geloben wir!
Wir haben euer Gelöbnis vernommen, ihr habt euch ein hohes und edles Ziel gesetzt. Ihr habt euch eingereiht in die Millionenschar der Menschen, die für Frieden und Sozialismus arbeiten und kämpfen. Feierlich nehmen wir euch in die Gemeinschaft aller Werktätigen in unserer Deutschen Demokratischen Republik auf und versprechen euch Unterstützung, Schutz und Hilfe.
Gemeinsam mit vereinten Kräften – vorwärts!

(Nach: H. Endlich/E. Thurich, Zweimal Deutschland, Frankfurt 1970, S. 202)

Der Wehrunterricht

Auch die Schulen standen im Dienst des Staates. In einem Erlass des Ministeriums für Volksbildung zur Einführung des Wehrunterrichts an der „allgemeinbildenden polytechnischen Oberschule“ (einer Gesamtschule für die Klassen 5–10) hieß es 1978:

I. Ziel des Wehrunterrichts:
Der Wehrunterricht dient der sozialistischen Wehrerziehung der Jugend und ist ferner Bestandteil des Bildungs- und Erziehungsprozesses an der Schule. Er fördert die Entwicklung der Wehrbereitschaft und Wehrfähigkeit der Schüler und hat zum Ziel,
- die Mädchen und Jungen auf die Wahrnehmung des in der Verfassung festgelegten Rechts und der Ehrenpflicht zum Schutz des Friedens, des sozialistischen Vaterlandes und der sozialistischen Staatengemeinschaft vorzubereiten,
- die klassenmäßige, patriotische und internationale Haltung der Schüler weiter auszuprägen und die Wehrmotivation zu festigen,
- die systematische und planmäßige Vorbereitung der Jugendlichen auf die Anforderungen des Wehrdienstes und der Zivilverteidigung durch Vermittlung entsprechender Kenntnisse, Fähigkeiten und Fertigkeiten zu unterstützen.

II. Allgemeine Grundsätze zur Einführung und Gestaltung des Wehrunterrichts
(1) Der Wehrunterricht ist für alle Schüler der 9. und 10. Klassen der allgemeinbildenden polytechnischen Oberschule obligatorisch …
(2) Der Wehrunterricht umfasst
für die Klasse 9
- 4 Doppelstunden zu Fragen der sozialistischen Landesverteidigung für alle Schüler,
- die Wehrausbildung im Lager für Jungen, die daran freiwillig teilnehmen (12 Ausbildungstage zu je 8 Stunden) und
- den Lehrgang „Zivilverteidigung“ für alle Mädchen und den Teil der Jungen, der nicht an der Wehrausbildung im Lager teilnimmt (12 Lehrgänge zu je 6 Stunden);

für die Klasse 10
- 4 Doppelstunden zu Fragen der sozialistischen Landesverteidigung für alle Schüler und
- 3 Tage Wehrbereitschaft mit insgesamt 18 Stunden für alle Schüler …

Machte die Jugend nun begeistert mit? Viele Beobachter kamen zu einem anderen Eindruck. Ähnlich wie bei den Erwachsenen, so meinten sie, gab es auch bei der Jugend den „Rückzug ins Private“: Man ging in die Disko oder ins Kino, feierte „Feten“, trieb Sport. Man versuchte, sich der politischen Inanspruchnahme zu entziehen, wo immer es möglich war.

Die Kirchen

Im Alltagsleben der DDR spielten die Kirchen über Jahrzehnte hin eine immer geringere Rolle. Von Anbeginn hatten sie einen schweren Stand. Sie waren immer wieder Angriffen des Staates ausgesetzt, der Religionsunterricht wurde offiziell untersagt. Hinzu traten offene oder versteckte Aufforderungen an die Mitglieder, aus der Kirche auszutreten. Dem beruflichen Fortkommen war es nicht förderlich, ein „Kirchler“ zu sein. So häufte sich die Zahl der Kirchenaustritte: Waren 1946 noch 95 % der Bewohner der östlichen Besatzungszone Mitglied der evangelischen oder katholischen Kirche gewesen, so sank ihre Zahl bis 1990 auf etwa 30 %. Entsprechend ging auch die Zahl der Besucher von Gottesdiensten, die Zahl der Taufen, Konfirmationen und Trauungen zurück.

Eine Hinwendung zur evangelischen Kirche erfolgte wieder, als der schulische Wehrunterricht verordnet wurde. Die christlich orientierte Friedensbewegung „Schwerter zu Pflugscharen“ fand eine zahlreiche Anhängerschaft, vor allem in der Jugend.

Später bildeten kirchliche Kreise vielfach die Keimzellen für die verstärkt auftretenden Bürgerrechtsgruppen, die immer lauter nach demokratischen Reformen verlangten.

Für die Bevölkerung der DDR ein über Jahre hin gewohnter Anblick, von Besuchern aus dem Westen immer wieder mit Erstaunen aufgenommen: Politsprüche statt Auslagen in den Geschäften. Wurde in diesem sorgsam dekorierten Marx-Fenster Übereinstimmung mit der SED-Herrschaft bekundet? Oder war hier augenzwinkernde Absicht im Spiel?

Die wirtschaftliche Lage

Nachdem 1958 die Bewirtschaftung aufgehoben worden war, blieb die Versorgung der Menschen mit Grundnahrungsmitteln gesichert. Was man zum Leben brauchte, das gab es in den HO- und Konsumläden zu kaufen. Engpässe – zumeist durch organisatorische Mängel bedingt – waren freilich die Regel. Waren wie Fisch, Gemüse und Südfrüchte aber blieben rare Wirtschaftgüter, und wenn es sie einmal zu kaufen gab, dann bildeten sich vor den Geschäften lange Schlangen. Da der nächste Liefertermin ungewiss war, versuchte jeder, möglichst große Mengen einzukaufen.

Die Preise für Grundnahrungsmittel – ebenso wie z. B. für Strom, Heizung, Mieten und öffentliche Verkehrsmittel – wurden durch staatliche Subventionierung künstlich auf niedrigem Stand gehalten. Langlebige Verbrauchsgüter freilich waren teuer. Farbfernseher kosteten um 1985 etwa 4100,– Mark, Tiefkühltruhen 1600,– Mark. Überdies waren sie nur über Wartelisten mit oft monatelangen Wartezeiten zu erhalten. Besonders teuer waren Autos, auf die man zudem bis zu 15 Jahren warten musste.

An Kinderkleidung und bestimmte Medikamente heranzukommen, war oft ein schier unlösbares Problem. Produkte der modernen Mikroelektronik konnte man überhaupt nicht erwerben. „Während sich in der Bundesrepublik Computer in der Privatsphäre mehr und mehr verbreiteten, sich die Schüler zu Hause spielerisch am Kleinrechner ein neues Stück Allgemeinbildung eroberten, blieb der DDR-Haushalt computerfrei“ (*Günter Schabowski, 1991*).

Die schwerfällige Planwirtschaft machte die Beschaffung von Ersatzteilen für technisches Gerät und Autos zur Glückssache. Auf den Installateur musste man Wochen warten – wenn er überhaupt kam.

Als besonders demütigend musste der Normalbürger empfinden, dass er in einer „Klassengesellschaft" lebte. Er erfuhr dies vor allem beim Einkauf. Wer über „harte" Währung verfügte (DM oder Dollar), der konnte in den „Intershop-Läden" das erstehen, was es in den DDR-Läden üblicherweise nicht gab. – Im Urlaub in den „sozialistischen Bruderländern", in die er reisen durfte, fand er sich gegenüber dem „Wessi" mit der harten Mark immer wieder zurückgesetzt: bei der Verpflegung, beim touristischen Angebot.

Haben die SED-Machthaber gewusst, was die Menschen bedrückte, was sie als unerträglich empfanden? Manche von ihnen gewiss. *Egon Krenz*, der Nachfolger Honeckers als Staats- und Parteichef, hat 1990 seine späte Einsicht so formuliert:

> Wenn man die Lösung von Problemen, die das Volk aufwirft, lange vor sich herschiebt, werden Detailfragen zu Systemfragen. Und es kam ja noch etwas hinzu: Auch bei damals noch geschlossenen Grenzen hatten viele Menschen durch das Fernsehen den Vergleich zu den westdeutschen Nachbarn täglich vor Augen, auch wenn der Vergleich nicht immer anhand objektiver Maßstäbe gezogen wurde. Warum, so fragten die Leute immer öfter, ist der Sozialismus nicht in der Lage, die selbstverständlichsten Versorgungsfragen zu lösen, die doch für den Kapitalismus kein Problem darstellten: hochwertige Konsumgüter, Obst und Gemüse, Ersatzteile ...
>
> Der Sozialismus hatte eine große Zukunftsvision, warum aber fehlte ihm die Lebensqualität im Heute? Warum war der größere Teil des Globus für DDR-Bürger Sperrbereich? Das menschliche Leben ist biologisch doch begrenzt. Jeder unserer Bürger wollte doch in der aktivsten Lebensphase etwas vom Leben haben, und nicht erst dann, wenn man als Rentner den begehrten Privatreisepass erhielt. Man wollte sich nicht mehr den bestehenden Verhältnissen anpassen, sondern sie endlich souverän und demokratisch mitgestalten. So stellte sich dem unvoreingenommenen Betrachter unsere Situation am Vorabend des 40. Jahrestages der DDR dar ... *(Nach: Egon Krenz, Wenn Mauern fallen, Wien 1990, S. 89–90)*

Alltag in Wandlitz

Bereits zu Ulbrichts Zeiten war nördlich von Berlin eine Wohnsiedlung für die Mitglieder des Politbüros und ihre Familien errichtet worden, die *Waldsiedlung Wandlitz*. Sie wurde vollständig von der Außenwelt abgeriegelt. Dafür waren zunächst Sicherheitsüberlegungen maßgebend. Daneben aber bot das Abschirmen den großen Vorteil, dass diese Wohlstandsinsel der Machthaber vor den Augen des Volkes besser zu verbergen war.

Etwa 280 Personen konnten hier jährlich sechs bis acht Millionen DM für die begehrten Westwaren ausgeben. Allein 650 Stasi-Leute standen für ihre Betreuung bereit. Zu weiteren Privilegien gehörten Flugzeuge der Regierungsstaffel für den Urlaub im Westen, Datschen in abgesperrten Jagdrevieren, Autos aus Frankreich und Schweden.

> Jeder Wunsch, so hatten es die Stasiversorger der Politbüro-Siedlung immer wieder zu hören bekommen, musste den Repräsentanten von den Augen abgelesen werden. Wo das nicht geschah, hatte man mit Konsequenzen zu rechnen. Selbst Andreas Hildebrandt, Leiter der Unterabteilung I Personenschutz, musste diese bittere Erfahrung machen. Einmal konnte er für Erich Honecker keine frischen Erdbeeren besorgen, weil selbst die Westberliner Händler passen mussten. Honecker beschwerte sich daraufhin bei Mielke, der Hildebrandt bei der nächstfälligen Beförderung prompt „vergaß".
>
> *(Nach: Peter Przybylski, Tatort Politbüro. Die Akte Honecker, Berlin 1991, S. 153)*

Die Auflösungsphase (1987–1989/90)

Die DDR und Gorbatschows Reformpolitik

„*Von der Sowjetunion lernen heißt siegen lernen*" – diese und ähnliche Parolen galten in der DDR über Jahrzehnte hin als unantastbar. Seit dem Beginn der Reformpolitik Gorbatschows änderte sich das. Ein Mitglied des Politbüros der DDR brachte das neue Verhältnis auf die Formel: „Niemand muss seine Wohnung neu tapezieren, nur weil es der Nachbar tut."

Perestroika und Glasnost stießen in der altgedienten stalinistischen Riege des Politbüros auf empörte Ablehnung. Vor allem Honecker war nicht bereit, an seiner Machtstellung rütteln zu lassen, Reformen einzuleiten.

So wurde weitergemacht, als wäre nichts geschehen. Bei den Kommunalwahlen im Mai 1989 fälschten die Auszähler die Ergebnisse wie üblich zu einer fast hundertprozentigen Zustimmung zu den Einheitslisten. Und nach der blutigen Niederschlagung der Proteste in Peking im Juni 1989 (S. 181) ging ein Glückwunsch aus Berlin an die chinesische Führung, verbunden mit der Feststellung, in der DDR gäbe es ähnliche Probleme.

Das war zugleich eine deutliche Warnung an die Menschen in der DDR, denn hier wuchsen die Spannungen beinahe mit jedem Tag. Hoffnungsvoll hatte man Gorbatschows Reformpolitik verfolgt, erste Auswirkungen in den anderen Ländern des Ostblocks aufmerksam beobachtet. Aber in der DDR rührte sich nichts! Auf diese Bewegungslosigkeit reagierten schließlich vor allem die Jüngeren – in unterschiedlicher Weise.

Die erste Reaktion war ein verzweifeltes „Nur heraus aus diesem Mauerland!". Tausende stellten Ausreiseanträge, Zehntausende nutzten die beginnende Urlaubszeit zum Sturm auf die Botschaften der Bundesrepublik in Budapest, Prag und Warschau, oder auch auf die Ständige Vertretung in Ost-Berlin. Oder sie wagten die Flucht über die „grüne Grenze" zwischen Ungarn und Österreich in Richtung Bundesrepublik. Im Herbst 1989 trafen dort täglich Tausende von DDR-Flüchtlingen mit Bussen oder ihren „Trabis", schließlich auch mit Sonderzügen ein.

„Wir sind das Volk!"

Die zweite Reaktion war ein trotziges „Wir bleiben hier!". Hunderttausende gingen auf die Straße und demonstrierten mit gewaltlosen Protestzügen oder Kundgebungen für Demokratie und Reformen, riefen in Sprechchören „Wir sind das Volk!" – vor allem in *Leipzig* und *Berlin*.

Bild unten links: Flucht durch den Grenzzaun von Ungarn nach Österreich (19. August 1989). Rechts: Flucht über den Zaun in die deutsche Botschaft in Prag (2. Oktober 1989)

Montagsdemonstration in Leipzig am 9. Oktober 1989

Der 9. Oktober 1989 in Leipzig

Eine seltsame Spannung liegt an diesem nach welkem Laub und Braunkohle riechenden 9. Oktober über der Stadt. Gerüchte schwirren: Die Betriebskampfgruppen, so das härteste, haben für heute Schießbefehl erhalten. Mit Blaulicht umkurven lange LKW-Kolonnen, beladen mit Volkspolizei, den Ring, der die Leipziger Innenstadt einfasst.

In der Nikolaikirche, wo montags um 17 Uhr das traditionelle Friedensgebet beginnt, ist bereits eine halbe Stunde zuvor nicht einmal mehr ein Stehplatz frei. Vor der Kirche wird die Menge immer dichter. Sie schweigt.

Um sechs, als die Nikolaikirche die 3000 Frommen und Neugierigen entlässt, die drinnen Platz gefunden haben, ist der Karl-Marx-Platz schwarz von Menschen, 20 000 mindestens. Zaghaft ertönen erste Rufe: „Gorbi, Gorbi", „Demokratie jetzt".

Plötzlich, ohne erkennbare Regie, setzt sich der Zug von der Nikolaikirche in Bewegung. „Schließt euch an, schließt euch an", skandieren die Marschierer.

Als die Spitze der Kolonne den Platz der Republik vor dem Leipziger Hauptbahnhof erreicht, sind dem Ruf rund 70 000 gefolgt. Junge Leute und ältere, Männer mit langen Haaren und solche mit akkuratem Messerschnitt. „Gorbi, Gorbi", schallt es zu den Häuserfronten hoch und, vom Beton verstärkt, zurück. Auch ältere Ehepaare, den obligaten Einkaufsbeutel am Handgelenk, klatschen dazu rhythmisch in die Hände: „Wir sind das Volk, wir sind das Volk."

Die Vopo ist kaum zu sehen. Die Stasi hat sich verkrümelt. Hinter verschlossenen Bahnhofstüren stehen einige Dutzend martialische Gestalten mit Helmen und Knüppeln, das ist alles. Doch die Demonstranten gucken nicht einmal hin. Der Lindwurm kriecht um die Stadt, die Parolen wiederholen sich: „Freiheit, Gleichheit, Brüderlichkeit", „Keine Gewalt", und immer wieder „Gorbi, Gorbi".

So plötzlich, wie sich der Zug gebildet hat, löst er sich auf. „Heute waren wir 70 000", sagt einer um die 50 selbstbewusst und angstfrei, „nächsten Montag werden es 100 000 sein."

(Nach: Spiegel-Spezial, Nr. 2/1990, S. 13–15. Gekürzt)

Am 4. November 1989 demonstrierten in Ost-Berlin mindestens eine halbe Million Menschen auf dem Alexanderplatz (Bild oben). Hunderte von ihnen führten Transparente mit, von denen einige rechts abgebildet sind. Bekannte Persönlichkeiten wandten sich mit kurzen, leidenschaftlichen Reden an die Teilnehmer, sprachen aus, was die meisten bedrückte. Es war die größte freie Demonstration, die die DDR jemals erlebte.

Aus den Ansprachen auf dem Alexanderplatz am 4. 11. 1989

Stefan Heym, Schriftsteller:
Liebe Freunde, Mitbürger, es ist, als habe einer die Fenster aufgestoßen nach all den Jahren der Stagnation, der geistigen, wirtschaftlichen, politischen. Den Jahren von Dumpfheit und Mief, von Phrasengewäsch und bürokratischer Willkür, von amtlicher Blindheit und Taubheit. Welche Wandlung! *Klatschen.* Vor noch nicht vier Wochen die schön gezimmerte Tribüne hier um die Ecke mit dem Vorbeimarsch, den Bestellten vor den Erhabenen! *Applaus.* Und heute – heute ihr, die ihr euch aus eigenem freien Willen versammelt habt, für Freiheit und Demokratie und für einen Sozialismus, der des Namens wert ist …
Einer schrieb mir, und der Mann hat Recht, wir haben in diesen letzten Wochen unsere Sprachlosigkeit überwunden und sind jetzt dabei, den aufrechten Gang zu erlernen. *Applaus.*
Und das, Freunde, in Deutschland, wo bisher sämtliche Revolutionen danebengegangen waren. Und wo die Leute immer gekuscht haben. Unter dem Kaiser. Unter den Nazis. Und später auch. *Starker Applaus.*
Aber sprechen, frei sprechen, gehen, aufrecht gehen – das ist nicht genug. Lasst uns auch lernen zu regieren. *Applaus.* Die Macht gehört nicht in die Hände eines Einzelnen, *starker Applaus*, oder ein paar weniger oder eines Apparates oder einer Partei. *Starker Applaus.*

Christa Wolf, Schriftstellerin:
Zu Huldigungsvorbeizügen … werden wir keine Zeit mehr haben. *Starker Applaus.*
Dies ist eine Demo, genehmigt, gewaltlos. Wenn sie so bleibt bis zum Schluss, wissen wir wieder mehr über das, was wir können. Und darauf bestehen wir dann. *Starker Applaus.*
Ein Vorschlag für den 1. Mai: Die Führung zieht am Volk vorbei. *Zurufe, Klatschen, starker Applaus.* Alles nicht von mir. Das ist literarisches Volksvermögen. Unglaubliche Wandlung. Das Staatsvolk der DDR geht auf die Straße, um sich als Volk zu erkennen. Und dies ist für mich der wichtigste Satz dieser letzten Wochen – der tausendfache Ruf: Wir sind das Volk! *Starker Applaus.* Eine schlichte Feststellung, und die wollen wir nicht vergessen. *Applaus.*

Steffie Spira, Schauspielerin:
Ich wünsche für meine Urenkel, dass sie aufwachsen ohne Fahnenappell, ohne Staatsbürgerkunde, *starker Applaus*, und dass keine Blauhemden mit Fackeln an den hohen Leuten vorübergehen. *Starker Applaus.*
Ich habe noch einen Vorschlag: Aus Wandlitz machen wir ein Altersheim! *Starker Applaus.*
Die über 60- und 65-jährigen können jetzt schon dort wohnen bleiben, wenn sie das tun, was ich jetzt tue – Abtreten! *Starker, langanhaltender Applaus.*

(Nach: „TschüSSED, 4. 11. 89“ [Aussiedlungsmagazin], Haus der Geschichte, Bonn 1990, S. 36, 39, 61 – Gekürzt)

DIE STRASSE IST DIE TRIBÜNE DES VOLKES

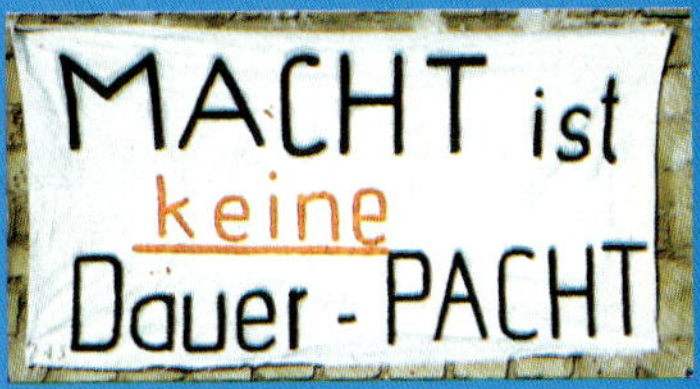

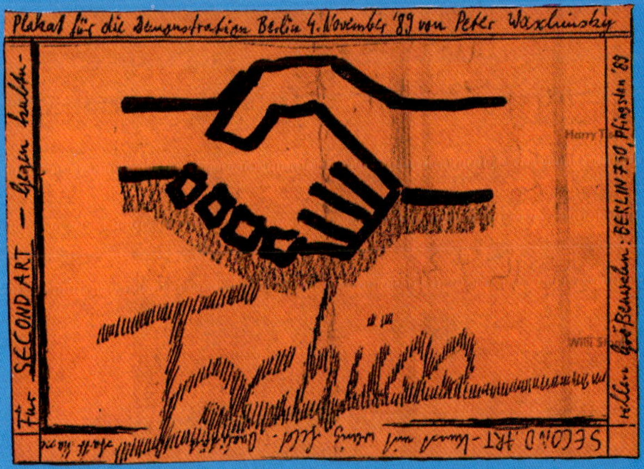

Arbeitsvorschläge

1. Warum konnte die Reformpolitik Gorbatschows zum Auslöser der Freiheitsbewegung in der DDR werden?
2. Analysieren Sie bitte den Bericht über die Montagsdemonstration am 9. Oktober 1989 in Leipzig! Von wo nimmt sie ihren Ausgang, warum gerade von dort? Welche Parolen werden gerufen? Mit welchen Mitteln hätte sie wohl nur aufgehalten oder zerschlagen werden können?
3. Analysieren Sie die Reden und Parolen des 4. November 1989 in Berlin! Wogegen wenden sich die Parolen, die Redner im Einzelnen? Wofür setzen sie sich ein?

Der Zusammenbruch der SED-Herrschaft

„Den Sozialismus in seinem Lauf halten weder Ochs noch Esel auf!" (Erich Honecker im September 1989)

Mit Einsätzen der Polizei und der Staatssicherheit hatten die Machthaber zunächst reagiert, aber Verhaftungen und Schlagstöcke konnten die immer neuen, immer größeren Demonstrationen nicht verhindern. Vor allem in Leipzig weiteten sich die Montagsdemonstrationen zu einem machtvollen Ereignis aus – vom Politbüro allwöchentlich besorgt und gleichzeitig gelähmt erwartet. Jahrzehntelang hatten dessen alte Männer beteuert, Repräsentanten des Volkswillens zu sein, alles für das Volk und mit dem Volk zu tun. Jetzt schleuderten ihnen die Massen trotzig entgegen: „Wir sind das Volk!"

Zu einer „chinesischen Lösung", einem allgemeinen Schießbefehl, ist es nicht gekommen. Die Frage, ob Stasi, Volkspolizei, Betriebskampfgruppen und Nationale Volksarmee so gehorchen würden, wie viele Wachtposten an der „Staatsgrenze West", stellte sich glücklicherweise nicht.

In die allgemeine Lähmung des Politbüros hinein wagten einige Mitglieder schließlich den Aufstand. Am 18. Oktober 1989 zwangen sie Erich Honecker zum Rücktritt und wählten *Egon Krenz*, der ohnehin als „Kronprinz" des gesundheitlich angeschlagenen Ersten Sekretärs galt, zum Nachfolger.

Von diesem erwartete niemand eine ernsthafte Erneuerung – die Massen blieben auf den Straßen, über 1,5 Millionen SED-Mitglieder verließen die Partei. Auch die *Öffnung der Grenze*, vom Politbüro-Mitglied *Günter Schabowski* am Abend des 9. November 1989 bekannt gegeben, konnte den Zusammenbruch der SED-Herrschaft nicht mehr aufhalten.

Erich Honecker im Park des sowjetischen Militärhospitals Beelitz (Sommer 1990). – Die „Ballade von den verdorbenen Greisen" sang der 1976 ausgebürgerte Liedermacher Wolf Biermann am 1. Dezember 1989 in Leipzig.

Aus der „Ballade von den verdorbenen Greisen"

Hey Honney, du gingst aus Gesundheitsgründen
Ich glaub dir nichts und auch nicht dies
Die schlimmste Krankheit hattest du immer:
Die stalinistische Syphilis
Ich hab dich verachtet und hab dich gefürchtet
Und trotzdem bleibt da ein Rest von Respekt
Es haben dich die verfluchten Faschisten
Elf Jahre in Brandenburg eingesteckt
Wir wollen dich doch nicht ins Verderben stürzen
du bist schon verdorben genug
Nicht Rache, nein Rente
im Wandlitzer Ghetto
und Friede deinem letzten Atemzug
(Wolf Biermann)

Berlin am Abend des 9. November 1989 nach der Öffnung des Metallgitterzauns am Übergang Sonnenallee

9. November 1989: die Öffnung der Mauer

Noch in der Nacht des 9. November stürmten die Menschen überglücklich die Mauer am Brandenburger Tor (S. 56/57), strömten in der Folge Millionen nach West-Berlin und – über neu geschaffene Grenzübergänge – in die Bundesrepublik.

Umbruch zur Demokratie

Nachdem immer mehr Einzelheiten über Korruption und Machtmissbrauch der bisher Herrschenden bekannt geworden waren, trat am 3. Dezember 1989 Egon Krenz mit dem gesamten, erst einen Monat zuvor personell erneuerten Politbüro zurück. Von nun an verlagerte sich das politische Handeln auf die *Regierung* der DDR. Hier hatte der als Reformpolitiker geltende *Hans Modrow* seit dem 13. November 1989 das Amt des Ministerpräsidenten inne. Er wurde zum Konkursverwalter der alten DDR. Ende Januar 1990 musste er die Entscheidung Gorbatschows, einer Vereinigung der beiden deutschen Staaten zuzustimmen, hinnehmen. So konnte er nur noch dazu beitragen, den Weg zu ersten freien Wahlen in der DDR zu ebnen (Wahlgesetz vom 20. Februar 1990).

Links: Ein Mitglied der FDJ zeigt „Herz für die DDR" auf einem offenbar selbstgefertigten Transparent – ein Bild, das bald selten wurde (1989). Rechts: Sichtbares Ende einer verordneten Zuneigung zum Bruderstaat – beschädigtes Denkmal eines Rotarmisten am Sportplatz der Roten Armee in Neuruppin (Anfang 1990).

Volkskammerwahlen 1990

Die Sieger seit 1950

15. Oktober 1950:	Einheitsliste (99,7 Prozent)
17. Oktober 1954:	Einheitsliste (99,5 Prozent)
16. November 1958:	Einheitsliste (99,87 Prozent)
20. Oktober 1963:	Einheitsliste (99,95 Prozent)
2. Juli 1967:	Einheitsliste (99,93 Prozent)
14. November 1971:	Einheitsliste (99,85 Prozent)
17. Oktober 1976:	Einheitsliste (99,86 Prozent)
14. Juni 1981:	Einheitsliste (99,86 Prozent)
6. Mai 1986:	Einheitsliste (99,88 Prozent)
18. März 1990:	Demokratie

(Nach: Tribüne, Ost-Berlin, vom 19. März 1990)

Inzwischen hatten sich in der DDR zahlreiche neue Parteien und Gruppierungen gebildet, hatten die alten Blockparteien sich aus der Bindung an die SED gelöst. Diese nannte sich seit Dezember 1989 PDS („Partei des Demokratischen Sozialismus").

Am 18. März 1990 fanden die ersten freien Volkskammerwahlen statt.

An ihnen beteiligten sich über 93 % der Wahlberechtigten. Sie wählten mit eindeutiger Mehrheit die Parteien, die sich für einen schnellen Beitritt der DDR zur Bundesrepublik einsetzten. Die in der „Allianz für Deutschland" zusammengeschlossenen Parteien erreichten mit 47,8 % der Stimmen fast die absolute Mehrheit: die CDU 40,5 %, die DSU (eine von der CSU unterstützte Gruppierung) 6,3 %, der „Demokratische Aufbruch" 1 %. Die SPD gewann 21,8 %, das Wahlbündnis der Liberalen 5,9 %. Das „Bündnis 90" – die Gruppen, die 1989 die Oppositionsbewegung getragen hatten und eine eigenständige DDR ohne SED-Herrschaft anstrebten – erreichte knapp 3 %. Die PDS konnte noch 16,3 % der Stimmen auf sich vereinen. In den Rest teilten sich zahlreiche Splittergruppen.

Noch nie war so deutlich geworden, dass die SED 44 Jahre gegen die große Mehrheit der Bevölkerung geherrscht hatte!

Die CDU als Gewinnerin der Wahl bildete eine große Koalition aus den Parteien der „Allianz für Deutschland", der SPD und den Liberalen mit dem Ziel einer raschen Vereinigung mit der Bundesrepublik Deutschland. Ministerpräsident wurde *Lothar de Maizière* (CDU).

Drei wichtige Schritte erfolgten auf dem Weg zu diesem Ziel:

Am 1. Juli 1990 trat die *Währungs-, Wirtschafts- und Sozialunion* in Kraft, mit der die Deutsche Mark Zahlungsmittel in der DDR wurde.

Am 23. August 1990 beschloss die Volkskammer den *Beitritt zur Bundesrepublik Deutschland* – nach Artikel 23 des Grundgesetzes – zum 3. Oktober 1990.

Am 31. August 1990 wurde in Berlin der *Einigungsvertrag* unterzeichnet. Er regelte ungezählte Einzelfragen des deutsch-deutschen Zusammengehens.

Gleichlaufend dazu gelang es der Bundesregierung, von Bonn aus die Voraussetzungen auf der internationalen Bühne zu schaffen. – Mit dem letzten Glockenschlag des 2. Oktober 1990 verabschiedete sich die Deutsche Demokratische Republik aus der Geschichte.

Arbeitsvorschläge

1. Die Ereignisse zwischen dem 9. November 1989 und dem 3. Oktober 1990 spielten sich auf unterschiedlichen Ebenen ab und sind in diesem Buch an unterschiedlichen Stellen behandelt. Stellen Sie diese – auch unter Heranziehung von S. 155 – bitte zusammen! Warum sind die genannten Eckdaten wirklich *historische Daten*?
2. Vergleichen Sie die Ergebnisse der Volkskammerwahlen mit denen der Bundestagswahlen im „Wahlgebiet Ost" am 3. Dezember 1990 (S. 113)!
3. Erarbeiten Sie aus diesem Buch eine Datenliste zur Geschichte der Deutschen Demokratischen Republik entsprechend der zur Bundesrepublik Deutschland!

*Lothar de Maizière (*1940), erster und letzter frei gewählter Ministerpräsident der DDR (März–Oktober 1990)*

Die Deutsche Frage 1945–1990

Das Entstehen der deutschen Frage

Die Teilung nach 1945

Erinnern wir uns: Der *Eiserne Vorhang*, der sich nach 1945 herabsenkte, spaltete nicht nur Europa. Er zerriss auch Deutschland. Die Siegermächte teilten es in vier Besatzungszonen auf, Berlin erhielt als Viersektoren-Stadt einen Sonderstatus, die Gebiete östlich der Oder und Neiße kamen unter polnische Verwaltung. Die Oberbefehlshaber der vier Besatzungsarmeen bildeten den *Alliierten Kontrollrat*, der in Berlin bis zum Abschluss eines Friedensvertrages die oberste Regierungsgewalt in Deutschland ausüben sollte. Durch die gemeinsame Militärregierung sollte Deutschland als einheitliches Ganzes erhalten bleiben.

Die beiden deutschen Staaten

Der weltpolitische Gegensatz zwischen den USA und der Sowjetunion verhinderte jedoch die Erhaltung eines einheitlichen deutschen Staates. Wie in den anderen Ländern ihres Machtbereichs wollte die UdSSR auch in der sowjetischen Besatzungszone Deutschlands eine kommunistische Gesellschaftsordnung errichten. Für die Westmächte kam in ihren Zonen jedoch nur der Aufbau einer freiheitlichen, demokratischen Staatsordnung in Frage. So verhärteten sich die Fronten, und spätestens nach der Berlin-Blockade 1948 wurde sichtbar, dass ein einheitlicher deutscher Staat in weite Ferne gerückt war.

Die Entwicklung wurde 1949 mit der Entstehung zweier deutscher Staaten festgeschrieben: dem *kommunistischen Einparteienstaat* der Deutschen Demokratischen Republik und der *freiheitlich-demokratisch* orientierten Bundesrepublik Deutschland. Beide Staaten wurden rasch in das östliche und westliche Paktsystem integriert. Damit hatte der Gegensatz zwischen der Sowjetunion und den Westmächten die *deutsche Frage* hervorgebracht.

Die deutsche Frage ...

Die deutsche Frage umfasste alle Probleme, die sich aus der Teilung ergaben, sowie die Perspektiven für die nationale Zukunft der Deutschen. Sie lautete vor allem: Ist es der Wille der Deutschen, wieder in einem Nationalstaat zusammenzuleben? Oder haben sie sich mit der Teilung abgefunden und begrüßen sie gar? Sie lautete aber auch: Welche politische und gesellschaftliche Struktur sollte oder könnte ein möglicher Gesamtstaat haben? Und wie könnten die vier ehemaligen Siegermächte für eine solche Wiedervereinigung gewonnen werden? Unter sich aushandeln konnten die Deutschen diese Frage ja nicht.

... in der Bundesrepublik Deutschland

Für die Bundesrepublik Deutschland galt seit 1949 das Gebot des Grundgesetzes: „Das gesamte deutsche Volk bleibt aufgefordert, in freier Selbstbestimmung die Einheit und Freiheit Deutschlands zu vollenden" (S. 91). Der Tag des Arbeiteraufstandes in Ost-Berlin und anderen Städten der Deutschen Demokratischen Republik 1953, der 17. Juni, wurde zum offiziellen Staatsfeiertag, zum *Tag der deutschen Einheit*, erklärt.

1945: „BRUDER!!“

1955: „Mein lieber Vetter!“

1965: „Ach, ja – wir haben irgendeinen entfernten Verwandten im Ausland . . .“

In Organisationen wie dem „Kuratorium Unteilbares Deutschland“ setzten sich Männer und Frauen aus der Bundesrepublik dafür ein, das Bewusstsein der deutschen Teilung wach zu halten. Das Bild links zeigt ein Plakat aus dem Jahre 1952. – Rechts: Schon 1949 entstand diese Karikatur. Durch welche Einzelheiten symbolisiert der Zeichner den vorausgesehenen Prozess einer Entfremdung der Deutschen?

Der Tag der deutschen Einheit sollte das Bewusstsein für die unnatürliche Teilung wach halten.

Im Laufe der Jahrzehnte des Fortbestehens der Teilung vollzog sich jedoch ein Prozess der Gewöhnung, des Sichabfindens. Der 17. Juni wurde zu einem zusätzlichen Feiertag, an dem die Westdeutschen zu Millionen in die Badeanstalten strömten und die Gedenkfeiern immer weniger Teilnehmer hatten. Dennoch sprachen sich bis in die achtziger Jahre hinein mehr als 70 % für das Wiedervereinigungsgebot des Grundgesetzes aus. Bei den Nachwachsenden allerdings, die Deutschland nicht anders kannten, mehrte sich die Zahl derer, die einer Wiedervereinigung eher gleichgültig oder gar ablehnend gegenüberstanden.

... in der DDR

Im östlichen Deutschland waren offene Meinungsumfragen nicht möglich. Reaktionen der Bevölkerung – etwa bei der stürmischen Begrüßung von Bundeskanzler Brandt in Erfurt 1970 – aber machten deutlich, dass auch hier das Bewusstsein der Gemeinsamkeit fortbestand. Auch die Absperrungen in Güstrow 1981 (S. 137) zeigten, dass die SED-Führung noch immer ähnliche Demonstrationen fürchtete.

Offiziell hielt die Führung der DDR zunächst am Ziel der Wiedervereinigung fest. In Artikel 1 der Verfassung von 1949 hieß es: „Deutschland ist eine unteilbare demokratische Republik.“

Zwei Staaten – zwei Nationen?

In den sechziger Jahren setzte *Walter Ulbricht* eine neue Verfassung durch. Mit ihr sollte festgeschrieben werden, dass es eine *in zwei Staaten gespaltene deutsche Nation* gäbe, eine „kapitalistische Bundesrepublik" und eine „sozialistische DDR", wobei es Aufgabe des Volkes der DDR sei, „der ganzen deutschen Nation den Weg in eine Zukunft des Friedens und des Sozialismus zu weisen". Entsprechend hieß es jetzt in der Verfassung von 1968 in Artikel 1: „Die Deutsche Demokratische Republik ist *ein sozialistischer Staat deutscher Nation.*"

Schon wenige Jahre später leitete *Erich Honecker* eine neue Wende ein. Seine Politik war die einer schroffen Abgrenzung gegenüber der Bundesrepublik. Wieder wurde eine neue Verfassung geschaffen (1974), und hier fiel der Begriff der „deutschen Nation" in Artikel 1 dem Rotstift endgültig zum Opfer. Nunmehr lautete er: „Die Deutsche Demokratische Republik ist *ein sozialistischer Staat der Arbeiter und Bauern.*"

„Die sozialistische Nation in der DDR"

Die einheitliche deutsche Nation gehört ... der geschichtlichen Vergangenheit an. Die sozialistische und die kapitalistische Nation haben zwar eine gemeinsame geschichtliche Vergangenheit, aber keine gemeinsame Gegenwart und Zukunft mehr. Sie beruhen auf entgegengesetzten gesellschaftlichen Grundlagen, sie haben einen entgegengesetzten ökonomischen, sozialen, politischen und ideologischen Inhalt, sie sind Entwicklungsformen entgegengesetzter Gesellschaftsformationen und setzen auch entgegengesetzte geschichtliche Traditionslinien fort. Deshalb kann es zwischen ihnen keine Einheit geben ... Es gibt auch ... Gemeinsamkeiten zwischen Deutschen, Österreichern, Schweizern und den französischen Elsässern und Lothringern, ohne dass es sich um nationale Gemeinsamkeiten handelt.

Die Versuche, eine angeblich noch existierende einheitliche deutsche Nation zu konstruieren, sind darauf gerichtet, die gesetzmäßige Entwicklung der sozialistischen Nation in der DDR aufzuhalten und das Rad der Geschichte zurückzudrehen.

(Aus der Zeitschrift „Einheit", dem Theorieblatt der SED, vom Februar 1974)

Arbeitsvorschläge

1. *Die deutsche Frage* – was wurde unter diesem Begriff verstanden? Welche Aspekte außer dem Willen des deutschen Volkes waren mit ihr verknüpft?
2. Versuchen Sie bitte, aus dem vorstehenden Quellentext die einzelnen Argumente herauszuarbeiten, die gegen die „einheitliche deutsche Nation" angeführt werden!
3. Unter einer *Nation* versteht man die politische Gemeinschaft der Menschen mit gleicher Sprache, gleicher kultureller Entwicklung und einer gemeinsamen Geschichte, die vom Willen zur Zusammengehörigkeit bestimmt sind. – Versuchen Sie bitte, von dieser Definition aus die Rechtsauffassung zu erläutern, wie sie in der Präambel des Grundgesetzes (S. 91) niedergelegt ist!
4. Im Zusammenhang mit der Abgrenzungspolitik unter Erich Honecker erfolgte das Verbot, den Text der „Deutschen Nationalhymne" der DDR (S. 124) zu singen. Welche Textstellen waren anstößig geworden?

Die deutsch-deutsche Grenze

Stärker noch als alle Versuche der geistigen Abgrenzung belastete *die tatsächliche Abgrenzung der DDR* das Miteinander der Deutschen. Es war der immer perfekter ausgebaute Sperrgürtel, der sich über 1346 km mitten durch Deutschland zog. Ein für die Bürger der Bundesrepublik selbstverständliches *Grundrecht*, das Recht auf Freizügigkeit, war den DDR-Bürgern verwehrt.

Die Abbildung oben gibt den „antifaschistischen Schutzwall“ der DDR bei Wittingen (Kr. Gifhorn) um das Jahr 1985 wieder.

Die nebenstehende Zeichnung zeigt die einzelnen Elemente des Sperrsystems um 1980. Bis 1985 waren die Sicherungen im Hinterland der DDR so ausgebaut worden, dass die hier noch aufgeführten Selbstschussanlagen wieder entfernt werden konnten.

Woran wird erkennbar, dass vor allem die Flucht der eigenen Bevölkerung verhindert werden sollte?

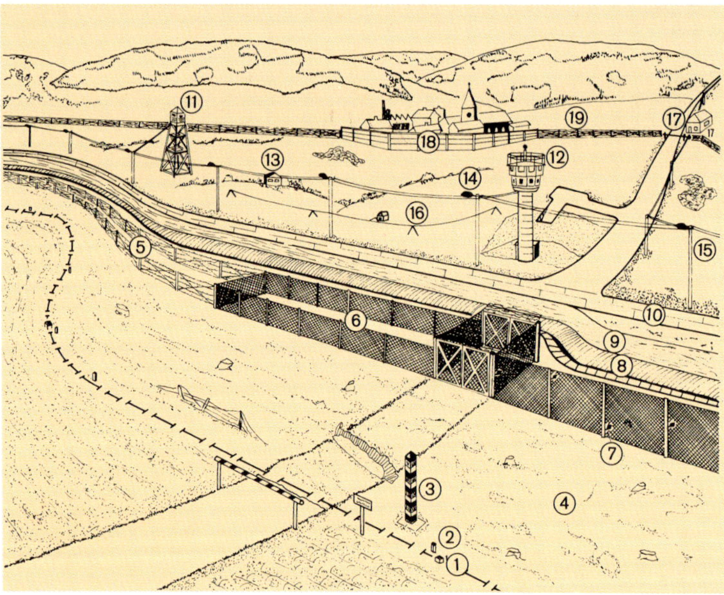

1. Grenzverlauf mit Grenzsteinen
2. DDR-Grenzmarkierungsstein (ca. 50 cm hoch, weiß)
3. DDR-Markierungssäule (ca. 1,80 m hoch, schwarz-rot-gold mit DDR-Emblem)
4. Bis zu 100 m breiter Geländestreifen (abgeholzt)
5. Zweireihiger Stacheldrahtzaun (Zwischenraum vermint)
6. Zweireihiger Metallgitterzaun (ca. 2,40 m hoch, Zwischenraum vermint)
7. Einreihiger Metallgitterzaun (ca. 3,20 m hoch) mit Selbstschussanlagen
8. Kfz-Sperrgraben (mit Betonplatten befestigt)
9. 6 m breiter Spuren-Sicherungsstreifen
10. Kolonnenweg
11. Beobachtungsturm (Holz)
12. Beton-Beobachtungsturm
13. Beton-Beobachtungs-Bunker
14. Lichtsperre
15. Grenzmeldenetz
16. Hundelaufanlage
17. Kontrollpunkt
18. Betonsperrmauer/Sichtblende (ca. 3,30 m hoch)
19. Schutzstreifenzaun mit elektrischen und akustischen Signalanlagen

Die Lösung der deutschen Frage

„Wir sind ein Volk!"

Ähnlich wie in der Bundesrepublik hatte auch in der DDR das Thema der deutschen Einheit an Aktualität verloren. Nicht, dass das Schlagwort von der „sozialistischen Nation" im „Vaterland der DDR" sonderlich die Gemüter bewegte. Aber man hatte sich eingerichtet in diesem Staatswesen. Man war stolz auf das Geleistete, mit Recht stolz, denn die Bedingungen dafür waren schwieriger gewesen als im Westen. So war ein „Wir-Bewusstsein" entstanden, von dem auch der Staat profitierte.

Das änderte sich in wenigen Monaten, als mit Grenzöffnung und Niedergang der SED-Herrschaft sich plötzlich auch die Chance einer Vereinigung abzeichnete. Seit November 1989 tauchten auf den Demonstrationen Transparente mit einer neuen Parole auf: *„Wir sind ein Volk!"*

Ergebnisse (in Prozent) von drei Meinungsumfragen unter der DDR-Bevölkerung über 15 Jahre durch das Leipziger Zentralinstitut für Jugendforschung

Für oder gegen die Einheit?

	„Bin sehr dafür"	„Bin eher dafür als dagegen"	„Bin eher dagegen als dafür"	„Bin sehr dagegen"
November 1989	16	32	29	23
Jan./Febr 1990	40	39	15	6
Febr./März 1990	44	40	13	3

Ein Staat verabschiedet sich aus der Geschichte

Wie sich die Entwicklung von diesem ersten Fanal bis zum 3. Oktober 1990 im Einzelnen vollzog, das ist auf S. 110–112 und S. 148–150 bereits dargestellt worden. Mit der deutschen Einheit hatte die deutsche Frage ihre Lösung gefunden. Ministerpräsident de Maizière formulierte dies so:

Aus der Fernsehansprache des Ministerpräsidenten Lothar de Maizière am 2. Oktober 1990

Es ist ungewöhnlich, dass sich ein Staat freiwillig aus der Geschichte verabschiedet. Ebenso ungewöhnlich und widernatürlich war aber auch die Teilung unseres Landes.
In wenigen Stunden tritt die Deutsche Demokratische Republik der Bundesrepublik Deutschland bei. Wir Deutschen erreichen die Einheit in Freiheit.
Ich glaube, wir alle haben Grund, uns zu freuen und dankbar zu sein. Wir lassen ein System hinter uns, dass sich demokratisch nannte, ohne es zu sein. Seine Kainszeichen waren die Unfreiheit des Geistes und das verordnete Denken, Mauer und Stacheldraht, der Ruin der Wirtschaft und die Zerstörung der Umwelt, die ideologisch kalkulierte Gängelung und das geschürte Misstrauen.
An die Stelle dieser Tyrannei sind Rechtsstaatlichkeit, Demokratie und Menschenwürde getreten. Unser Weg in die Freiheit war nicht gefahrlos und war nicht unumstritten. Wir danken denjenigen, die unbeirrt ihren Weg gingen und ihren demokratischen Willen furchtlos zum Ausdruck brachten. Da sie sich von der Angst befreit hatten, konnten sie auch die Freiheit erzwingen.
Wir wissen, dass wir diesen Weg nicht ohne das neue Denken in der Sowjetunion und ohne die Unterstützung unserer Nachbarn im Osten hätten gehen können. Wir danken den heutigen Tag auch dem Verständnis der Vier Mächte und ihrer Verständigungsbereitschaft, die für die deutsche Einheit Voraussetzung war.
Wir sind jetzt Bürger *eines* gemeinsamen deutschen Staates, und mit der Länderbildung, die sich in wenigen Tagen vollzieht, werden wir gleichzeitig wieder Bürger von Thüringen und Sachsen, von Brandenburg, Sachsen-Anhalt und Mecklenburg-Vorpommern sein.
Wir können uns wieder auf die Kräfte besinnen, die aus der Geschichte und den Traditionen dieser Länder herrühren. Das Diktat des Zentralismus mit seinen ortsfernen Entscheidungen und die Auszehrung des übrigen Landes finden endlich ihr Ende. Und, so will es der Einigungsvertrag, das geeinte Berlin wird Hauptstadt Deutschlands sein.
Mit der Einheit in Freiheit wird Wirklichkeit, was viele kaum mehr für möglich hielten. Die 40-jährige Teilung unseres Landes ist überwunden.

(Bulletin der Bundesregierung Nr. 118 vom 5. Oktober 1990)

Deutschlands Verderber
DEUTSCHES REICH
ZONE FRANCAISE
BRIEFPOST
Sowjetische Besatzungs Zone
PFENNIG
DEUTSCHE POST
DEUTSCHE DEMOKRATISCHE REPUBLIK
STADT BERLIN
Gedenkt unserer Gefangenen
DEUTSCHE BUNDESPOST
ZEHN JAHRE VERTREIBUNG 1945 1955
DEUTSCHE BUNDESPOST
MONAT DER DEUTSCH-SOWJETISCHEN FREUNDSCHAFT
DEUTSCHE DEMOKRATISCHE REPUBLIK
10 JAHRE DEUTSCHE DEMOKRATISCHE REPUBLIK
FREIHEITSGLOCKE BERLIN
DEUTSCHE POST
DEUTSCHE BUNDESPOST
LUFTBRÜCKE 1948-1949
BERLIN
17. JUNI 1953
DEUTSCHE POST BERLIN
ZWANZIG JAHRE Grundgesetz
23. Mai 1949
1919 Weimarer Verfassung
BUNDESREPUBLIK DEUTSCHLAND
DEUTSCHE BUNDESPOST
KONRAD ADENAUER
18.1.1871 100 Jahre
Reichsgründung
Deutsche Bundespost
DDR
13. AUGUST 1961-1971
MÜNCHEN 1972
DEUTSCHE BUNDESPOST
BUNDESREPUBLIK DEUTSCHLAND MITGLIED IN DEN VEREINTEN NATIONEN
DEUTSCHE BUNDESPOST
25 JAHRE BUNDESREPUBLIK DEUTSCHLAND IN DER NATO
DEUTSCHE BUNDESPOST
1956 1976
DDR
20 JAHRE NATIONALE VOLKSARMEE
DEUTSCHE BUNDESPOST
40 JAHRE BUNDESREPUBLIK DEUTSCHLAND
DDR
LEIPZIG
WIR SIND DAS VOLK
DEUTSCHE BUNDESPOST
DEUTSCHE BUNDESPOST
HUNDERT JAHRE 1. MAI
DEUTSCHE BUNDESPOST
DDR
1890 1990
100 Jahre 1. Mai
DEUTSCHE EINHEIT

Briefmarken zur Geschichte der deutschen Teilung und Vereinigung. Sie lassen zumeist erkennen, wann, in welchem Teil Deutschlands und aus welchem Anlass sie herausgegeben worden sind. – Die Marke oben links erschien 1945 in Meißen. Der Politiker an der Seite Stalins ist in diesem Geschichtsbuch auf S. 79 abgebildet.

Wächst jetzt zusammen, was zusammengehört?

Am 10. November 1989, einen Tag nach der Öffnung der Mauer, sagte *Willy Brandt* in einer kurzen Ansprache vor dem Schöneberger Rathaus: „Jetzt wächst zusammen, was zusammengehört." Elf Monate später wurde – in einem glücklichen Augenblick der Geschichte – die staatliche Einheit vollzogen. Aber auch weiterhin stehen sich die Menschen der alten und der neuen Bundesländer häufig fremd gegenüber. Das Aufwachsen und das Leben in so unterschiedlichen Gesellschaftsordnungen über vier Jahrzehnte hin hat sie geprägt, hat ihrem Denken, ihrer Sprache seinen Stempel aufgedrückt. Der Ausgleich der sozialen Unterschiede ist schwierig, erzeugt Spannungen.

Gemeinsam stehen wir vor einer wahrhaft *geschichtlichen* Herausforderung. Wenn wir sie gemeinsam bewältigen, dann wächst auch zusammen, was zusammengehört.

Wir merken uns

Die Deutsche Demokratische Republik entstand 1949 als Antwort auf die Gründung der Bundesrepublik Deutschland. Hier setzte die SED ihren Führungsanspruch in allen Bereichen der Politik und des Lebens durch. Unter Walter Ulbricht als mächtigstem Mann in Partei und Staat (1949–1971) erhielt die DDR in der Aufbauphase ihre entscheidende Prägung als stalinistische Diktatur.

Ein Volksaufstand am 17. Juni 1953 wurde mit Unterstützung der sowjetischen Besatzungsmacht niedergeschlagen, der Flucht von Millionen Bewohnern durch den Bau einer Sperrmauer in Berlin ein Ende bereitet (13. August 1961).

Der Bau der Mauer ermöglichte den Beginn einer Stabilisierungsphase, von der Erich Honecker als neuer starker Mann seit 1971 profitieren konnte. Es gelang, die Lebensverhältnisse deutlich zu verbessern und die internationale Anerkennung der DDR als zweiter deutscher Staat durchzusetzen. Stalinistische Formen der Herrschaft wurden auch fortgeführt, nachdem die Schutzmacht Sowjetunion unter Gorbatschow ihre neue Politik einleitete (1985).

Von 1987 an begann eine Auflösungsphase der DDR, in der die Bevölkerung immer energischer demokratische Reformen forderte. Mit der friedlichen Revolution wurde die Öffnung der deutsch-deutschen Grenze erzwungen (9. November 1989), die Herrschaft der SED schließlich in demokratischen Wahlen (Volkskammerwahlen vom 18. März 1990) beendet.

Eine DDR-Regierung aus Vertretern demokratischer Parteien führte den Beitritt zur Bundesrepublik Deutschland und damit den Abschied der Deutschen Demokratischen Republik aus der Geschichte herbei (3. Oktober 1990).

3 Die europäische Integration

Die Europäische Gemeinschaft

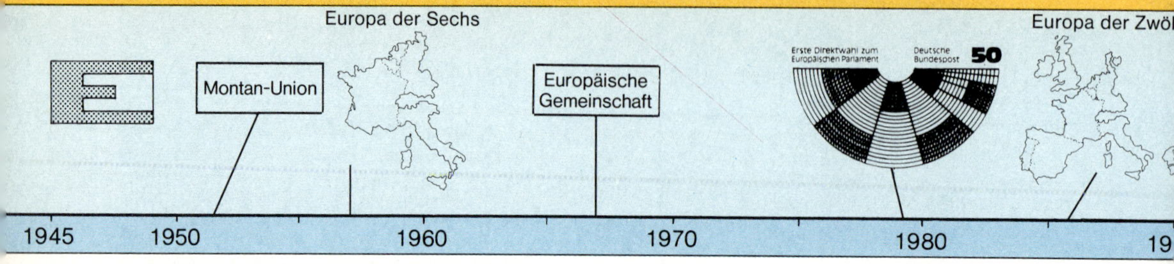

Auf dem Weg zum vereinten Europa

Stimmen für Europa

„Der Tag wird kommen, da Franzosen, Italiener, Deutsche – da alle Nationen des Kontinents, ohne ihre besonderen Eigenschaften zu verlieren, sich zu einer höheren Einheit zusammenfinden und die europäische Brüderlichkeit begründen werden. Der Tag wird kommen, da die Kugeln und Bomben durch Stimmzettel, durch das allgemeine Wahlrecht zu einem europäischen Parlament abgelöst werden“ *(Victor Hugo, 1849).*

„Wir müssen eine Art Vereinigter Staaten von Europa errichten ... Wir können es uns einfach nicht leisten, durch all die kommenden Jahre den Hass und die Rache mit uns fortzuschleppen, die den Ungerechtigkeiten der Vergangenheit entsprossen sind ... Europa muss sich vereinigen, oder es muss untergehen“ *(Winston Churchill, 1946).*

Arbeitsvorschlag

Sie haben bisher zwei Beweggründe kennen gelernt, die zu einer Annäherung zwischen den Staaten Europas geführt haben: das Streben nach Sicherheit und nach Versöhnung. – Welche Zielsetzungen werden in den Texten oben sichtbar?

Die Anfänge nach 1945

Fahne der „Europäischen Bewegung“

Im 19. Jahrhundert war aus den vielen deutschen Einzelstaaten der *Nationalstaat* Deutschland geworden. Warum sollte es nicht möglich sein, die europäischen Nationalstaaten zu größeren, *übernationalen* Zusammenschlüssen zu führen? Warum sollte es nicht *einen* europäischen Staat anstelle der Zersplitterung Europas geben?

Diese Idee eines Zusammenschlusses in Europa ist alt und über alle Kriege hinweg lebendig geblieben. Während des Zweiten Weltkrieges waren es die Widerstandsbewegungen in ganz Europa, die ihren Kampf gegen das Hitlerreich zugleich als einen Kampf für Europa sahen. Nach 1945 gab es vor allem in der Jugend einen leidenschaftlichen Einsatz für die europäische Idee. Demonstranten beseitigten Schlagbäume und pflanzten Fahnen mit dem grünen E, dem Zeichen der „Europäischen Bewegung“, auf.

Zehn europäische Staaten nahmen 1949 diese Impulse auf und gründeten den *Europarat* als eine Einrichtung, die Vorschläge für praktische Maßnahmen zu einer stärkeren Einheit Europas entwickeln sollte. Minister und Parlamentarier der Mitgliedstaaten, unterstützt von einem Mitarbeiterstab in Straßburg, erarbeiten Empfehlungen, etwa zur Vereinheitlichung des Arzneiwesens und des Umweltschutzes oder für den Denkmalschutz. Heute gehören sämtliche Staaten des westlichen Europas dem Europarat an. Eine politische Macht hat dieser freilich nie erreicht.

◁ *Am Ufer des Rhein-Marne-Kanals in Straßburg entstand dieser Gebäudekomplex europäischer Einrichtungen: im Vordergrund in Halbkreisformen das Abgeordnetenhaus des Europäischen Parlaments, links angeschlossen der kreisrunde Sitzungssaal; der große Viereckbau dahinter das „Palais de l'Europe“ – Sitz des Europarats.*

Die wirtschaftliche Einigung

Das „Europa der Sechs"

Die Unverbindlichkeit der dem Europarat zugestandenen Funktionen zeigt, dass die Regierungen der europäischen Staaten noch nicht bereit waren, Entscheidungsbefugnisse aus der Hand zu geben. Die europäische Integration konnte nur dort Fortschritte machen, wo sie von den Regierungen als im nationalen Interesse liegend angesehen wurde. Hierfür bot sich vor allem das *wirtschaftspolitische Gebiet* an.

Sechs europäische Staaten machten den Anfang: Belgien, die Bundesrepublik Deutschland, Frankreich, Italien, Luxemburg und die Niederlande. Sie schlossen sich 1951 zu einer *Montan-Union* zusammen, wodurch die Kohle- und Stahlproduktion gemeinsam verwaltet wurde.

Die guten Erfahrungen in der Montan-Union bewogen die Länder, auch andere Wirtschaftszweige einzubeziehen. So entstand 1957 die *Europäische Wirtschaftsgemeinschaft* (EWG) dieser sechs Staaten. Abschaffung der zwischenstaatlichen Zölle, gemeinsame Landwirtschafts- und Verkehrspolitik sowie ein gemeinsamer Außenzoll gegenüber Drittländern – das waren einige Ziele der Gemeinschaft, die weitgehend verwirklicht werden konnten. Ein *einheitlicher Wirtschaftsraum* sollte entstehen. Damit wollten die Politiker ein schnelleres Wirtschaftswachstum sowie einen höheren Lebensstandard innerhalb der Gemeinschaft erreichen.

Neben der EWG entstand – ebenfalls 1957 – die *Europäische Atomgemeinschaft* (Euratom) dieser Länder. Ihr Ziel war die gemeinsame wirtschaftliche Nutzung der Atomenergie.

Die überstaatlichen Verwaltungen dieser drei europäischen Gemeinschaften (Montan-Union, EWG und Euratom) wurden 1967 vereinigt und als *Europäische Gemeinschaft* (EG) bezeichnet. In Brüssel entstand ihre zentrale Verwaltung.

Deutsche und französische Studenten protestieren gegen die Errichtung eines Zollhauses für 2 Mill. DM an der deutsch-französischen Grenze bei Saarbrücken im Jahre 1970: Nicht (nur) von Europa sprechen, sondern für Europa handeln! Bilder wie diese sind in unserer Gegenwart selten geworden.

Das „Europa der Zwölf“

Der Kreis der EG-Mitgliedstaaten erweiterte sich erstmals 1973: Dänemark, Großbritannien und Irland schlossen sich an. Im Jahre 1981 trat Griechenland bei, Portugal und Spanien folgten 1986. Durch den Beitritt zur Bundesrepublik Deutschland gehört das Gebiet der ehemaligen DDR seit 1990 ebenfalls dazu.

Diese zwölf Staaten der Europäischen Gemeinschaft wachsen nach und nach zu einem Wirtschaftsgebiet mit 340 Millionen Einwohnern und einer hoch entwickelten Industrie zusammen. Der Warenverkehr innerhalb der Gemeinschaft ist bis heute um ein Vielfaches angestiegen. Wir nehmen es kaum noch zur Kenntnis, dass wir in jedem Supermarkt Waren aus allen Ländern der Europäischen Gemeinschaft so selbstverständlich einkaufen wie deutsche.

Darüber hinaus bestehen Sonderbeziehungen der EG zu über 60 Staaten der Erde, zumeist Entwicklungsländern. Handelsabkommen sichern diesen *assoziierten Staaten* Exportmöglichkeiten in die Europäische Gemeinschaft und tragen so zu ihrer Lebensfähigkeit bei.

Mit Wirkung vom 1. Januar 1995 sind Österreich, Finnland und Schweden der Gemeinschaft beigetreten. Die Türkei, aber auch Staaten des ehemaligen Ostblocks, sind an einem Beitritt interessiert.

Zwölf fünfzackige Sterne auf blauem Grund – seit 1986 das Symbol der EG. Es soll trotz des Beitritts weiterer Staaten unverändert bleiben.

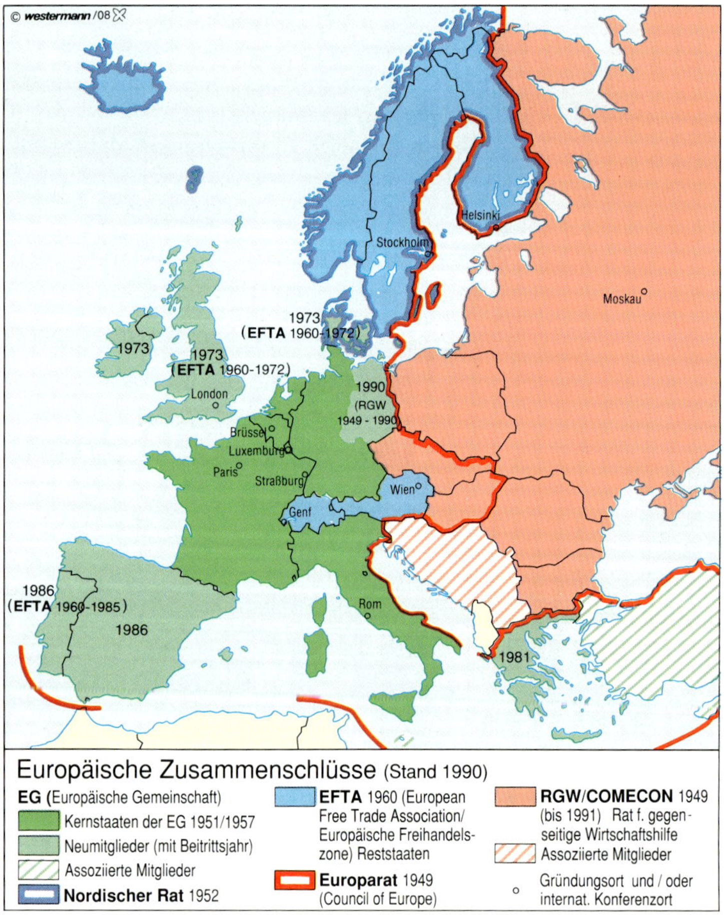

Die Karte zeigt Zusammenschlüsse europäischer Staaten mit dem Stand vom Sommer 1990 – vor den großen Veränderungen in Europa. Innerhalb der EG bilden Belgien, die Niederlande und Luxemburg (= BENELUX) eine eigene wirtschaftliche Union. In der EFTA hatten sich westeuropäische Staaten zusammengeschlossen, die eine wirtschaftliche Zusammenarbeit wollten, eine politische Zusammenarbeit (wie in der EG) jedoch ablehnten. Einige von ihnen sind inzwischen zur EG gewechselt. Der Nordische Rat soll einer besseren Zusammenarbeit der skandinavischen Staaten dienen. Zum Europarat vgl. S. 160, zum Rat für gegenseitige Wirtschaftshilfe (RGW) vgl. S. 169.

Probleme der EG

Ein schwieriges Problem für die Europäische Gemeinschaft ist *der unterschiedliche Entwicklungsstand einzelner Regionen* in den Mitgliedstaaten. Vor allem in Irland und Südeuropa sind große Gebiete sozial und wirtschaftlich unterentwickelt. Die Armut ist hier noch längst nicht beseitigt und die Arbeitslosigkeit außerordentlich hoch. Zum Teil liegt sie bei über 20 % der erwerbsfähigen Bevölkerung. Die Abwanderung vieler Menschen ist eine Folge dieser Situation, was die Lage noch verschärft.

Ein besonderer *Entwicklungshilfefonds*, in den die reicheren Staaten Geld einzahlen, soll Abhilfe schaffen. Jedoch reichen die Mittel bei weitem nicht aus, um die Probleme dieser Regionen zu lösen.

Anlass zu zahlreichen Reibereien bietet der *Gemeinsame Agrarmarkt*. Die Bauern in der EG produzieren mehr Getreide, Milch, Obst, Gemüse und Fleisch, als die Menschen in der EG verbrauchen können. Das führt zu einer Überschussproduktion, die die Europäische Gemeinschaft aufkauft. Sie will dadurch die Existenz ihrer Landwirte sichern.

Die Karte (Stand um 1990) zeigt, wie groß die wirtschaftlichen und sozialen Unterschiede im „Europa der Zwölf" sind. – Das „Bruttoregionalprodukt" bezeichnet den Wert aller Güter und Dienstleistungen, welche die Wirtschaft einer bestimmten Region herstellt oder erbringt. In ihm wird also die Wirtschaftskraft dieser Region erkennbar. Gebiete mit einem unterdurchschnittlichen Bruttoregionalprodukt sind zugleich die strukturschwachen Regionen der EG, wo auch die größte Arbeitslosigkeit herrscht.

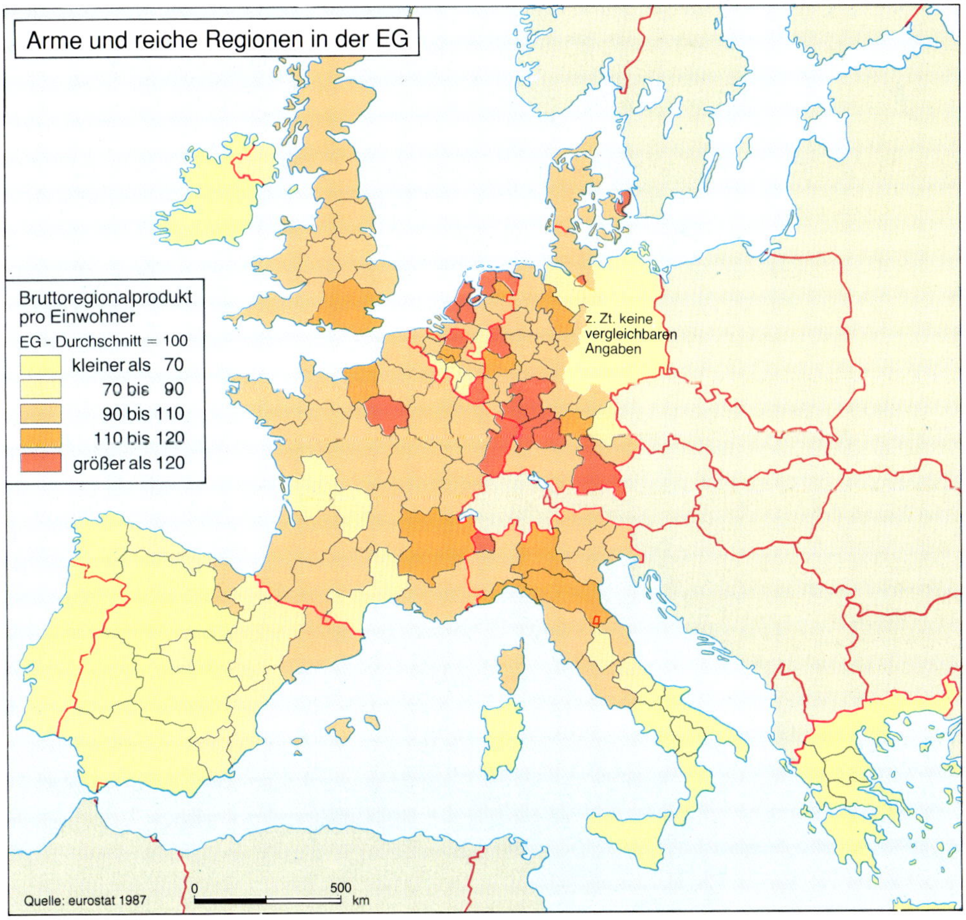

Überschüssig produzierte Tomaten werden wieder auf die Felder transportiert und dort zum Verfaulen ausgebreitet.

Auf dem Weltmarkt erhält sie allerdings für die aufgekaufte Ware weniger, als sie den Bauern bezahlt hat. Daher müssen alle Mitgliedsländer jedes Jahr Milliardenbeträge aufwenden, um diese Maßnahmen zu finanzieren. Unverkäufliche Lebensmittel werden sogar teilweise vernichtet oder in riesigen Lagerhäusern aufbewahrt. Dieses kostspielige Verfahren führt zu Ärger bei den Steuerzahlern, während trotz der Hilfen viele Bauern um ihr Überleben kämpfen müssen.

Arbeitsvorschläge

1. Die Regierungen der westeuropäischen Staaten waren am ehesten dazu bereit, *auf wirtschaftlichem Gebiet* Entscheidungsbefugnisse an eine übernationale Behörde abzutreten. Hier war der nationale Vorteil unmittelbar zu spüren, denn der nationale Wohlstand profitierte davon. – Prüfen Sie diese These!
2. Stellen Sie in einer Tabelle die wirtschaftlich reichsten und die ärmsten Regionen der EG zusammen! Versuchen Sie, Gründe für die Situation der jeweiligen Region zu finden!

Bereits vor dem Beitritt der neuen Bundesländer war die Bundesrepublik Deutschland die nach Bevölkerungszahl und Wirtschaftskraft stärkste Macht innerhalb der EG. Durch die bankrotte Hinterlassenschaft der DDR-Machthaber wird sich die gesamtdeutsche Wirtschaftskraft nicht entsprechend der Bevölkerungszahl erhöhen.

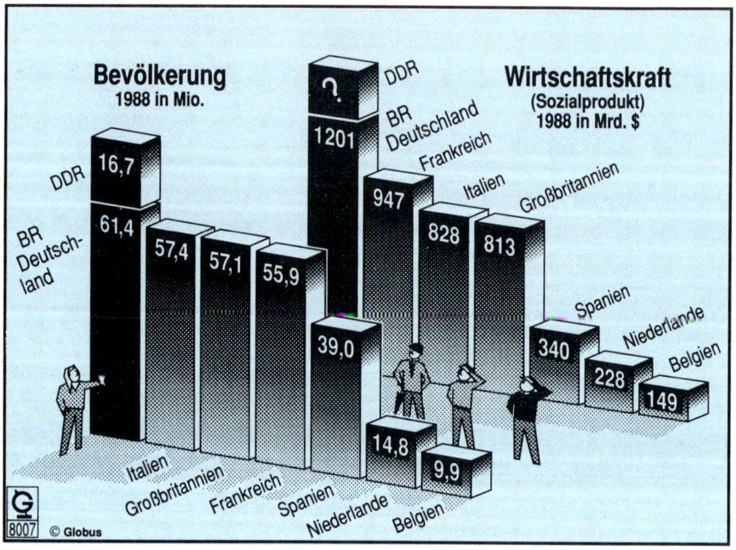

Gipfelkonferenz der Staats- und Regierungschefs der EG-Mitgliedstaaten (Europäischer Rat) in Brüssel im März 1984. Im Vordergrund Bundeskanzler Kohl, daneben Außenminister Hans-Dietrich Genscher; als zweiter von rechts (sitzend) der französische Staatspräsident Mitterrand.

Die politische Einigung

Ein „Europa der Vaterländer“?

Neben den USA wurde die Europäische Gemeinschaft zur stärksten Wirtschaftsmacht. Auch von ihrer Bevölkerungszahl her ist sie ein Riese, größer als die USA oder Russland. Politisch hingegen ist sie ein Zwerg geblieben. Denn im Gegensatz zur wirtschaftlichen Einigung hat die *politische Einigung* Europas nur geringe Fortschritte gemacht. Die „Vereinigten Staaten von Europa“, von denen die Europa-Begeisterten 1945 träumten, sind noch immer ferne Zukunft. Eine starke Zentralgewalt gar, die sich über die einzelnen Mitgliedstaaten wölbt, ist nicht in Sicht. Im Gegenteil, Europa ist bisher mehr ein „Europa der Vaterländer“ geblieben, wie es *Charles de Gaulle* in den sechziger Jahren gefordert hatte.

Karikaturen aus dem Jahre 1977. So sahen die Zeichner die Europäische Gemeinschaft 20 Jahre nach der Gründung der EWG. (Nach einer griechischen Sage war Europa eine Königstochter, die vom Göttervater Zeus – in Gestalt eines Stiers – übers Meer von Asien nach Kreta entführt wurde. Nach ihr erhielt unser Kontinent seinen Namen, und deshalb wird Europa symbolisch gern als junge Frau dargestellt.)

Die drei überstaatlichen Verwaltungen der Europäischen Gemeinschaft – der EWG, der Europäischen Atomgemeinschaft und der Europäischen Gemeinschaft für Kohle und Stahl (Montanunion) – haben ihren Sitz in Brüssel. Geleitet werden sie von der Europäischen Kommission, die jedoch in ihrer Arbeit an die Weisungen des Ministerrats gebunden ist.
Der Europäische Gerichtshof sorgt für die Einhaltung der europäischen Rechtsbestimmungen, der Rechnungshof wacht über den ordnungsgemäßen Einsatz des EG-Haushalts.

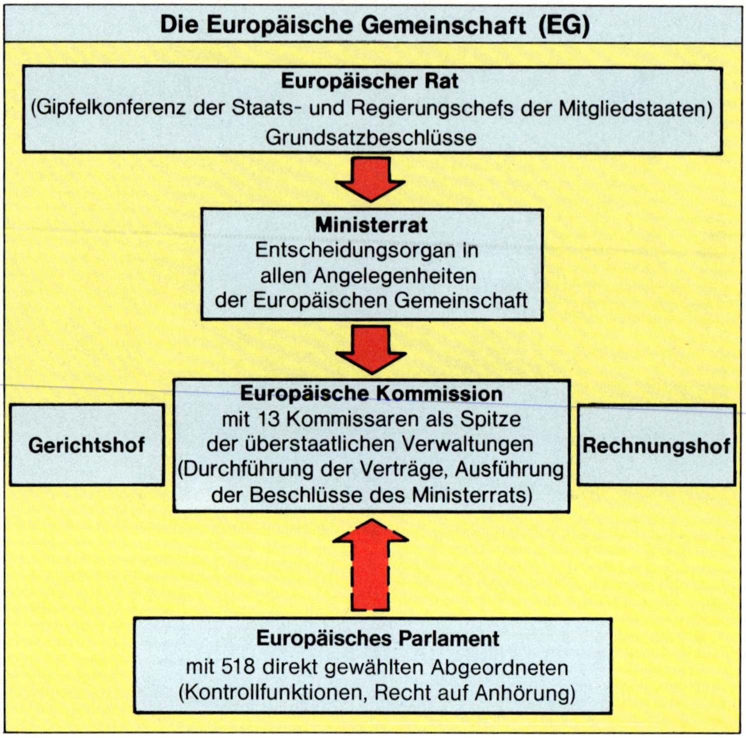

Die Organisation der EG

Die politische Macht liegt bei den Regierungen der Mitgliedstaaten. Auf mehrmals jährlich stattfindenden Konferenzen fassen die Regierungschefs, der *Europäische Rat*, die Grundsatzbeschlüsse.

Auch der regelmäßig tagende *Ministerrat* wird von je einem Minister (Außen- oder Fachminister) dieser Regierungen beschickt, und hier im Ministerrat fallen die eigentlichen Entscheidungen über die gemeinsame Politik.

Die *Europäische Kommission* und mit ihr die supranationalen (überstaatlichen) Behörden in Brüssel sind im wesentlichen ausführende Organe.

Die Mitglieder des *Europäischen Parlaments* wurden anfangs von den EG-Staaten entsandt, seit 1979 werden sie von der Bevölkerung der Mitgliedstaaten direkt gewählt.

In den sechziger und siebziger Jahren hatte vor allem die französische Politik die Fortschritte im politischen Integrationsprozess gehemmt. In den achtziger Jahren war es die britische Politik unter der Regierungschefin *Margaret Thatcher*, die mit allen Mitteln nationale Interessen auf Kosten der Gemeinschaft durchzusetzen suchte. Insgesamt sind besonders die größeren Mitgliedstaaten bemüht, so viel nationale Souveränität wie möglich zu erhalten und nur so viel politische Integration wie nötig zuzulassen.

Arbeitsvorschlag

Analysieren Sie bitte die Karikaturen auf S. 165! Welche speziellen Probleme auf dem Wege zur europäischen Einigung wollen die Zeichner jeweils darstellen? Welche Symbolfiguren können Sie deuten? Die Figuren für Belgien, die Niederlande und Luxemburg „ziehen an einem Strang" – warum?

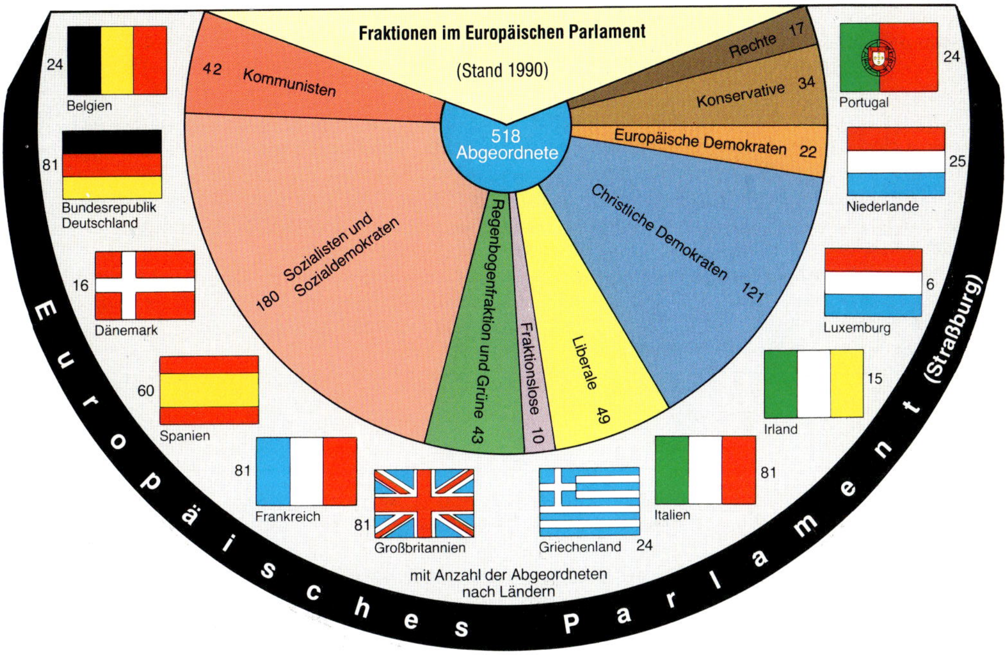

Das Europäische Parlament

Ein historisches Datum auf dem Weg zu einem vereinten Europa ist der 10. Juni 1979. Hier fanden die ersten *Direktwahlen* zum Europäischen Parlament statt. Gewählt wurden die 410 Abgeordneten nach einem Schlüssel, der auch die kleinen Mitgliedstaaten ausreichend vertreten sein ließ. Seitdem finden die Wahlen alle fünf Jahre statt. Die Zahl der Abgeordneten ist durch den Beitritt weiterer Staaten und die Wiedervereinigung Deutschlands auf 567 im Jahr 1994 gestiegen. Die Vertreter der Mitgliedstaaten treten im Straßburger Parlament als *Fraktionen* auf.

Noch sind die Rechte des Europäischen Parlaments dürftig, fehlen ihm die eigentlichen Befugnisse eines *Parlaments*: das Recht, Gesetze zu erlassen und eine Regierung zu bilden. Aber vielleicht wird es sich weitere Rechte erringen, wird es einmal zur verfassunggebenden Versammlung eines vereinten Europas.

Arbeitsvorschlag

Bei den Direktwahlen zum Europäischen Parlament 1979 entfiel auf 760 000 Wahlberechtigte der Bundesrepublik Deutschland und auf 60 000 Wahlberechtigte in Luxembug je ein Abgeordneter. Ist dieser Schlüssel vernünftig? Diskutieren Sie bitte mögliche Alternativen! Welche Probleme hätte z. B. ein allgemeiner Schlüssel von 760 000 : 1, welche ein Schlüssel von 60 000 : 1 aufgeworfen?

Sondermarken der Deutschen Bundespost anlässlich der Wahlen zum Europäischen Parlament 1979, 1984, 1989

Vom mühsamen Weg zur europäischen Wirtschaftseinheit

Die versprochene Reform der Europäischen Gemeinschaft wurde beim Gipfeltreffen in Luxemburg [1985] nur in Ansätzen verwirklicht ... Immer, wenn es konkret wurde, gerieten die Konferenzteilnehmer aneinander. Die Dänen fürchteten um ihre hohen Maßstäbe beim Umweltschutz, die Deutschen um ihre anspruchsvolle Ausbildungsverordnung und um ihre strengen Vorschriften für Lebensmittel und Arbeitsschutz. Kanzler Kohl wollte sich „nicht als Hemmschuh" erweisen und zeigte sich kompromissbereit. Schließlich seien, so Kohl, in diesem Jahr rund 25 Millionen Deutsche ins Ausland gereist und hätten sich »beim Gorgonzola-Essen offensichtlich nicht vergiftet«.

So großzügig war die englische Premierministerin nicht. Unnachgiebig lehnte Margaret Thatcher die geplante Vertragsänderung ab. Das sei sie der Gesundheit ihrer Bürger schuldig. Schließlich seien die Briten dank ihrer Insellage und der strengen Quarantäne-Bestimmungen bisher von schrecklichen „kontinentalen Krankheiten" wie der Tollwut verschont geblieben...

Als die Zwölf kurz nach Mitternacht endlich auseinander gingen, hatten sie allenfalls Flickwerk zu Stande gebracht.

(Nach: DER SPIEGEL Nr. 50/1985, S. 138)

Der Vertrag von Maastricht

Der Bericht über die Gipfelkonferenz in Luxemburg 1985 zeigt, wie schwierig und mühsam es ist, den *Gemeinsamen Markt* der Europäischen Gemeinschaft zu schaffen. Mit dem Fortfall der Kontrollen für Personen und Waren an den Binnengrenzen – und einer Verstärkung der Kontrollen an den Außengrenzen – ist es nicht getan. Zahlreiche weitere Regelungen müssen vereinbart werden, damit das für einen Binnenmarkt notwendige Maß an Gemeinsamkeit geschaffen werden kann. Auf dem Luxemburger Gipfel wurde, wie wir sahen, über Normen für Umweltschutz, Ausbildung und Arbeitsrecht diskutiert, aber auch über Lebensmittelvorschriften und Quarantänebestimmungen.

Zu vereinheitlichende Normen gibt es auch bei Dienstleistungen. Sie müssen angeglichen werden, um Wettbewerbsverzerrungen zu verhindern. Wie lang dürfen Lastwagen sein, wie lange darf ein Fahrer am Steuer sitzen? Auch für den Geldverkehr von Staat zu Staat, für Kredite und Darlehen sind vergleichbare Bedingungen nötig. Unterschiedliche steuerliche Aufschläge liegen auf bestimmten Waren und Dienstleistungen; sie müssen harmonisiert werden. Der Benzinpreis, zum Beispiel, differiert durch indirekte Steuern der einzelnen Mitgliedstaaten erheblich.

Diese und viele andere Schranken sind wegzuräumen, für einen „Raum ohne Binnengrenzen, in dem der freie Verkehr von Personen, Waren, Dienstleistungen und Kapital" gewährleistet ist.

Im November 1993 ist der *Vertrag von Maastricht* in Kraft getreten. Er soll die Vollendung des Binnenmarktes im Sinne der „vier Freiheiten" (Bild links) herbeiführen. In seinen Auswirkungen aber geht er weit über die wirtschaftliche Vereinigung Europas hinaus, greift er tief in die politische Selbstbestimmung der Einzelstaaten ein. Europa soll insgesamt stärker zusammenwachsen! Um dieses zum Ausdruck zu bringen, sprechen wir seit Maastricht nicht mehr von der EG, sondern von der *Europäischen Union (EU).*

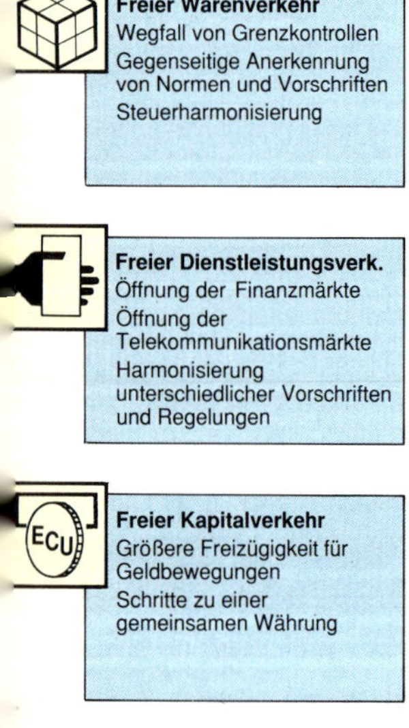

◁ *Als „vier Freiheiten" lassen sich die Regelungen zusammenfassen, die getroffen werden müssen, damit der Binnenmarkt vollendet werden kann.*

Plakat aus der ehemaligen DDR (1984): Ein Fahnenband umschlingt das RGW-Gebäude in Moskau

Zusammenschluss im östlichen Europa: RGW

Der *Rat für gegenseitige Wirtschaftshilfe* (RGW) war die Gegenmaßnahme der Sowjetunion auf die beginnende wirtschaftliche Zusammenarbeit der Staaten Westeuropas. Er wurde 1949 von der Sowjetunion, Bulgarien, Polen, Rumänien, der Tschechoslowakei und Ungarn gegründet. Die Aufnahme der DDR erfolgte 1950.

Anders als in Westeuropa aber war nicht die Schaffung eines gemeinsamen Marktes und die Integration das eigentliche Ziel. Vielmehr ging es vor allem darum, die wirtschaftlichen Ausbaupläne der „sozialistischen Bruderländer“ und den Warenaustausch innerhalb der Ostblockstaaten zu koordinieren. Das nannte man zwar „sozialistische Integration“, es war aber nicht mehr als eine Art Tauschhandel: Welcher Staat welche Güter an welches RGW-Mitglied zu liefern hatte, wurde genau festgelegt.

Die Sowjetunion war der Hauptlieferant von Energie und Rohstoffen, die DDR der Hauptlieferant von hochwertigen Industriegütern.

Deckung des Importbedarfs um 1975 durch Lieferungen …			
… der DDR an die Sowjetunion		… der Sowjetunion an die DDR	
Rechenmaschinen	95	Erdgas	100
Kino- und Fotofilme	90–95	Erdöl	90–95
Schmieden und Pressen	70–80	Baumwolle	90–95
Ausrüstungen für die Baustoffindustrie	70–80	Schnittholz	90–95
Bagger	65	Zink	70
Schiffsdieselmotoren	60	Eisenerz	60
Werkzeugprüfmaschinen	60	Aluminiumvorprodukte	60
Krane	60	Blei	60
Landmaschinen	40	Walzstahl	40–45
			(Angaben in Prozent)

Mit der Einführung der Deutschen Mark als Währungseinheit in der DDR am 1. Juli 1990 geriet das gesamte kunstvolle System des staatlich geplanten Handels ins Wanken. Unter den Bedingungen der Marktwirtschaft waren Produkte der RGW-Staaten in der DDR nicht mehr konkurrenzfähig und absetzbar, Produkte der DDR für die RGW-Staaten nicht mehr bezahlbar. Der Umbau der Staatswirtschaften in den meisten Ländern des Ostblocks – hin zu einer Marktwirtschaft – tat ein Übriges: Mit dem Ende des laufenden Fünfjahresplans 1990 endete auch der Staatshandel im europäischen Osten. Der RGW wurde 1991 formal aufgelöst.

Wir merken uns

Seit 1945 gehen die Staaten Westeuropas den Weg zu einem engeren Zusammenschluss. Die wirtschaftliche Einigung führte zur Gründung von drei „Gemeinschaften“ (Montan-Union, EWG und Euratom), die 1967 zur „Europäischen Gemeinschaft“ zusammengeschlossen wurden. Aus dem „Europa der Sechs“ wurde 1986 ein „Europa der Zwölf“, 1995 ein „Europa der Fünfzehn“. Die politische Einigung hat bisher nur geringe Fortschritte gemacht. Die Direktwahl eines Europäischen Parlaments (seit 1979) und das Inkrafttreten des Vertrags von Maastricht (1993) sind aber wichtige Schritte auf dem Wege zu einem vereinten Europa.

切权力归川
川沙县革命

4 China und die Dritte Welt

Chinas Weg zur Weltmacht

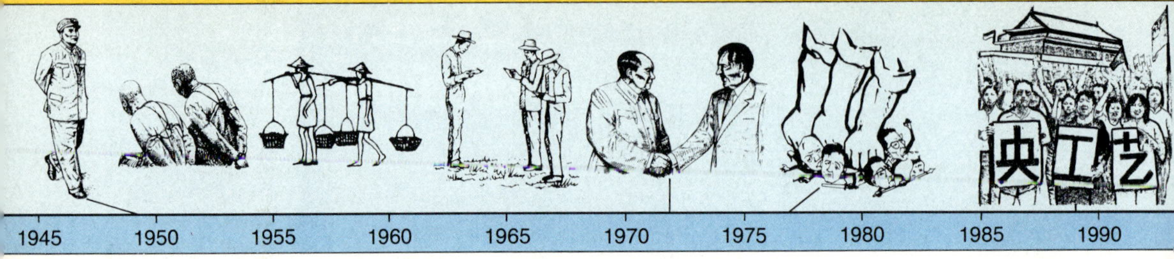

Vom alten zum neuen China

China war zwar niemals direkter Kolonialbesitz der Europäer, doch ihren Einflüssen seit etwa 1850 gänzlich unterworfen. Und es wurde von ihnen um 1900 auch wirtschaftlich ausgebeutet. Seinen Weg aus völliger Machtlosigkeit zu einer der Großmächte unserer Gegenwart wollen wir nunmehr verfolgen.

Revolution und Bürgerkrieg

Schon vor 1900 hatten sich in China Gruppen gebildet, die mit der Politik der kaiserlichen Regierung nicht einverstanden waren.

Mao Tse-tung

Im Herbst 1911 brach schließlich die schon lange schwelende Revolution aus. Missernten hatten den Auftakt gegeben. Kaiserliche Beamte hatten den Reispreis heraufgeschraubt und sich an der Not der hungernden Massen bereichert. Es kam zu Bauernaufständen, zu wechselvollen Kämpfen zwischen den Aufständischen und regierungstreuen Truppen. Immer mehr chinesische Männer schnitten sich, als Zeichen der Erhebung, die Zöpfe ab. Hankau, Nanking, Schanghai – immer mehr große Städte und Provinzen fielen in die Gewalt der Revolutionäre.

Anfang Februar 1912 verzichtete das Herrscherhaus in Peking auf die Regierung. *Das Kaiserreich China wurde eine Republik.*

Dem Sturz der jahrtausendealten Kaiserherrschaft folgten Jahrzehnte der Wirren, des Bürgerkriegs, des Hungers, des verzweifelten und fanatischen Kampfes der Parteien um Macht.

Um den brodelnden Riesenkessel China aber standen die fremden Mächte, abwartend, interessiert – bereit zuzufassen, um Einfluss, vielleicht gar die Vorherrschaft in diesem weiten und volkreichen Land zu gewinnen: Russland, England, die USA und besonders Japan, das von 1931 an weite Teile Chinas besetzte.

In den Wirren der inneren Kämpfe hatten sich vor allem zwei Gruppen herausgebildet: eine mehr *nationale* unter der Führung des Generals *Tschiang Kai-schek* (1887–1975) und eine *kommunistische* unter der Führung *Mao Tse-tungs*. Beide bekämpften sich als feindliche Brüder. Zuerst hatte Tschiang Kai-schek die Oberhand. Er zerschlug die Kommunistische Partei und ließ Tausende ihrer Führer hinrichten. Er setzte in großen Teilen Chinas seine Herrschaft durch.

◁ *Jugend in der Volksrepublik China um 1969 und 1989. – Die Abbildung auf S. 170 zeigt eine Massenversammlung in der Zeit der Kulturrevolution. – Der Einsatz von Panzern beendete im Juni 1989 die Demonstrationen für Perestroika und Glasnost auch in China. Ein Student versucht, eine anrollende Panzerkolonne aufzuhalten (S. 171).*

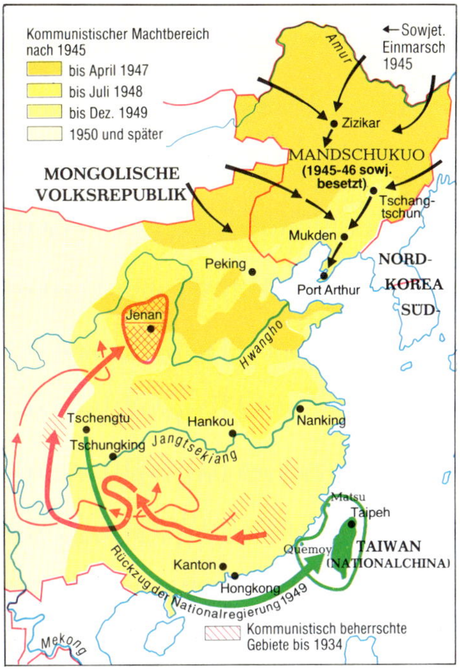

Das China Mao Tse-tungs

Die Machteroberung durch Mao Tse-tung

Die Kommunistische Partei Chinas (KPCh) bildete eine Gegenregierung im Süden. Tschiang Kai-schek drängte die „Rote Armee" Mao Tse-tungs aus Südchina hinaus nach Norden. Heute weiß jedes Schulkind in China von dem *„Langen Marsch"* zu erzählen, den Maos Armee damals, von Oktober 1934 bis Oktober 1935, unter ständigen Kämpfen zurücklegte. Die Marschstrecke betrug rund 13 000 km – das war mehr als ein Viertel des gesamten Erdumfanges. Er führte durch Wüsten und Gebirge, durch Sonnenglut und Winterstürme. Hunderttausend Mann traten diesen Marsch an – etwa 20 000 trafen am Ende in dem Gebiet um Jenan, in der nordchinesischen Provinz Schensi, ein.

Inzwischen waren die Japaner immer weiter vorgedrungen, und 1937 begann der regelrechte *Krieg zwischen Japan und China.* Vor der äußeren Bedrohung fanden sich die streitenden Brüder, die rote und die nationale Armee, noch einmal zusammen.

Während Tschiang Kai-schek die oberste Leitung des Krieges hatte, führten die Kommunisten unter Mao den Krieg gegen die Japaner in unablässigen, zähen, kleinen Partisanenkämpfen. Ihre „Soldaten" waren überall und nirgends. In blitzartigen Überfallen stießen sie gegen die japanischen Kolonnen und Stellungen vor. Zogen die Japaner Verstärkung heran, waren die Angreifer plötzlich wie vom Erdboden verschwunden. Als friedliche Bauern und Handwerker gingen sie wieder ihrer Arbeit nach. Waffen wurden selten bei ihnen gefunden.

Dieser „Kleinkrieg" wurde mit beispielloser Grausamkeit geführt. Unablässig wuchsen der KPCh dabei neue Anhänger zu.

△ *Die Abbildung links zeigt eine verherrlichende Darstellung des „Langen Marsches", der dicke rote Pfeil in der Karte rechts markiert den Weg, den die „Rote Armee" Maos 1934/35 zurücklegte.*

Der Japanisch-Chinesische Krieg wurde schließlich ein Teil des großen Zweiten Weltkrieges. Erst mit der Kapitulation der Japaner 1945 hatte die lange feindliche Besetzung Chinas ein Ende.

Nachdem der äußere Feind abgezogen war, entbrannte sofort wieder die Auseinandersetzung zwischen der kommunistischen und der nationalen Gruppe. Bereits im Winter 1947 ging Mao mit seinen Truppen zum Angriff gegen Tschiang Kai-schek über. Im Frühjahr 1949 zog er in die Hauptstadt Peking ein; Ende September hatten die Kommunisten den weitaus größten Teil Chinas im Besitz. Tschiang Kai-schek musste sich auf das der südchinesischen Küste vorgelagerte Inselland Taiwan (Formosa) zurückziehen. Hier errichtete er die *Republik China*, ein eigenes Staatsgebilde mit heute etwa 20 Millionen Einwohnern. Sie beansprucht, wie auch das Riesenreich auf dem Festland, ganz China zu repräsentieren.

Mao siegte in der Auseinandersetzung mit Tschiang Kai-schek vor allem deshalb, weil es ihm gelang, die chinesischen Bauern auf seine Seite zu bringen. Sie waren bisher von den Großgrundbesitzern wie von den Truppen Tschiang Kai-scheks nur unterdrückt und ausgebeutet worden. Wo immer Mao siegte, verteilte er das Land unter die Bauern. Dafür unterstützten sie seine Soldaten, wie es unser farbiger Holzschnitt aus den vierziger Jahren zeigt.

Es ist eine ganze Bildergeschichte: Bauern versorgen die Armee mit Reittieren sowie Ziegen und Lämmern als Verpflegungsnachschub (erste und zweite Bildreihe). Sie bringen einen Verwundeten in Sicherheit und bewachen das Soldatenlager (dritte Reihe). Sie stellen Freiwillige aus ihren Reihen und unterstützen einen Kriegsversehrten und seine Familie.

Die Liquidierung der Großbauern in Schanghai

Sozialismus in China

Am 1. 10. 1949 wurde in Peking die *Volksrepublik China* mit dem Ministerpräsidenten Tschu En-lai ausgerufen. Der eigentliche Führer des rotchinesischen Staates aber war der Parteivorsitzende Mao Tse-tung.

Nun begannen Mao und seine Anhänger damit, ihre Macht durchzusetzen und auszubauen.

Der erste Schritt: Liquidierung der Gegner

Zunächst tobten sich der aufgespeicherte Groll und Hass in einer Vernichtung aller aus, die man für Feinde der neuen „sozialistischen Ordnung" hielt. Zwei Jahre dauerte dieser erste blutige Abschnitt der neuen chinesischen Volksrepublik, die *Liquidierung* der bisher herrschenden Schichten. Mao gab später einmal selbst die Zahl derer, die in dieser Zeit gewaltsam zu Tode kamen, mit 750 000 an; heutige Schätzungen belaufen sich auf etwa fünf Millionen.

Die Durchführung eines „Volksgerichts" über die ehemaligen Großgrundbesitzer in Schanghai im September 1951 schildert als Augenzeuge ein französischer Beamter:

„Die Gefangenen hatten wie Hunde Stricke um den Hals. Man schleppte sie auf Lastwagen zum großen Stadion in Schanghai, wo früher die Hunderennen waren. Niemand konnte sich den Eindrücken der Massengerichte entziehen. Der Rundfunk übertrug das Verfahren vom Morgen bis in die Nacht. Aus mächtigen Lautsprechern brüllte an jeder Straßenecke das Jauchzen der Massen und das Jammern der Opfer, von denen manche zu Tode gesteinigt oder geprügelt wurden. Die Rufe: ‚Tötet! Tötet!' erdröhnten den ganzen Tag hindurch."

(Nach: R. L. Walker, China unter dem Kommunismus, Stuttgart 1956, S. 249)

Menschliche Arbeitskraft ersetzt die fehlenden Maschinen und Motoren.

Der zweite Schritt: Industrialisierung

580 Millionen Menschen in 44 verschiedenen Völkern zählte 1953 das Riesenreich auf einer Fläche von rund 9 Millionen km^2. Aber Jahr für Jahr stieg die Einwohnerzahl um 12 bis 14 Millionen Menschen! 40 % der Einwohner Chinas waren unter 20 Jahre alt – in jeder Stunde gab es 1700 kleine Chinesen mehr im Lande, die satt werden mussten! Das war die Aufgabe: Brot für immer mehr Menschen zu schaffen. Man musste die landwirtschaftlich genutzte Fläche des Landes erweitern – bis auf das Doppelte, von 1 Million km^2 auf 2 Millionen! Man musste den Ertrag jedes Ackers steigern: durch neue, umfangreiche Bewässerungsanlagen, durch zusätzliche Düngung, durch Züchtung von neuen Saatsorten, durch den Einsatz von Maschinen – vor allem durch gemeinsame Anstrengung aller Kräfte. Man musste neue Industrien schaffen, musste neue Rohstoffquellen erschließen, Kraftwerke bauen und moderne Fabriken einrichten. Städte waren zu gründen oder zu erweitern, für Hunderttausende und Millionen Einwohner. Ein modernes Verkehrsnetz musste angelegt werden.

1953 begann der erste *Fünfjahresplan* der Regierung. Er räumte der *Industrialisierung* den Vorrang ein und folgte damit dem Vorbild der Sowjetunion in den zwanziger Jahren. In China führte sie nur zu bescheidenen Ergebnissen, denn in diesem Bauernland fehlten alle Voraussetzungen.

Der dritte Schritt: die Volkskommunen

Der erste Fünfjahresplan hatte vor allem die Schwerindustrie gefördert, die Landwirtschaft dagegen war zurückgefallen. Hier wurden 1958 die *Volkskommunen* eingerichtet: der Zusammenschluss vieler Dörfer und Siedlungen zu neuen ländlichen *Grundeinheiten einer sozialistischen Gesellschaft*. Gemeinsam sollten die Menschen mit Gesang auf die Felder ziehen, gemeinsam in großen Sälen essen, gemeinsam leben. Eigentum und Familie sollten verschwinden, das Kollektiv das Leben bestimmen.

Mit diesen Volkskommunen wollte Mao Tse-tung die *reine Lehre von Karl Marx* durchsetzen. Er wollte eine neue, wirklich klassenlose Gesellschaft schaffen mit Menschen, die sich nur als Teil eines Ganzen, als Teil eines Kollektivs fühlten. Voller Verachtung blickte er auf die Sowjetunion, auf die „Verräter an der Revolution", die die alten Klassen durch eine neue ersetzt hatten: durch die Funktionäre im Partei- und Staatsapparat, deren Zahl und Macht immer größer wurde.

Die Lage in der Volkskommune Huatung (Bericht rechts) und in der Volkskommune Huaschan (Karte links) ist sehr ähnlich. Vergleichen Sie bitte Bericht und Karte!

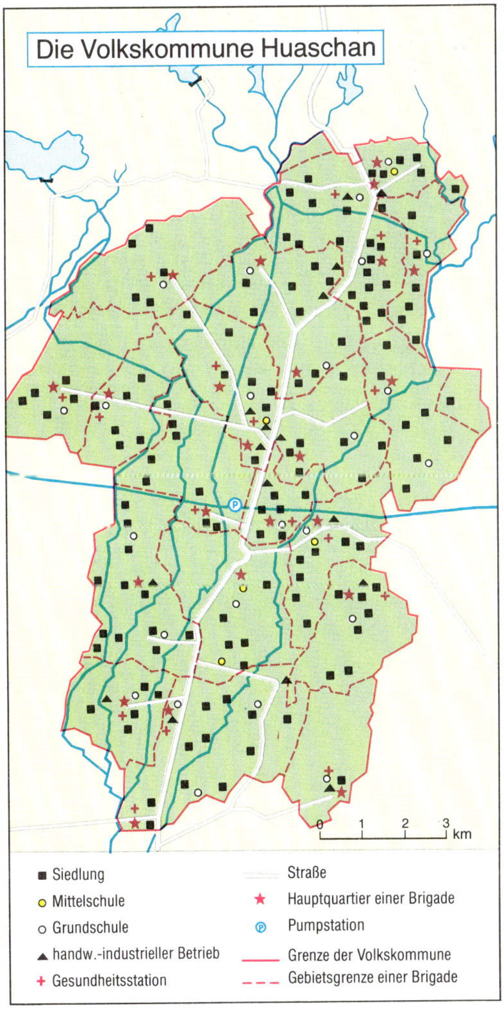

Bericht über die Volkskommune Huatung 1974

Die Volkskommune liegt 47 km von der Stadt Kanton entfernt. Der Name Huatung bedeutet in deutscher Übersetzung „Blume des Ostens". In der Kommune leben 12 010 Familien mit 59 287 Familienmitgliedern. 94 % der auf dem Kommunengebiet lebenden Bevölkerung sind landwirtschaftlich tätig, 6 % in anderen Berufen. Die Fläche der Kommune beträgt 150 km². Die Anbaufläche hat eine Größe von 71 110 Mou (4740 ha). Die Volkskommune besteht aus 20 Produktionsbrigaden.

Die Volkskommune hat 15 kleinere Industriebetriebe errichtet, um sich selbst zu versorgen und vom Überschuss Stadt und Land mit verschiedenen Produkten zu beliefern. Das Einkommen aus diesen Betrieben gehört zum Einkommen der Volkskommune. Die Industrie der Volkskommune beruht auf dem Prinzip, lokal vorhandene Rohstoffe und Produktionsmöglichkeiten auszunutzen. Im Bereich der Volkskommune findet sich z. B. Kohle. So sind 12 Abbaustellen angelegt worden, in denen bis zu einer Tiefe von 50 m sogenannte Rauchkohle abgebaut wird. Die Volkskommune verfügt über Wasservorkommen, die zur Anlage von zwei Wasserkraftstationen genutzt wurden. Da sich in der Gegend der Kommune Ton und Lehm finden lassen, verfügt die Kommune über eine Ziegelei für Backsteine, eine Ziegelei für Dachziegel und eine Keramikbrennerei.

Mit der Hebung der Produktion hat sich das Lebensniveau verbessert. Die Kaufkraft der Mitglieder der Kommune ist gestiegen. Es konnten 15 000 Fahrräder und 6000 Nähmaschinen angeschafft werden. Früher waren viele Häuser in einem schlechten Zustand. Viele Bauern mussten zur Miete wohnen. Jetzt wohnen die Bauern in eigenen Häusern. 12 000 Häuser und Wohnungen wurden neu gebaut oder umgestaltet.

(Nach: Höhmann/Kosta/Meyer, China '74, Europäische Verlagsanstalt, Frankfurt 1974 – gekürzt.)

Während einer Arbeitspause lesen Chinesen gemeinsam in dem „Roten Buch“ – einer Sammlung von Lehrsätzen des „großen Vorsitzenden Mao“. Das „Rote Buch“ erschien seit 1966 in vielen Millionen Exemplaren und wurde auch in andere Sprachen übersetzt.

Der vierte Schritt: die Kulturrevolution

Gegen die „neue Klasse“ von Funktionären und Spezialisten in China richtete sich denn auch der vierte Schritt: die *Große Proletarische Kulturrevolution*. Jugendliche Chinesen, „Rote Garden“ genannt, durchzogen von 1966 bis 1969 die Städte und Dörfer, vertrieben die Direktoren der Industriewerke, Leiter von Volkskommunen, Parteisekretäre und Professoren. Schulen und Universitäten standen für Monate leer, an vielen Stellen stockten Erzeugung und Aufbau. Schließlich machte die chinesische Armee dem Treiben ein Ende. Die „Roten Garden“ wurden zur Landarbeit geschickt, viele Funktionäre wieder eingesetzt. Maos Ideen einer Gesellschaft ohne Herrschende aber fanden manch leidenschaftlichen Anhänger – auch in der Bundesrepublik.

Zwei Revolutionsmodelle

Das sowjetische Modell	*Das chinesische Modell*
Mobilisierung der Arbeiter	Mobilisierung der Bauern
Entwicklung der Industrie auf Kosten der Bauern	Entwicklung der Landwirtschaft und Industrie gleichzeitig
KP als Transmissionsriemen, Parteielite als Führerin	Mobilisierung der Kraft der Massen
Terror als Erziehungsmittel	Diskutieren, die Menschen überzeugen; [auch] Terror
Rote Armee: Expertenarmee, militärische Spezialisten	Volksbefreiungsarmee mit Guerillastrategie
Herrschaft der Parteifunktionäre, Erstarrung der Revolution	Permanente Revolution (Kulturrevolution)
Lenin: Anpassung der Marx'schen Lehre an die russischen Verhältnisse	Mao: Anpassung der Lehre Lenins an die chinesischen Verhältnisse

(Nach: H. D. Schmid, Fragen an die Geschichte 4, Frankfurt 1978, S. 231)

Das Bild auf S. 179 zeigt Mao vor dem Rauchpilz einer chinesischen Atombombe. Es ist eine Fotomontage.

Die Außenpolitik Chinas

1950 hatten die *Sowjetunion* und China noch einen Freundschaftsvertrag geschlossen. Seit 1958 ergaben sich jedoch immer stärkere Spannungen zwischen Moskau und Peking. Grund war nicht nur der ideologische Gegensatz, die unterschiedlichen Auffassungen vom Sozialismus. Dahinter stand die Furcht der Sowjetunion vor diesem übervölkerten Nachbarland, das 1964 seine erste Atombombe, 1967 seine erste Wasserstoffbombe zündete und 1970 seinen ersten Erdsatelliten startete. Dahinter stand der Führungsanspruch Chinas in der „Dritten Welt“. 1968 gab es im sowjetisch-chinesischen Grenzgebiet erste bewaffnete Zusammenstöße.

Auch zwischen China und den USA war es nach 1945 wiederholt zu Zusammenstößen gekommen, besonders in Korea und indirekt in Vietnam. In den siebziger Jahren bemühten sich beide Seiten jedoch um einen Ausgleich. Ein Zeichen dieser Ausgleichsbemühungen war 1972 die Reise des amerikanischen Präsidenten *Richard Nixon* nach Peking.

Entspannt hat sich auch das Verhältnis zum alten Gegner *Japan*. Zwischen China und der *Bundesrepublik Deutschland* bestehen seit 1973 diplomatische Beziehungen.

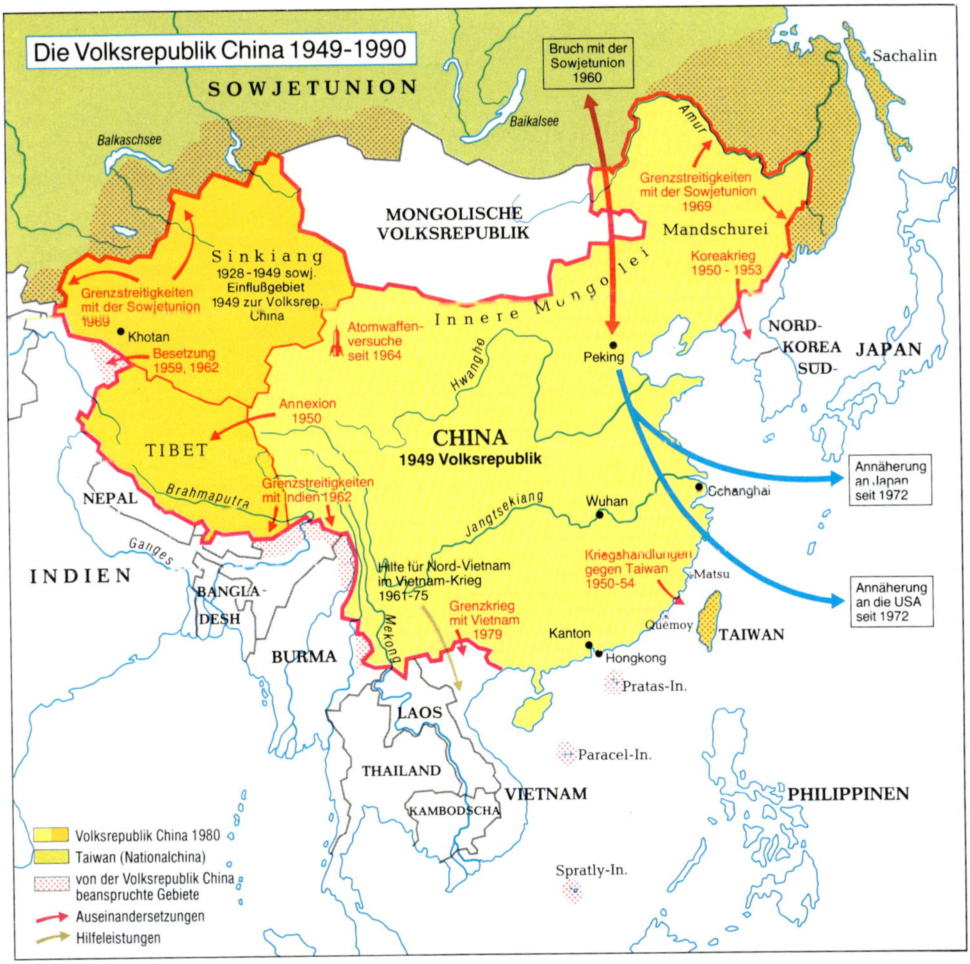

Bild links: Begegnung zwischen Mao Tse-tung und Präsident Nixon 1972. – Bild rechts: Eine Wandzeitung in Peking, aufgenommen 1977. Dargestellt wird die „Viererbande“, eine Gruppe um Maos Witwe Tschiang Tsching, die die Ideen der Kulturrevolution fortsetzen wollte, jedoch schließlich verhaftet wurde. Die Bande wird von den Fäusten des Volkes zerdrückt.

China nach Maos Tod

Das Ende eines Kults

Für die Chinesen war Mao Tse-tung mehr als nur „der größte Marxist unserer Zeit“. Um ihn gab es jahrelang einen regelrechten Kult. Was auch immer geschah, geschah durch ihn, mit ihm, für ihn.

Nach dem Tode Maos 1976 freilich versuchten die neuen Machthaber, das Bild des großen Parteivaters im Bewusstsein der Chinesen abzuschwächen. 1980 wurde der Mao-Kult offiziell für beendet erklärt.

Eine neue Politik?

In den Machtkämpfen nach 1976 konnte sich eine Gruppe von hohen Funktionären und Armeeführern unter Hua Kuo-feng und Teng Hsiao-ping durchsetzen. Sie vertraten innenpolitisch einen auf die Überwindung der Kulturrevolution gerichteten Kurs. Außenpolitisch setzten sie die bereits unter Mao eingeleitete Politik der Öffnung zum Westen fort. Stärker denn je in der Geschichte Chinas versuchten sie, ihr Land, in dem inzwischen mehr als eine Milliarde Menschen leben, zu reformieren – auch mit europäischer Hilfe. Und sie verfolgten dabei eine neue Linie: Die Volkskommunen wurden aufgelöst, die Bauern produzieren wieder auf privatem Grund und Boden.

Zeitungsmeldung 1980

Ende des Mao-Kults in China verkündet

Bau neuer Gedenkstätten verboten / Präzise Anweisungen der Pekinger Führung

AP **Peking, 11. Aug.** Das Zentralkomitee der chinessischen Kommunistischen Partei hat heute in Peking praktisch das Ende des Personenkultes um den verstorbenen Parteiführer Mao Tse-tung verkündet. Wie die Nachrichtenagentur Xinhua meldete, hat das Zentralkomitee eine Direktive erlassen, wodurch der Bau von neuen Gedenkstätten zu Ehren Maos und anderer Persönlichkeiten verboten wird. Die Zahl von Bildern Maos und Inschriften seiner Worte an öffentlichen Plätzen soll streng beschränkt werden.

Um die Mitte der achtziger Jahre hat sich das Erscheinungsbild der chinesischen Bevölkerung verändert. Es ist „westlicher“ geworden. Auch werben in den Städten Plakattafeln für westliche Konsumgüter.

Die Chinesen konnten insgesamt in vielem freier leben und freier arbeiten. Zufrieden stellte Teng Hsiao-ping am 1. Oktober 1984 fest: „Wir haben China ein neues Gesicht gegeben.“

Doch die von Gorbatschow eingeleitete Reformpolitik in der Sowjetunion strahlte auch auf China aus. 1989 kam es zu Massendemonstrationen von Studenten in Peking. Sie forderten auch hier demokratische Reformen. Die Armee schlug die gewaltlose Aktion blutig nieder.

Aus Studentendemonstrationen in Peking auf dem „Platz des Himmlischen Friedens“ im Mai 1989 (Bild rechts) entwickelte sich eine Massenbewegung. Zehntausende besetzten über Wochen hin friedlich diesen zentralen Platz. Durch den Einsatz von Panzern (S. 171) wurde der Ruf nach demokratischen Reformen erstickt.

Wir merken uns

Das alte Kaiserreich China erlebte 1911 eine Revolution und wurde zur Republik. 1949 setzte sich die Kommunistische Partei Chinas unter Mao Tse-tung durch und machte China zur Volksrepublik.

Unter Mao suchte das Land einen eigenen Weg zum Sozialismus (1949–1976). Es geriet dadurch zeitweise in harte Auseinandersetzungen mit der Sowjetunion.

Die Nachfolger Maos steuerten einen Kurs der Öffnung und Modernisierung des Landes.

Die Dritte Welt

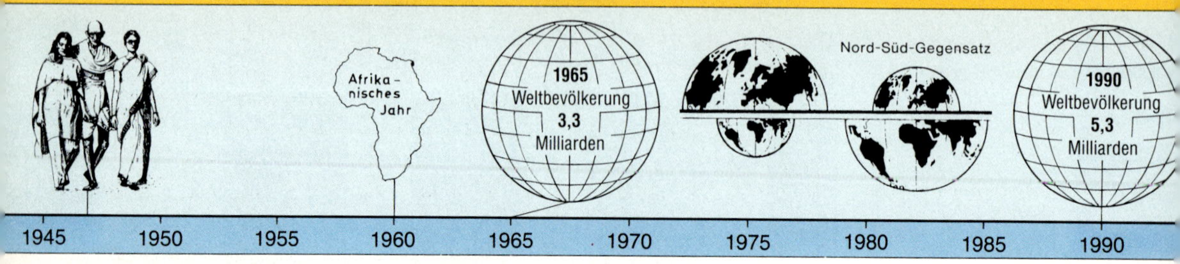

Die drei Welten

Sie werden sich erinnern: Bis auf wenige Ausnahmen standen alle Gebiete der Erde einmal unter europäischer Herrschaft.

Einige dieser Gebiete haben sich zwischen 1776 und 1914 aus der Abhängigkeit von europäischen Mächten – vor allem von Großbritannien – lösen können: Der Unabhängigkeitskrieg von 1776 bis 1783 brachte den USA die Unabhängigkeit; in anderen Teilen des britischen Weltreichs vollzog sich die Entwicklung friedlich. In den Jahrzehnten um 1900 erhielten Kanada, Australien und Südafrika schrittweise ihre Selbstständigkeit.

Es waren freilich nur europäisch-englische Siedlungsgebiete, die so zu sich selbst regierenden Staaten aufsteigen konnten. *Die Länder mit eingeborener, farbiger Bevölkerung blieben weiterhin Kolonialbesitz. Sie wurden von europäischen Staaten regiert und ausgebeutet – bis 1945!*

Nach 1945 begann auch hier der große Aufbruch. Überall forderte die einheimische Bevölkerung ihre Unabhängigkeit und erhielt sie auch von fast allen ehemaligen Kolonialherren zugestanden. So bildete sich neben der „Ersten Welt“, den westlichen Industriestaaten, und der „Zweiten Welt“, den Ländern mit einer kommunistischen Ordnung, eine *„Dritte Welt“: der Kreis der farbigen Völker, die seit 1945 selbstständig und mitbestimmend in die Weltpolitik eingetreten sind.* Zu ihnen gehören die meisten heutigen Staaten Afrikas und Asiens. Auch Südamerika, das sich im 19. Jahrhundert von spanischer und portugiesischer Vorherrschaft befreite, zählt zur „Dritten Welt“.

„Man spricht seit langem von der Dritten Welt. Ich nehme diese Terminologie auf. Man kann die Menschheit roh einteilen in
die Erste Welt: Nordamerika, Westeuropa, Japan,
die Zweite Welt: Sowjetunion, China, Osteuropa,
die Dritte Welt: Lateinamerika, die arabischen Länder, Schwarzafrika, Südasien.

Eine Reihe von Zurechnungen bleibt mehr peripher oder problematisch. Australien muss man zur Ersten Welt rechnen, Israel, Südafrika je nach Gesichtspunkten zur Ersten oder Dritten, Korea, Vietnam, Kuba zur Zweiten oder Dritten. Die Betrachtung soll sich aber auf die großen Blöcke konzentrieren und die Abgrenzung offen lassen. Bevölkerungszahlen:
Erste Welt etwa 700 Millionen,
Zweite Welt etwa 1200 Millionen,
Dritte Welt etwa 2000 Millionen.

Ich versuche ein paar ganz einfache, aber herausfordernde Charakterisierungen der drei Welten:
die Erste Welt ist modern,
die Zweite Welt ist sozialistisch,
die Dritte ist machtlos“ *(Carl Friedrich von Weizsäcker, 1975).*

Indiens Weg in die Unabhängigkeit

Gandhi befreit Indien

Allzuoft ist die Unabhängigkeit in der Dritten Welt durch blutige Auseinandersetzungen erreicht worden: durch den Einsatz von Massenheeren, durch die Technik des Partisanenkrieges. Indiens Weg in die Unabhängigkeit führte über den *gewaltfreien Aufstand.*

Es war ein indischer Rechtsanwalt, *Morandas Karamchand Gandhi* mit Namen, der Indien aus der englischen Kolonialherrschaft herauslöste. Nach dem Ersten Weltkrieg wurde er zum Führer der indischen Befreiungsbewegung. Zunächst glaubte er, in friedlicher Übereinkunft die britische Herrschaft durch immer stärkere Selbstständigkeit des indischen Volkes ablösen zu können. Aber allmählich erkannte er, dass die Engländer niemals freiwillig das Land räumen würden. Man musste sie dazu zwingen. So gab er jetzt die Parole aus: Kampf gegen die britische Fremdherrschaft – gewaltloser Kampf durch Ablehnung jeder Mitarbeit, durch *passiven Widerstand, bis das Ziel der Selbstregierung erreicht ist.*

Dieser Kampf dauerte achtundzwanzig Jahre. Immer mehr Inder schlossen sich Ghandi an. Sie legten die Ämter nieder, die sie von den Engländern bekommen hatten. Sie kauften keine englischen Waren mehr. Sie hielten ihre Kinder vom Besuch der englischen Schulen zurück. Sie verweigerten die drückende Salzsteuer, die Großbritannien jährlich viele Millionen Rupien einbrachte.

Der Höhepunkt diese Kampfes war das Jahr 1930. Ganz Indien war im gewaltlosen Aufruhr. Gandhi selbst führte mit seinen Anhängern einen großen Marsch zum Meere hin durch, um dort aus dem Salzwasser heimisches Salz zu gewinnen und so das Monopol der Regierung zu brechen. Noch einmal konnte England im Zweiten Weltkrieg Indien als Rüstungswerkstatt und als Ergänzungsland seiner Streitkräfte benutzen. Dann ließ sich die Entwicklung nicht länger aufhalten:

Mit seinen Anhängern zog Gandhi (1869 bis 1948) von Dorf zu Dorf. – Wiederholt wurde er verhaftet. Immer wieder griff er zum äußersten Mittel der Gewaltlosigkeit, das er kannte, zum Hungerstreik – am Ende seines Lebens hatte er mehr als sechs Jahre im Gefängnis gesessen und insgesamt 342 Tage gefastet.

England gab Indien frei. Am 15. August 1947, kurz vor Gandhis 78. Geburtstag, wurde die völlige Unabhängigkeit der ehemaligen Kolonie verkündet. Gleichzeitig erfolgte die Teilung in die Staaten *Indische Union* und *Pakistan.* Gandhi wurde 1948 das Opfer eines Mordanschlags.

Der erste Ministerpräsident Indiens, *Jawaharlal Nehru* (1889–1964), suchte sein Land aus den großen weltpolitischen Spannungen herauszuhalten. Indien sollte neutral bleiben. So wurde es auch zum Wortführer der Staaten der „Dritten Welt“ auf der *Konferenz von Bandung* (Indonesien) 1955, auf der sich zum ersten Male die Vertreter von 29 neuen asiatischen und afrikanischen Staaten trafen. Sie vertraten mehr als die Hälfte der gesamten Weltbevölkerung!

An seinen Grenzen war Indien jedoch immer wieder in Streitigkeiten und Kriege verwickelt – vor allem mit der Volksrepublik China und mit Pakistan. Durch den Einmarsch in die portugiesischen Häfen an der Westküste beseitigte es 1961 die letzten Reste der Kolonialzeit.

Bevölkerungsentwicklung (Gebiet des heutigen Indien)				
1901 … 236 Mill. 1911 … 249 Mill.	1921 … 248 Mill. 1931 … 276 Mill.	1941 … 315 Mill. 1951 … 361 Mill.	1961 … 436 Mill. 1971 … 548 Mill.	1980 … 645 Mill. 1990 … 816 Mill.

Das heutige Indien

Religionszugehörigkeit in Indien (in Prozent)

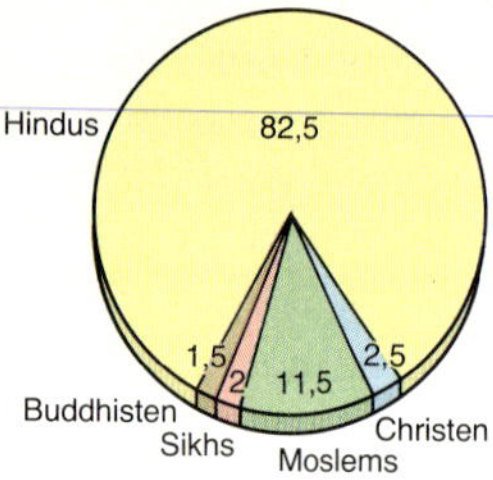

Anders als das kommunistische China versucht Indien, einen demokratischen Weg zu gehen. Eines seiner größten innenpolitischen Probleme ist der Glaubenskrieg zwischen den Hindus und den religiösen Minderheiten im Land. Alljährlich kommt es zu blutigen Auseinandersetzungen fanatischer Anhänger, denen Tausende zum Opfer fallen. Auch zwei Ministerpräsidenten der Familie Nehru-Gandhi, die seit 1947 fast ununterbrochen das Land regierte, starben durch Mordanschläge: *Indira Gandhi* 1984 und ihr Sohn *Rajiv Gandhi* 1991. Das zweite Hauptproblem ist die *Bevölkerungsexplosion* im Land. Für die rasch wachsende Zahl der Kinder fehlen Schulen und Lehrer, für die Arbeitsuchenden Arbeitsplätze. Bereits 1970 schätzte man die Zahl der Arbeitslosen und Unterbeschäftigten auf 60 Millionen! Dazu kommt die Sicherung der Ernährungsfrage. Die Masse der Inder lebt in unsäglicher Armut, und es werden immer mehr Menschen. Möglich ist, dass bis zum Jahr 2000 die Milliarde überschritten wird.

Die Entkolonialisierung Afrikas und Asiens

Die Entkolonialisierung in Afrika

Im Jahre 1945 gab es auf dem afrikanischen Kontinent nur erst vier selbstständige Staaten:

Liberia, das aus einer Ansiedlung amerikanischer Negersklaven entstanden und 1847 selbstständig geworden war;

Äthiopien (Abessinien), das als christliches Kaiserreich seine Unabhängigkeit bewahren konnte (jedoch auch für kurze Zeit unter italienischer Herrschaft gestanden hatte);

Ägypten, das 1922 ein selbstständiges Königreich geworden war;

Südafrika, ein seit Jahrhunderten von Weißen besiedeltes und regiertes Land, das seine weit gehende Unabhängigkeit bereits 1910, seine endgültige Selbstständigkeit 1926 erhalten hatte. Der übrige Kontinent war europäischer Kolonialbesitz.

Zwischen 1950 und 1970 vollzog sich hier der Prozess der *Entkolonialisierung*. In rascher Folge entstanden neue Staatsgebilde aus den ehemals britischen, französischen, spanischen, italienischen und belgischen Besitzungen. Von besonderer Bedeutung war dabei das Jahr 1960, in dem allein 16 Staaten neu gebildet wurden.

Dieser Prozess der Entkolonialisierung vollzog sich zum Teil friedlich, zum Teil in schweren Kämpfen. *Algerien*, in dem es eine Million französischer Siedler gab, konnte sich erst nach einem Krieg voller Terror und Gewalt auf beiden Seiten vom Mutterland lösen. Auch der Selbstständigkeit von *Kenia* gingen blutige Auseinandersetzungen voraus, der sogenannte Mau-Mau-Aufstand. Am längsten besaß Portugal größere Gebiete in Afrika.

Doch mit der Unabhängigkeit allein ist es nicht getan. Die neuen Staatsbürger müssen erst nach und nach in die Aufgaben hineinwachsen, die ihnen durch die Selbstständigkeit zugefallen sind. Zudem sind die meisten Staaten in sich zerrissen. Sie fassen häufig Stämme und Völker zusammen, die sich Feind sind. Religiöse Gegensätze spielen ebenfalls eine Rolle. Manchmal versuchen auch die ehemaligen Kolonialherren, aus dem Hintergrund noch ihre Interessen durchzusetzen. So kam und kommt es immer wieder zu Bürgerkriegen und Kämpfen innerhalb dieser Staaten.

In den meisten neuen Staaten regiert eine dünne Oberschicht, die sich auf einen bestimmten Stamm und auf die Maschinenpistolen ihrer Soldaten stützt.

Die Entkolonialisierung in Asien

Auch in Ost- und Südostasien verloren die Kolonialmächte die Herrschaft über die bisher abhängigen Gebiete. Letzte Ausnahmen finden sich fast ausschließlich in der dünn besiedelten Inselwelt des Pazifischen Ozeans. – Insgesamt entstanden nach 1945 über 100 neue Staaten auf der Erde.

Arbeitsvorschlag

Arbeiten Sie sich zunächst in die oberen Karten ein! Welche europäischen Mächte waren Kolonialmächte in Afrika? In welchen Teilen Afrikas hatten sie ihren Schwerpunkt? Welche Staaten entstanden in den Kolonialgebieten? Betrachten Sie nun die untere Karte! Welche Staaten erlangten nach 1945 die Unabhängigkeit? In zwei Regionen gab es blutige Kriege. Nennen Sie diese und beschreiben Sie das Ergebnis! Vergleichen Sie dazu auch S. 39 und 41!

Weltbevölkerung und Nord-Süd-Gegensatz

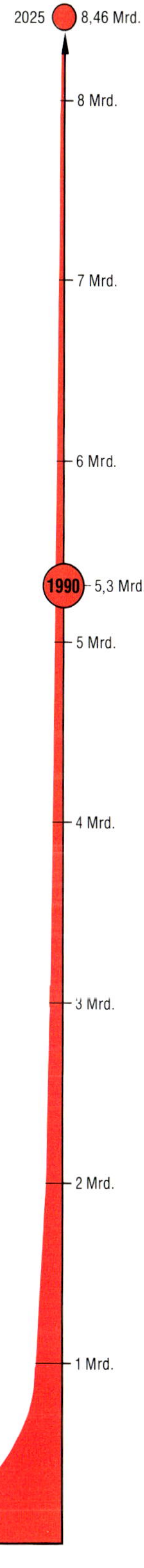

Die Bevölkerungsexplosion

In unserem Jahrhundert wächst die Bevölkerung auf dem „Raumschiff Erde" explosionsartig. Alles spricht dafür, dass es so weitergeht! UNO-Behörden haben errechnet, dass jährlich rund 75 Millionen Menschen hinzukommen – das ist etwa die Bevölkerung der Bundesrepublik! Der Anstieg ist in den Industrie- und Entwicklungsländern unterschiedlich.

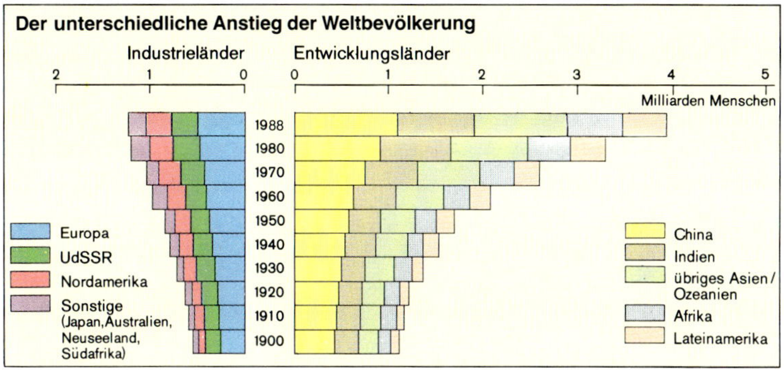

Der Nord-Süd-Gegensatz ...

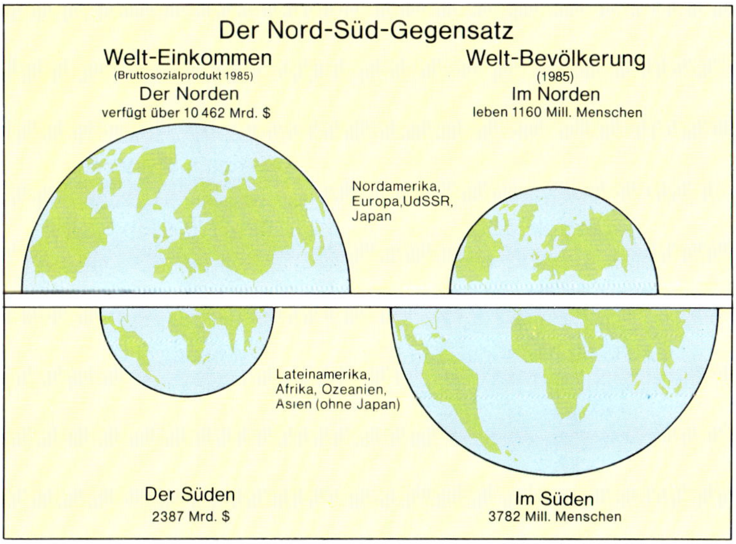

Setzen wir Weltbevölkerung und Welteinkommen in Beziehung, so erkennen wir: Auf unserer Erde gibt es einen reichen Norden mit einem geringen Bevölkerungsanteil und einen armen Süden mit einem hohen Bevölkerungsanteil. Der *Nord-Süd-Gegensatz ist der Gegensatz von reichen Industriestaaten und armen Entwicklungsländern.*

Der Anstieg der Weltbevölkerung

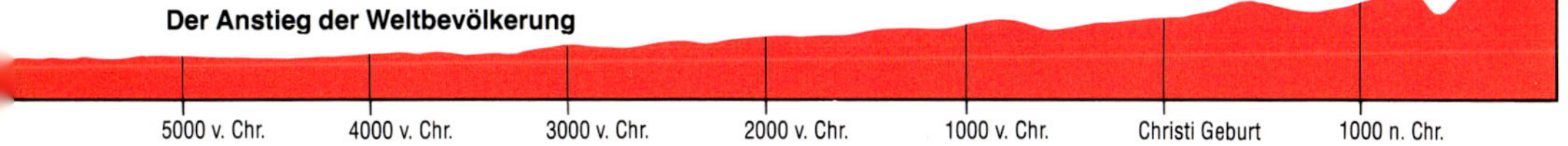

… auch ein Nord-Süd-Konflikt?

Es ist eine Frage der Begriffsbestimmung, ob man bereits von einem Nord-Süd-Konflikt spricht oder nicht. Im Grunde besteht er bereits, nur wird er nicht mit militärischen Waffen ausgetragen. Er bestimmt die weltweiten Konferenzen, in denen z. B. um Rohstoffpreise gerungen wird. Er wird mit wirtschaftlichen Waffen ausgetragen. Ein Beispiel dafür ist die Vorenthaltung oder Beschränkung von Rohstoffen, um Industriestaaten politisch unter Druck zu setzen (Öl als Waffe der arabischen Länder 1973, um die Israelis zu isolieren, vgl. S. 103).

Immer drängender fordern die Entwicklungsländer eine neue Ordnung der Weltwirtschaft. Auf ihrer Rohstoffkonferenz in Dakar 1975 wurde dies besonders deutlich.

Aus der Deklaration von Dakar 1975

„Die gegenwärtige Struktur des internationalen Handels, die ihren Ursprung in der imperialistischen und kolonialistischen Ausbeutung hat …, muss durch eine neue internationale Wirtschaftsordnung ersetzt werden, die auf den Grundsätzen der Gerechtigkeit und Gleichheit beruht … Es kann nicht bestritten werden, dass die Struktur und die Organisation des internationalen Import- und Exporthandels zum größten Teil die bereits entwickelten Länder begünstigt.

Die Entwicklungsländer haben eine starke Waffe, die sie einsetzen können, um diesen Zustand zu ändern: Sie müssen ihre Bodenschätze verteidigen und sich darüber klar werden (und das ist gegenwärtig der Fall), dass sie nur durch einen Zusammenschluss ihrer Kräfte zur Stärkung ihrer Verhandlungsmacht in der Lage sind, einmal ihr Recht auf gerechte und gleichwertige Behandlung zu erhalten, etwas, wofür unsere Völker seit Jahrhunderten gelebt und gekämpft haben."

(Nach: Weltgeschehen, München 1975, S. 411)

Gibt es eine „Vierte Welt"?

Die „Rohstoffwaffe" einsetzen können nur Länder, die über Rohstoffe verfügen. Am unteren Ende der Staatenskala versammeln sich jedoch die „Habenichtse", die ärmsten Staaten der Welt wie Bangla Desh und Äthiopien, Kenia und der Sudan. Schon gibt es Politiker, die von einer *Dritten* und *Vierten* Welt sprechen: den Ländern mit Rohstoffvorkommen unter den Entwicklungsländern als „Dritter Welt", den Habenichtsen als einer eigenen „Vierten Welt".

Der Nord-Süd-Konflikt kann sich zu einer Bedrohung des Weltfriedens steigern, wenn die Entwicklung weiter so verläuft wie bisher: immer reichere Industriestaaten, immer ärmere Entwicklungsländer.

Wir merken uns

Nach 1945 traten auch die farbigen Völker mitbestimmend in die Weltpolitik ein. Sie bilden neben dem „Westen" und dem „Osten" eine „Dritte Welt". Der größte und wichtigste Staat der Dritten Welt ist Indien, das 1947 seine Unabhängigkeit von der bisherigen Kolonialmacht Großbritannien erkämpfte. Gandhi war die herausragende Gestalt der indischen Befreiungsbewegung.

Zwischen 1950 und 1970 wurden die meisten bisherigen Kolonien in Afrika und Asien selbstständig.

In der Weltpolitik wird der Nord-Süd-Gegensatz zwischen reichen Industriestaaten und armen Entwicklungsländern immer bedeutungsvoller.

Zahlen zum Überblick

1945	Bedingungslose Kapitulation Deutschlands (8. Mai)
1945	Gründung der Vereinten Nationen (UNO)
1945	**Aufteilung Deutschlands (Konferenz von Potsdam)**
seit 1945	Entkolonialisierung
1947	Unabhängigkeit Britisch-Indiens
1947	Beginn des Kalten Krieges
1949	Gründung der NATO
1949	Ausrufung der Volkrepublik China (Mao Tse-tung)
1949	**Gründung der Bundesrepublik Deutschland und der DDR**
1949–1963	Konrad Adenauer Bundeskanzler
1953	Volksaufstand in der DDR (17. Juni)
1955	Gründung des Warschauer Pakts
1957	Europäische Wirtschaftsgemeinschaft (EWG)
1960	„Das afrikanische Jahr"
1961	**Bau der Mauer in Berlin (13. August)**
1967	**Europäische Gemeinschaft (EG)**
1969	Erste Landung von Menschen auf dem Mond
1969–1982	Sozialliberale Koalition (Kanzler: Willy Brandt, Helmut Schmidt)
1970	Ostverträge (Moskauer und Warschauer Vertrag)
1971	Sturz Walter Ulbrichts. Erich Honecker Generalsekretär der SED
1972	Grundvertrag zwischen der Bundesrepublik Deutschland und der DDR
1973	Ölkrise
1975	KSZE-Schlussakte von Helsinki
1977	Terrorwelle in der Bundesrepublik Deutschland
1979	Erste Direktwahlen zum Europäischen Parlament
1979	Einmarsch sowjetischer Truppen in Afghanistan
1982	Regierungswechsel in Bonn. Helmut Kohl Bundeskanzler
1985	**Beginn des Reformkurses in der UdSSR unter Michail Gorbatschow**
1986	Reaktor-Katastrophe in Tschernobyl
1987	Vertrag von Washington (Verschrottung aller Mittelstreckenraketen)
1987	Beginn der Freiheitsbewegungen im östlichen Europa
1989	**Friedliche Revolution in der DDR. Öffnung der Grenzen (9. November), Demokratischer Umbruch**
1990	Volkskammerwahlen in der DDR (18. März). Ministerpräsident: de Maizière
1990	Währungs-, Wirtschafts- und Sozialunion (1. Juli)
1990	Vertrag über die deutsche Souveränität (12. September)
1990	**Beitritt der DDR zur Bundesrepublik Deutschland (3. Oktober)**
1990	Erste gesamtdeutsche Wahlen (3. Dezember)
1990	KSZE-Konferenz von Paris (Kalter Krieg für beendet erklärt)
1990/91	Überfall auf Kuwait; Golfkrieg
1991	Auflösung des Warschauer Pakts
1991	Zerfall der Sowjetunion
1993	Vertrag von Maastricht („Europäische Union")

Register

1. Neue Begriffe

Die in diesem Bande des Arbeitsbuches auftretenden neuen Begriffe sind nach dem Alphabet geordnet. Die Zahlen bezeichnen die Seiten, auf denen der Begriff im Zusammenhang der Darstellung durch Wort oder Bild näher erläutert wird.

Abgeordneter 92, 93
Abrüstung 31, 53, 55
Afghanistan-Konflikt 38, 44
Aktivistenbewegung 81
Alleinvertretungsanspruch 100, 137
Allianz für Deutschland 150
Alliierte s. Siegermächte
„Antifaschistischer Schutzwall" 130, 154
Antisemitismus 119
Arbeitsnormen 81
Assoziierte Staaten 162
Asyl 109
Atombombe 27, 32, 52, 82, 178, 179
Atomkrieg 39, 40, 52
Atomtest-Vertrag 52
Atomwaffen-Sperrvertrag 52
Außerparlamentarische Opposition (APO) 99, 104
Automatisierung 108, 109

Berliner Blockade 85, 86
Besatzungsstatut 90, 95
Besatzungszonen 20, 60, 61, 66, 68, 69, 74, 86, 151
Bevölkerungsentwicklung 108, 114
Bevölkerungsexplosion 184, 187
Bezirke (DDR) 88, 125
Binnenmarkt 168
Bizone 64, 87
Blockfreie Staaten 37
Blockparteien 79, 138
Bodenreform 62, 80, 124, 128–129
Brandenburger Tor 56–57, 58, 110, 126, 149
Bruttoregionalprodukt 163
Bündnis 90 113, 150
Bundesland 89, 113, 132, 157
Bundespräsident 91, 93
Bundesrat 91
Bundesregierung 91, 93
Bundesrepublik Deutschland 20, 22, 27, 35, 64, 74, 87–122, 132, 135, 137, 142, 144, 149–153, 155, 156, 161, 162, 164, 178, 179, 187
Bundesstaat 93
Bundestag 87, 91, 92, 93
Bundesverfassungsgericht 91
Bundesversammlung 91
Bundeswehr 55, 96, 111

Charta der Vereinten Nationen 21
Christlich-Demokratische Union (CDU) 73, 86, 89, 92, 93, 94, 96, 98, 99, 101, 102, 106, 113, 150
Christlich-Soziale Union (CSU) 73, 89, 92, 94, 98, 99, 106, 150

Demarkationslinie 84
Demokratie 26, 27, 30, 31, 36, 46, 48, 49, 78, 87, 101, 102, 103, 144, 149, 151, 184
Demokratischer Sozialismus 36
Demontage 61, 63
Denunziant 83
Deutsche Demokratische Republik (DDR) 20, 22, 25, 34, 36, 48, 49, 54, 55, 63, 79, 83, 84, 86, 96, 98, 100, 101, 105, 110, 112, 113, 118, 123–157, 162, 164, 169
Deutsche Frage 151–153, 155–157
Deutscher Gewerkschaftsbund (DGB) 74, 109
Deutsches Reich 58, 88
Deutsch-französischer Freundschaftsvertrag 115
Deutsch-Französisches Jugendwerk 115
Deutschland-Vertrag 95
Diktatur 26, 27, 33, 39, 50
Dissident 46
Drittes Reich 62, 83, 119
Dritte Welt 23, 37, 179, 182–188

Einigungsvertrag 150
Einparteiendiktatur 34, 40, 48, 49, 51, 138
Einspruchsrecht (Veto) 23
Eiserner Vorhang 25, 47, 48, 84, 151
Enteignung 62, 80, 81, 124
Entkolonialisierung 23, 185–186
Entmilitarisierung 61, 63
Entnazifizierung 61, 62, 72
Entspannung 20, 24, 31, 38, 52, 53, 100
Entstalinisierung 34, 35
Entwicklungshilfefonds 163
Entwicklungsland 187–188
Erdöl 44
Euratom 161, 166
Europäische Gemeinschaft (EG) 20, 160–168
Europäische Kommission 166
Europäischer Gerichtshof 166
Europäischer Rat 166
Europäisches Parlament 158–159, 160, 166, 167
Europäische Wirtschaftsgemeinschaft (EWG) 161, 165, 166
Europarat 160, 161
European Free Trade Association (EFTA) 162

Flüchtlinge 125, 129–131, 132, 144
Fraktion 92, 167
Freie Demokratische Partei (FDP) 74, 89, 92, 93, 94, 98, 106, 113, 140
Freie Deutsche Jugend (FDJ) 125, 149
Friedensnobelpreis 46
Fünfjahresplan 32, 127, 169, 176, 177
Fünf-Prozent-Hürde 92, 93, 106, 113
Funktionär 38, 46, 125, 177, 178

Gemeinsamer Agrarmarkt 163
„Gemeinsames Haus Europa" 46, 47
Generalsekretär
- der KPdSU 34, 35
- der SED 138
- der UNO 22
Gesetzgebung 91, 93
Gewaltenteilung 91
Glasnost 45, 46, 47, 144, 172
Glaubenskrieg 184
Golfkrieg 24, 119
Große Koalition 99, 101
Grüne (Die Grünen) 92, 106, 113
Grundgesetz 89, 90, 151, 152, 156
Grundvertrag 101–102
Gruppe Ulbricht 77

Handelsorganisation (HO) 127, 142
Heißer Draht 52
Hitler-Stalin-Pakt 26, 77

Inoffizieller Mitarbeiter 136
Interkontinentalraketen 29, 30, 52
Internationaler Gerichtshof 22

Japanisch-Chinesischer Krieg 173–174
Jom-Kippur-Krieg 43, 103
Judenvernichtung (Holocaust) 119
Jugendweihe 140

Kalter Krieg 20, 24, 26, 31, 37, 46, 55
„Kampfgruppen der Arbeiterklasse" 130, 145
Kapitalmacht 28
Kirchenaustritte 141
Kleiner Grenzverkehr 102
Koalition 92, 94, 98, 101
Kollektivierung 128–129
Kolonialherrschaft 20, 41, 182, 183, 185–186
Kommandowirtschaft 32, 33, 46

Kommunistische Parteien
- China (KPCh) 172, 173
- Deutschland (KPD) 61, 72, 77, 78, 79, 89, 92, 94, 125, 135, 140
- Sowjetunion (KPdSU) 33, 34, 45, 135
Konferenzen
Bandung 183
- Jalta 60, 63, 117
- Potsdam 60, 61, 111, 117
- über Sicherheit und Zusammenarbeit in Europa (KSZE) 53, 137
Konstruktives Misstrauensvotum 106
Konsumgesellschaft 28
Kontrollrat 61, 151
Konzentrationslager (KZ) 73, 83, 117, 140
Kuba-Krise 34, 38, 40, 52
Kulturrevolution 170, 172, 178, 180

Länderparlamente (Landtage) 89, 90, 113
Landwirtschaftliche Produktionsgenossenschaft (LPG) 128–129
Langer Marsch 173
Lastenausgleichsgesetz 97
Lebensstandard 106, 132–133
Luftbrücke 85, 156

Mandat 92
Marktwirtschaft 45
Marshall-Plan 76, 87, 97, 124
Massenorganisation 138
Mauer 34, 56–57, 58, 85, 86, 129–131, 132, 134, 149, 154, 156, 157
Meeresboden-Vertrag 52
Menschenrechte 21, 22, 90, 98
Ministerium für Staatssicherheit (MfS) 105, 125, 136, 143, 145, 148
Ministerrat 166
Mittelstreckenraketen 53
Mondlandung 29
Montagsdemonstration 145, 148
Montan-Union 95, 161, 166
Moskauer Vertrag 38, 100

Nahost-Konflikt 42, 43, 44
Nationaldemokratische Partei Deutschlands (NPD) 99
Nationale Volksarmee (NVA) 55, 127, 131, 156
Nationalsozialistische Deutsche Arbeiterpartei (NSDAP) 62, 69, 77
Neutralisierung 98, 125
„Nischengesellschaft“ 139, 141
Nord-Süd-Gegensatz 47, 187–188
North Atlantic Treaty Organization (NATO) 20, 27, 30, 35, 37, 95, 96, 110, 156

Notstandsgesetzgebung 99
Nürnberger Prozess 62

Oder-Neiße-Grenze 100, 117, 118, 151
Ölkrise 103
Opposition 99
Ostverträge 100, 101
Ost-West-Konflikt 23, 25, 46, 47, 96

Palästinenser 43, 119
Pariser Verträge 95, 96
Parlamentarischer Rat 89, 90, 94
Partei des Demokratischen Sozialismus (PDS) 113, 150
Partisanen 83, 173
Passiver Widerstand 183
Pekinger Demokratiebewegung 144, 171, 172, 181
Perestroika 45, 46, 47, 144, 172
Personenkult 33, 34, 125, 180
Pionierorganisation Ernst Thälmann 140
Planwirtschaft 45, 143
Politbüro (der SED) 125, 136, 149
Prager Frühling 36, 38
Preußen 60

Rassenprobleme 28, 30
Rat für gegenseitige Wirtschaftshilfe (RGW) 162, 169
Reparationen 63, 64, 90
Republikaner 113
Republikflucht 130
Revolution 50, 51, 110, 172
Rezession 99, 103
Rote Garden 178
Rotes Buch 178
Rüstung 30, 31, 53, 96
Runder Tisch 49

Saargebiet 60, 64
Satellitenstaat 25, 26
Schlussakte von Helsinki 54
Schulspeisung 70
Schwarzmarkt 69, 75
Securitate 50
Siegermächte 20, 25, 59, 61, 83, 86, 87, 89, 95, 112, 151
Solidarność 49
Sonntagsfahrverbot 103
Souveränität 60, 95, 111, 112
Sowjetische Aktiengesellschaft (SAG) 63, 82
Sowjetische Besatzungszone 32, 61–63, 64, 69, 75, 76, 77–83, 84, 85, 89, 124, 125, 128, 132, 141, 151, 156
Sowjetische Geheimpolizei (MWD) 83
Sowjetische Militäradministration (SMAD) 78, 84
Sozialdemokratische Partei Deutschlands (SPD) 72, 78, 86, 89, 92, 93, 94, 96, 99, 106, 113, 150

Soziale Marktwirtschaft 3, 74, 94, 97
Soziales Netz 106
Sozialisierung 80–81, 127
Sozialistische Demokratie 45
Sozialistische Einheitspartei Deutschlands (SED) 48, 78, 79, 81, 86, 113, 123, 125, 126, 127, 130, 134, 135, 138, 139, 140, 142, 143, 148, 150, 152, 155
Sozialistischer Deutscher Studentenbund (SDS) 99
Sozialliberale Koalition 100–106
Sozialstaat 106
Sputnik 30
Staatsrat 134, 138
Staatssicherheitsdienst (Stasi) siehe Ministerium für Staatssicherheit
Ständige Vertretung 137, 144
Strategic Arms Limitation Talks (SALT) 52, 53
Strategic Defense Initiative (SDI) 30, 31
Supermacht 34
Sympathisanten 105

Terrorismus 104–105, 119
Trabant 133, 144
Trümmerfrau 66, 67, 82
Tschernobyl 46, 47

Umweltbewusstsein 109
UNESCO (UN-Kinderhilfswerk) 22
United Nations Organization (UNO) siehe Vereinte Nationen
UNO-Truppen 23

Vereinte Nationen 18–19, 20, 21–24, 39, 42, 44, 102, 137, 156, 187
Verfassung 25, 89, 90, 152, 153, 156
Verfassungsorgane 91
Vertrag
- über die deutsche Souveränität 111
- über die deutsch-polnische Nachbarschaft 118
- über konventionelle Streitkräfte in Europa (VKSE) 55
- von Maastricht 168
- von Washington 53
Vertreibung 64, 65, 69, 117, 156
Viererbande 180
Viermächte-Abkommen 38, 101
Viersektorenstadt 26, 58, 60, 86, 151
Vietnam-Krieg 30, 41, 99, 179
Völkerbund 21
Volksabstimmung 51, 60, 81, 89
Volksaufstand 35, 48, 126, 127, 151, 156
Volkseigener Betrieb (VEB) 81, 127
Volkskammer 138
Volkskommune 177
Volksrepublik 26, 39, 49, 175

Vollversammlung (der UNO) 18–19, 20, 22, 23, 44

Währungsreform 75, 76, 85, 97
Währungs-, Wirtschafts- und Sozialunion 150
Wahlen 50, 72, 74, 86, 92, 94, 99, 100, 103, 106, 113, 124, 138, 144, 149, 150, 167
Waldsiedlung Wandlitz 143, 147, 148
Warschauer Deklaration 118
Warschauer Pakt 20, 32, 35, 37, 48, 110, 127
Warschauer Vertrag 100, 101, 117
Wasserstoffbombe 27, 34, 40, 52, 179
Watergate 30
Wehrpflicht 96
Wehrunterricht 141
Weimarer Republik 70, 72, 73, 74, 89
Weltfriedensordnung 21, 22, 23, 24
Weltraum-Vertrag 52
Weltsicherheitsrat 22, 23, 24, 39
Werwolf 83
Westintegration 94, 95, 98
Westzonen 61–63, 72–76, 85, 87, 89, 93, 124
Wiederaufbau 94, 97, 98
Wiederbewaffnung 94, 96, 98
Wiedergutmachung 118
Wiedervereinigung 48, 95, 96, 98, 110–112, 148–150, 155–157
Wiedervereinigungsgebot 151–152
„Wir sind das Volk“ 144, 145, 148, 156
Wirtschaftsmacht 28, 165
Wirtschafts- und Sozialrat der UNO 22

Zehn-Punkte-Plan 110
Zentralkomitee
- der KPdSU 34, 35
- der SED 125
Zivildienst 96
Zuwanderer 108, 109

2. Personen

Adenauer, Konrad 73, 94–98, 115, 118, 156
Aldrin, Edwin 29
Armstrong, Neil 29

Bahr, Egon 101, 112
Baltour, Arthur James 42
Benjamin, Hilde 127
Biermann, Wolf 148
Brandt, Willy 99–103, 137, 152, 157
Brecht, Bertolt 127
Breschnew, Leonid 38, 44, 46, 100, 134, 135
Briand, Aristide 114
Buback, Siegfried 104
Bush, George 31
Byrnes, James 64

Carstens, Karl 93, 102, 115
Castro, Fidel 40
Ceauşescu, Nicolae 50–51
Chomaini, Ayatollah 43
Chruschtschow, Nikita 33–35, 38, 40, 46, 52, 127, 130
Churchill, Winston 25, 48, 61, 160
Clinton, Bill 31

Drenkmann, Günter von 104
Dubček, Alexander 36, 50
Dumas, Roland 112

Eisenhower, Dwight D. 27
Engels, Friedrich 135
Erhard, Ludwig 97–99

Fechter, Peter 131
Ford, Gerald 137

Gagarin, Juri 29
Gandhi, Indira 184
Gandhi, Morandas Karamchand 183
Gandhi, Rajiv 184
Gaulle, Charles de 115, 165
Gaus, Günter 139
Genscher, Hans-Dietrich 112, 165
Gueffroy, Chris 131
Gorbatschow, Michail 31, 44, 45–48, 110, 111, 123, 144, 145, 148, 149, 181
Grotewohl, Otto 78, 79, 125, 126
Grundig, Hans 70, 71
Guillaume, Günter 103

Havel, Václav 50
Heinemann, Gustav 93
Hennecke, Adolf 81
Herzog, Roman 93
Heuss, Theodor 74, 93
Heym, Stefan 146
Hitler, Adolf 26, 90, 117, 156
Honecker, Erich 38, 123, 125, 134–137, 143, 144, 148, 153
Hoover, Herbert 70
Hua Kuo-feng 180
Hurd, Douglas 112
Hussein, Saddam 24, 43, 119

Jelzin, Boris 47

Kennedy, J. F. 28, 29, 30, 40, 52
Kiesinger, Kurt Georg 99
Kissinger, Henry 30
Kohl, Helmut 106, 110, 111, 115, 137, 165, 168
Kossygin, Alexej 100
Krenz, Egon 143, 148, 149

Lenin, Wladimir Iljitsch 33, 135
Leonhard, Wolfgang 77, 79
Lübke, Heinrich 93

Maizière, Lothar de 112, 150, 155
Mao Tse-tung 172–179, 180
Marshall, George 26, 76
Marx, Karl 135, 142, 177
Mielke, Erich 136, 143
Mitterrand, François 115, 165
Modrow, Hans 149

Nagy, Imre 35
Nehru, Jawaharlal 183
Nixon, Richard 30, 179, 180

Pahlewi, Reza 43
Pieck, Wilhelm 78, 79, 125, 126, 156
Ponto, Jürgen 104

Reagan, Ronald 30, 31
Reuter, Ernst 86
Roosevelt, Franklin Delano 61

Sacharow, Andrej 46
Schabowski, Günter 148
Scheel, Walter 90, 93, 100, 102, 104, 105
Schewardnadse, Eduard 112
Schleyer, Hanns-Martin 104, 105
Schmidt, Helmut 87, 103, 106, 137
Schumacher, Kurt 72, 73, 78
Schnitzler, Karl-Eduard von 134
Schumann, Conrad 131
Schuman, Robert 115
Spira, Steffi 146
Stalin, Josef 25, 26, 32–34, 38, 46, 50, 51, 61, 63, 77, 82, 85, 98, 124, 125, 127, 156, 157
Stresemann, Gustav 114

Teng Hsiao-ping 180, 181
Thälmann, Ernst 140
Thatcher, Magaret 166, 168
Tito, Josip Broz 25, 35
Truman, Harry S. 26, 27, 61
Tschiang Kai-schek 172–174
Tschiang Tsching 180
Tschu En-lai 175

Ulbricht, Walter 77, 79, 125–127, 129, 130, 134, 135, 143, 153, 156

Walesa, Lech 49
Weber, A. Paul 59
Weizsäcker, Carl Friedrich von 182
Weizsäcker, Richard von 66, 93
Wilson, Woodrow 21
Wolf, Christa 139, 146

Zuckmayer, Carl 71–72